世界武器鉴赏系列

U0274986

现代战机

鉴赏指南（珍藏版）

★第3版★

《深度军事》编委会 编著

清华大学出版社

北 京

内 容 简 介

本书在第2版的基础上进行了精心修订，使其内容更新、更全、设计更美观。与第2版相比，本书删除了少数老旧的战机，同时新增了多种新式战机，并替换了一些质量较差的配图，补充了不少观赏性较强的精美大图。本书所收录的300余种战机，均对研制厂商、制造数量、服役时间、主要结构、作战性能等内容进行了详细介绍，并配有详细而准确的参数表格。

本书内容通俗易懂、结构严谨、分析讲解透彻，且图片精美丰富，适合广大军事爱好者阅读和收藏，也可以作为广大中小学生、爱国青年的军事科普读物。

图书在版编目(CIP)数据

现代战机鉴赏指南：珍藏版/《深度军事》编委会编著. —3版. —北京：清华大学出版社，2020.5（2024.6重印）
（世界武器鉴赏系列）
ISBN 978-7-302-54936-9

Ⅰ. ①现… Ⅱ. ①深… Ⅲ. ①歼击机—世界—指南 Ⅳ. ①E926.31-62

中国版本图书馆CIP数据核字(2020)第024762号

责任编辑：李玉萍
封面设计：郑国强
责任校对：张彦彬
责任印制：刘 菲
出版发行：清华大学出版社
    网 址：https://www.tup.com.cn，https://www.wqxuetang.com
    地 址：北京清华大学学研大厦A座 邮 编：100084
    社 总 机：010-83470000   邮 购：010-62786544
    投稿与读者服务：010-62776969，c-service@tup.tsinghua.edu.cn
    质量反馈：010-62772015，zhiliang@tup.tsinghua.edu.cn
印 装 者：北京博海升彩色印刷有限公司
经 销：全国新华书店
开 本：146mm×210mm 印 张：14.625 字 数：374千字
版 次：2014年6月第1版 2020年6月第3版 印 次：2024年6月第9次印刷
定 价：79.00元

产品编号：086016-01

当今世界正处于大变革时期，美苏争霸的两极格局已经终结，新的世界格局尚未形成。西方大国都在进行自二战以来最深刻、最广泛的军事战略调整。其共同的趋势是：在加强威慑和保持军事实力的基础上，由过去准备打世界性战争转为重点应付区域性冲突；由过去强调军事安全转为以经济安全为主的全方位安全政策。由于各国、各地区之间在经济上的相互依存加强，国际经济竞争日趋激烈，世界安全和国家利益均与经济密切相关，在综合国力的较量中经济因素的作用相对突出。然而，无论世界形成怎样的新秩序，军事实力仍将是一个国家综合国力的重要组成部分。

俗话说："国无防不立，人无兵不安。"一个国家的强大和安全，离不开军人的无私奉献，他们用汗水与鲜血浇灌出了一个国家强大的国防力量。不过，国家安全并不只是军人的责任，国防建设也需要人民群众的共同努力。对于人民群众来说，参与国防建设最基本的方式是增强自己的国防意识和国防精神，而最简单有效的方式是阅读军事科普图书。与其他军事强国相比，我国的军事图书在写作和制作水平上还存在许多不足之处。以全球权威军事刊物《简氏防务周刊》（英国）为例，其信息分析在西方媒体和政府中一直被视为权威，其数据库被各国政府和情报机构广泛购买。而由于种种原因，我国的军事图书在专业性、全面性和影响力等方面还存在许多不足之处。

为了给广大军事爱好者提供一套全面而专业的兵器科普图书，并为广大青少年提供一套通俗易懂的军事入门读物，我们精心编撰了"世界武器鉴赏系列"图书，其内容涵盖飞机、舰船、单兵武器、特种作战装备、枪械、坦克与装甲车等。本丛书于2014年上市后取得了不错的销售成绩，也收到了不少热心读者的反馈意见。

2017年，我们对第1版进行了精心修订，虚心接受了广大读者朋友的宝贵意见，推出了内容更新、更全的第2版。不过，由于军事知识更新较快，在近两年里出现了不少新式武器，而一些现役的武器也在不断发生变化。为了将"世界武器鉴赏系列"打造成经久不衰的兵器科普图书，我们决定再次作出修订，进一步提升图书的质量。与第2版相比，第3版删除了少数老旧的武器内容，同时新增了多种新式武器内容，并对第2版的一些过时信息进行了更新，删除了阅读价值不大的"研发历史"部分。此外，一些清晰度不高、构图不严谨的配图也被替换，并额外补充了不少精美图片。

本丛书由国内资深军事研究团队编写，力求内容的全面性、专业性和趣味性。我们在吸收国外同类图书优点的同时，还加入了一些独特的表现手法，努力做到化繁为简、图文并茂，以符合国内读者的阅读习惯。本丛书内容丰富、结构严谨，在带领读者熟悉武器历史的同时，还可以提纲挈领地了解各种武器的作战性能。在武器的相关参数上，我们参考了武器制造商官方网站的公开数据以及国外的权威军事文档，做到有理有据。每本图书都有大量的精美图片，配合别出心裁的排版，具有较高的观赏性和收藏价值。

本丛书由《深度军事》编委会创作，参与本丛书编写的人员还有黄成、阳晓瑜、陈利华、高丽秋、龚川、何海涛、贺强、胡姝婷、黄启华、黎安芝、黎琪、黎绍文、卢刚、罗于华等。在本丛书的编写过程中，我们在内容上进行了去伪存真的甄别，让内容更加符合客观事实，同时全书内容经过了严格的筛选和审校，力求尽可能准确与客观，便于读者阅读参考。

前言
PREFACE

　　1903年，美国莱特兄弟发明了世界上第一架实用飞机，并且试飞成功，人类终于实现了长久以来的飞天梦想。不久，美国军队敏锐地捕捉到了飞机在军事领域的潜力，并首次将其纳入军事装备。此后，世界各国军队陆续将飞机收入武器库，并在一战中首次使用。到二战时，飞机已经成为决定战争胜负的重要力量之一。二战是军用飞机发展的黄金时段，参战双方在战争期间生产了数以百万计的各型军用飞机，并首次以军舰搭载飞机用于实战。从此，战机不但是陆空的统治者，也成了海空的王者。时至今日，军用飞机已经历了100多年血与火的洗礼，从最开始的协助陆军作战到后来自成一个大军种，其军事作用可想而知。各种用途的军用飞机分工严密，深深影响着现代战争的形态。

　　战斗机，是军用飞机大家族中的"格斗大师"。它的主要任务是与敌方战斗机进行空战，夺取空中优势（制空权）。其次是拦截敌方轰炸机、攻击机和巡航导弹，还可携带一定数量的对地攻击武器，执行对地攻击任务。攻击机，是军用飞机大家族中的"地面强援"。它主要用于从低空、超低空突击敌方战术或浅近战役纵深内的目标，直接支援地面部队作战。国外也称之为近距空中支援飞机。攻击机具有良好的低空操纵性、安定性和良好的搜索地面小目标能力，可配备品种较多的对地攻击武器。此外，攻击机是在战场上最容易受到对方攻击损失的机种。为提高生存力，一般在其要害部位有装甲防护。

轰炸机，是军用飞机大家族中的"空中堡垒"。如果说航空母舰是海军的代表，那么轰炸机则是空军特点的代名词。轰炸机具有突击力强、航程远、载弹量大、机动性高等特点。除了投掷常规炸弹外，它还能投掷核弹、核巡航导弹或发射空对地导弹等。

作战支援飞机，是军用飞机大家族中的"后勤专家"。运输机、空中加油机、预警机、空中指挥机、通信中继机、战场监视机、侦察机、反潜巡逻机、电子战飞机、教练机等都属于后勤支援飞机，它们虽然极少正面与敌交火，但在战争中发挥的作用同样不可小觑。没有它们鞍前马后，直接作战飞机的效能将会大打折扣。

直升机，是军用飞机大家族中的"低空杀手"。它的突出特点是可以做低空（离地面数米）、低速（从悬停开始）和机头方向不变的机动飞行，特别是可在小面积场地垂直起降。现代战争中，直升机已广泛应用于对地攻击、机降登陆、武器运送、后勤支援、战场救护、侦察巡逻、指挥控制、通信联络、反潜扫雷、电子对抗等。

无人机，是军用飞机大家族中的"智能新贵"。它是利用无线电遥控设备和自备的程序控制装置操纵的不载人飞机，或者由车载计算机完全地或间歇地自主地操作。无人机用途广泛，成本低，效率较高；无人员伤亡风险；生存能力强，机动性能好，使用方便，在现代战争中有极其重要的作用。

本书将逐一介绍上述军用飞机，力求帮助读者全面认识现代空军的作战装备。通过阅读本书，你会对各类军用飞机有一个全新的了解。由于时间和编者经验有限，书中难免有疏漏和不足之处，恳请专家和读者不吝赐教。读者可以使用手机扫码下方的二维码获取本书赠送的写真图片等资源。

目 录
CONTENTS

Chapter 01

军用飞机漫谈

军用飞机是直接参加战斗、保障战斗行动和军事训练的飞机的总称，是航空兵的主要技术装备。军用飞机大量用于作战，使战争由平面发展到立体空间，对战略战术和军队组成等产生了重大影响。

军用飞机发展史

飞机出现后的最初几年，基本上是一种娱乐工具，主要用于竞赛和表演。但是当第一次世界大战（以下简称一战）爆发后，这个"会飞的机器"逐渐被派上了用场。1909年，美国陆军装备了第一架军用飞机，机上装有1台22.3千瓦的发动机，最大速度68千米/时。同年制成1架双座莱特A型飞机，用于训练飞行员。

一战初期，军用飞机主要负责侦察、运输、校正火炮等辅助任务。当一战转入阵地战以后，交战双方的侦察机开始频繁活动起来。为了有效地阻止敌方侦察机执行任务，各国开始研制适用于空战的飞机。

世界上公认的第一种战斗机是法国的莫拉纳·索尔尼埃L形飞机。它由于装备了法国飞行员罗朗·加罗斯发明的"偏转片系统"，解决了一直以来机枪子弹被螺旋桨干扰的难题。随后，德国研制出更加先进的"射击同步协调器"并安装在"福克"战机上，成为当时最强大的战斗机。"福克"战机的出现，从根本上改变了空战的方式，提高了飞机的空战能力，从此确立了战斗机武器的典型布置形式。

随着空战的日趋激烈，战斗机作为军用飞机家族中的一个新成员，从此走上了"机动、信息、火力三者并重"的发展轨迹，在速度、高度和火力等方面不断改进。一战结束时，战斗机的飞行时速已达到200千米，升限高度达6千米，重量接近1 000千克，发动机功率169千瓦，大多配备7.62毫米的机枪。总体来说，飞机在一战中的地位是从反对到不重视，再到重视，其地位的不断提高也为以后的战争方式定下了基调。

在第二次世界大战（以下简称二战）中，飞机开始成为战争的主角。由于在一战中后期飞机的战略作用被各个国家所认识，到二战开始时，军用飞机已经得到了很好的发展，各种不同作战用途的战机也应运而生，如攻击机、截击机、战斗轰炸机、俯冲轰炸机、鱼雷轰炸机等。

由于二战期间各种舰船（包括航空母舰）得到了大范围的使用，这也使得各种舰载机在战斗中具有巨大的发挥空间，往往是各种海战的主导者。在飞机性能方面，二战期间的战斗机的飞行时速已达700千米，飞行高度达11千米，重量达6 000千克，所用活塞式航空发动机功率接近1 470千瓦。瞄准系统已有能作前置量计算的陀螺光学瞄准具。

二战末期，德国开始使用Me 262喷气式战斗机，飞行时速达960千米。战后，喷气式战斗机普遍代替了活塞式战斗机，飞行速度和高度迅速提高。

Me 262 喷气式战斗机

20 世纪 50 年代初，首次出现了喷气式战斗机空战的场面。俄罗斯制造的米格 –15 "柴捆"和美国制造的 F–86 "佩刀"都采用后掠后翼布局，飞行速度都接近音速（1 100 千米 / 时），飞行高度为 15 千米。机载武器已发展到 20 毫米以上的机炮，瞄准系统中装有雷达测距器。带加力燃烧室的涡轮喷气发动机便于改善飞机外形，战斗机的速度很快突破了音障。20 世纪 60 年代以后，战斗机的最大速度已超过两倍音速，配备武器已从机炮、火箭弹发展为空对空导弹。

在 20 世纪 60 年代中期，以俄罗斯米格 –25 和美国 YF–12 为代表的战斗机的速度超过 3 倍音速，作战高度约 23 千米，重量超过 30 吨。但是 60 年代后期的越南战争、印巴战争和中东战争的实践表明，超音速战斗机制空战大多是在中、低空，以接近音速的速度进行的。

军用飞机成为空中主要军事力量

空战要求飞机具有良好的机动性，即转弯、加速、减速和爬升性能。装备的武器则是机炮和导弹并重。因此，此后新设计的战斗机不再追求很高的飞行速度和高度，而是着眼于改进飞机的中、低空机动能力，完善机载电子设备、武器和火力控制系统。

到了 21 世纪初，战斗机基本是多功能战斗机，更加强调作战任务的灵活性，既能同对手进行空战，又拥有强大的对地攻击火力，能以尽量少的架次完成尽量多的任务，在执行任务中能够接受临时赋予的其他任务，甚至能够先进行空战然后再对地攻击。

从现代空战的角度来看，未来空中战场不外乎是信息、机动和火力综合优势的争夺。未来战斗机系统之间的整体对抗，将表现为多机编队对信息、机动和火力的综合利用。

军用飞机分类

战斗机

战斗机又称歼击机，二战前曾广泛称为驱逐机。战斗机具有火力强、速度快、机动性好等特点，主要任务是与敌方战斗机进行空战，夺取空中优势（制空权）。其次是拦截敌方轰炸机、攻击机和巡航导弹，还可携带一定数量的对地攻击武器，执行对地攻击任务。

F-16 战斗机

战斗机还包括要地防空用的截击机。但自 20 世纪 60 年代以后，由于雷达、电子设备和武器系统的完善，专用截击机的任务已由歼击机完成，截击机不再发展。

⭐ 攻击机

攻击机又称强击机，具有良好的低空操纵性、安定性和良好的搜索地面小目标的能力，可配备品种较多的对地攻击武器。为提高生存力，一般在其要害部位有装甲防护。攻击机主要用于从低空、超低空突击敌战术或浅近战役纵深内的目标，直接支援地面部队作战。

⭐ 轰炸机

轰炸机具有突击力强、航程远、载弹量大等特点，是航空兵实施空中突击的主要机种。机上武器系统包括多种（如各种炸弹、航弹、空对地导弹、巡航导弹、鱼雷、航空机关炮等）。

轰炸机按起飞重量、载弹量和航程的不同大致分为轻、中、重型三类。轻型轰炸机载弹不大于 5 吨，航程在 3 000 千米以下，总重不超过 20 吨，目前已被战斗轰炸机和攻击机全面替代。重型轰炸机可载弹 10~30 吨，航程 5 000~10 000 千米，总重超过 100 吨，也称战略轰炸机。而中型轰炸机则介于上述两者之间，目前在役型号不多，由于现代攻击机已达到相当高的战斗性能，完全有取代中型轰炸机的可能。

⭐ 战斗轰炸机

战斗轰炸机是一种兼有战斗机与轻型轰炸机特点的作战飞机，主要用于突击敌战役战术纵深内的地面、水面目标。战斗轰炸机能携带普通炸弹、制导航空炸弹、反坦克子母弹和战术空对地导弹，有的能携带核弹。它还可携带空对空导弹用以自卫。外挂武器使用后，可用于空战。

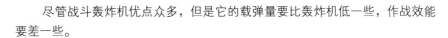

尽管战斗轰炸机优点众多，但是它的载弹量要比轰炸机低一些，作战效能要差一些。

▶ 作战支援飞机

作战支援飞机是为战斗机、攻击机、轰炸机等作战飞机提供各种技术支援的飞机，包括运输机、空中加油机、侦察机、预警机、电子对抗飞机、教练机和反潜巡逻机等。

运输机是用于运输兵员、武器装备和其他军用物资的飞机；空中加油机是专门给飞行中的飞机补加燃料的飞机；侦察机是专门用于从空中获得情报的军用飞机；预警机适用于搜索、监视空中或海上目标；电子对抗飞机是实施电子侦察、电子干扰或攻击的作战飞机的总称；教练机是专门用于训练飞行人员的飞机；反潜巡逻机是主要用于海上巡逻和反潜的海军飞机。

▶ 军用直升机

军用直升机主要包括武装直升机、运输直升机、搜救直升机、侦察直升机、反潜直升机和通用直升机等。直升机的突出特点是可以做低空（离地面数米）、低速（从悬停开始）和机头方向不变的机动飞行，特别是可在小面积场地垂直起降。这些特点使其具有广阔的用途及发展前景，在军事领域作用巨大。

▶ 军用无人机

无人机的种类繁多、用途广泛，有的无人机还具有多种用途。军用无人机主要包括靶机、侦察无人机、诱饵无人机、电子对抗无人机、攻击无人机和战斗无人机等。

Chapter 02

战 斗 机

战斗机主要用于保障我方制空权和摧毁敌方制空权。为了满足这项目标，需要强调飞机的机动能力、生存能力和火力等性能。现代战斗机多配备各种搜索、瞄准火控设备，能全天候作战。

美国 F4U "海盗" 战斗机

F4U 是美国沃特飞机公司研发的一款舰载战斗机，绰号"海盗"。

性能解析

F4U 在许多方面都与当时的飞机有很大差别，其机翼采用了倒海鸥翼的布局，动力装置为当时马力最大的活塞发动机——普惠 R–2800，功率达到 1 471 千瓦，而同时期的军用飞机多数只有 735 千瓦。F4U 原型机曾创下 202.5 千米/时的飞行速度纪录，成为第一款超越 200 千米/时的美国战斗机。F4U 的缺陷在于机鼻过长，使驾驶员的前向视野受限。同时由于机翼的曲位过低，限制了飞行员的判断，飞行员在降落时若操作不当，很容易发生意外。

基本参数	
制造商	沃特飞机公司
机身长度	10.2 米
机身高度	4.50 米
翼展	12.5 米
乘员	1 人
空重	4 174 千克
最大起飞重量	6 653 千克
最大速度	718 千米/时
最大航程	1 617 千米
最大升限	12 649 米

机型特点

F4U 战斗机加速性能好，火力强大，爬升快，坚固耐用，是美国第一种速度超过 640 千米/时的战斗机，也是速度较快的活塞式战斗机之一。

美国 F6F "地狱猫" 舰载战斗机

F6F "地狱猫" 是美国格鲁曼公司研发的舰载战斗机。

性能解析

与 F4F 相同，F6F 的设计特点是为方便生产。F6F 装上了普惠 R-2800 "双黄蜂" 发动机，功率提升到 1 471 千瓦。F6F 驾驶舱的防护装甲共重 96 千克，设有防弹玻璃，密封油箱与冷却器都装有护甲，令 F6F 不易在战斗中因受到攻击而漏油、严重损毁甚至失去动力。F6F 的基本武装是 6 挺勃朗宁 M2 重机枪。后来的改装令 F6F 能够挂载 2 000 磅炸弹，或者携带150 加仑的附加油箱。机翼也可装载 6 枚 166 毫米火箭弹，以攻击地面目标。

基本参数	
制造商	格鲁曼公司
机身长度	10.24 米
机身高度	3.99 米
翼展	13.06 米
乘员	1 人
空重	4 190 千克
最大起飞重量	6 990 千克
最大速度	610 千米 / 时
最大航程	2 460 千米
最大升限	11 370 米

机型特点

F6F 的设计特点是保持强稳机体结构。相比 F4F 狭小而难以控制的起落架，F6F 采用了液压起落架，增加了灵活性及强度，起落架可以呈 90°直角，内折入机翼之内。机翼的布置偏低，使 F6F 在飞行甲板上降落更加稳定。

美国 F-80 "流星" 战斗机

F-80 是美国第一种大量服役的喷气式战斗机，绰号"流星"。

性能解析

　　F-80 是美国空军第一种平飞速度超过 800 千米 / 时的战斗机。它使用 1 台 J33-A-5 涡轮喷气发动机，进气口紧靠机翼根部前端，尾气从机身后面排出。紧贴机身侧面有导流槽，用于防止空气在进气口内部分离。F-80 生产型的座舱是增压座舱，并且装有空调。另外，在 F-80C 中还装备了弹射座椅。该机的武器为 2 挺 12.7 毫米 M3 型机枪，射速 1 200 发 / 分。

基本参数	
制造商	洛克希德公司
机身长度	10.52 米
机身高度	3.45 米
翼展	11.85 米
乘员	1 人
空重	5 753 千克
最大起飞重量	7 700 千克
最大速度	932 千米 / 时
最大航程	1 930 千米
最大升限	14 000 米

机型特点

　　F-80 是美国第一种获得空战战绩的喷气式战斗机，也是世界上第一种参加喷气式战斗机空战并获胜的战斗机。F-80 "流星"还完成了世界首次空中加油作战任务，还曾短时间保持世界飞行速度纪录。也许"流星"最成功的一点是派生出了 T-33 双座高级教练机，后者成为战后著名的教练机之一。

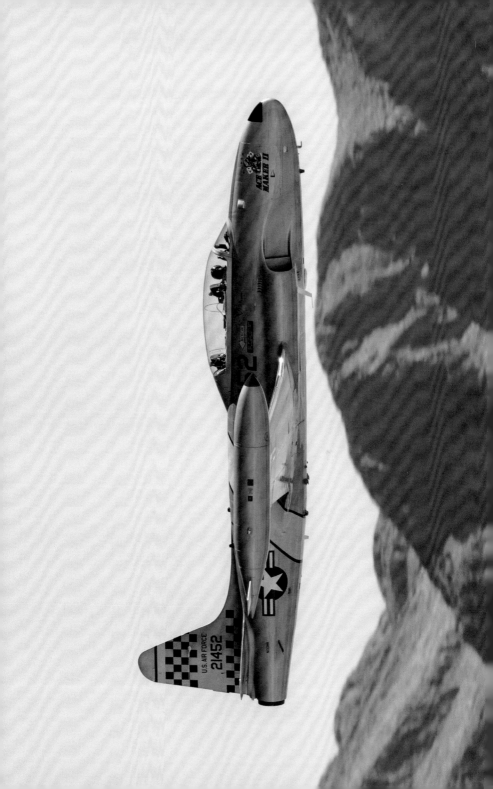

美国 P-51 "野马" 战斗机

P-51 "野马" 战斗机，是美国陆军航空兵在二战期间最有名的战斗机之一。

性能解析

1942 年，北美航空公司和英国罗罗公司合作，将 P-51 的发动机改换成罗罗公司的 "莫林" 发动机。经过这次改变，P-51 "野马" 战斗机的性能得到很大提高，其高空最大速度由原型机的 614 千米 / 时提高到 709 千米 / 时。战争年代，北美航空公司对 P-51 进行了一系列改进，包括采用轻重量机体、新型螺旋桨、全视界塑料座舱盖、新型翼形等，使其性能和机动性进一步提高。

基本参数	
制造商	北美航空公司
机身长度	9.83 米
机身高度	4.17 米
翼展	11.29 米
乘员	1 人
空重	3 232 千克
最大起飞重量	5 262 千克
最大速度	709 千米 / 时
作战半径	2 092 千米
最大升限	12 696 米

机型特点

P-51 战斗机是美国海陆两军所使用的单引擎战斗机中航程最长，对于欧洲与太平洋战区战略轰炸护航最重要的机种，并且一直使用到朝鲜战争。Discovery 节目将 P-51 选为历史上十大战斗机第一名。

美国 F-82 "双野马" 战斗机

F-82 是北美航空公司研制的双座战斗机，绰号"双野马"。

性能解析

F-82 基本沿用了 P-51 的机身段，但是在机身的水平尾翼端前插入了一段背鳍段，使机身加长了 1.45 米。外翼段在外观上看起来与 P-51 相似，但是内部却经过了完全重新设计，以承受大幅增加的机体重量并增加内部载油量。中翼段后缘有全翼展襟翼，翼下可以安装 1 个或 2 个加强型挂架，每侧外翼段下还有另外 2 个加强型挂架，全机共有 5 ~ 6 个加强型挂架。由于滚转惯性增大，在每侧外翼段的副翼长度增加分为内侧和外侧的两段，以减轻在高负荷下铰链所受扭力，避免出现副翼粘连。

基本参数	
制造商	北美航空公司
机身长度	12.93 米
机身高度	4.22 米
翼展	15.62 米
乘员	2 人
空重	7 271 千克
最大起飞重量	11 632 千克
最大速度	741.9 千米 / 时
最大航程	3 605 千米
最大升限	11 857 米

机型特点

F-82 "双野马"应用于日本的美国第五空军总部，并被投入了始于 1950 年 6 月 25 日的朝鲜战争中。战争中的第一次空中战果纪录是在 1950 年 6 月 27 日由上尉飞行员威廉·哈德逊和上尉雷达观测员卡尔·福雷瑟驾驶一架 68（全天候）战斗机中队的全黑 F-82G（46-382）一起击落了一架朝鲜的雅克 -7U 创造的。那天，339（全天候）战斗机中队也取得了胜利：少校詹姆士·立特驾驶另一架 F-82G（46-392）击落了一架雅克 -9。

美国 F-84 "雷电喷气" 战斗机

F-84 是美国空军在二战后生产的第一种战斗机，由美国共和飞机公司设计生产。

性能解析

F-84 是美国第一种能运载战术核武器的喷气式战斗机。其中，F-84F 的机翼由垂直改为后掠，作战半径为 725~1370 千米，装有 6 挺 12.7 毫米机枪，机翼下可挂载 24 枚火箭弹或 4 枚 454 千克炸弹，最大载重量为 2 720 千克。

机型特点

F-84 "雷电喷气"/"雷霆"/"雷闪" 战斗轰炸机和侦察机家族是美国重要的战斗机之一，在超音速战斗机服役前广泛装备美国、盟国和北约空军。从 F-84E 开始，"雷电喷气" 抛弃了 P 字头的编号，该机的发动机与 P-84D 相同，F-84E 还安装了斯佩里 APG-30 雷达测距瞄准具、适用于作战的改进型翼尖副油箱，机身加长 30.48 厘米以增加座舱空间。后机身下方增加了伸缩式喷射辅助起飞挂架，使其最大起飞重量提高到 10 188 千克。

基本参数	
制造商	共和飞机公司
机身长度	10.24 米
机身高度	4.39 米
翼展	13.23 米
乘员	1 人
空重	5 200 千克
最大起飞重量	10 590 千克
最大速度	1 059 千米 / 时
最大航程	1 384 千米
最大升限	14 000 米

美国 F-86 "佩刀" 战斗机

F-86 是二战后美国设计的第一代喷气式战斗机，绰号 "佩刀"。

性能解析

与苏联第一代喷气式战斗机米格 –15 相比，F-86 最大水平空速较低，最大升限较低，中低空爬升率较低，但其高速状态下的操控性较佳，运动性灵活，加上一个稳定的射击平台，配合雷达瞄准仪，能够在低空有效对抗米格 –15。F-86 是美国第一种装设弹射椅的战斗机，其主要武器为 6 挺 12.7 毫米勃朗宁 M2HB 机枪（H 型改为 4 门 20 毫米机炮），并可携带 900 千克炸弹或 8 枚 166 毫米无导向火箭。

基本参数	
制造商	北美航空公司
机身长度	11.4 米
机身高度	4.6 米
翼展	11.3 米
乘员	1 人
空重	5 046 千克
最大起飞重量	8 234 千克
最大速度	1 106 千米 / 时
最大航程	2 454 千米
最大升限	15 100 米

机型特点

F-86 是美国北美航空公司研制的美国第一种后掠翼喷气式战斗机，是美国、北约集团及日本在 20 世纪 50 年代使用最多的战斗机。F-86 曾在朝鲜战场上与苏联的第一代喷气式战斗机米格 –15 战斗机进行过较量。F-86 凭借更先进的雷达瞄准具（但实际上这种瞄准具性能、可靠性并不高）、更灵活的俯冲和中低空机动性能，后期作战更持久。不过该机只是对早期型号的米格 –15 战斗机占有优势，但非压倒性优势。

美国 F-94 "星火"截击机

F-94 是美国第一种大量服役的喷气式截击机，绰号"星火"。

性能解析

洛克希德公司为 TF-80C 加装了火控系统武器等一系列配置后，采用了带加力燃烧室的 J33-A-33 发动机。E-1 火控系统由 AN/APG-33 雷达和斯佩里 A-1C 计算瞄准具组成，其中 AN/APG-33 被装在向上弯曲的雷达整流罩内，前机身下方安装 4 门 12.7 毫米机枪，机枪口正好位于机头雷达整流罩后方。机内空间紧张带来的另一个问题是内部载油量减少到 1 200 升。但通过挂载 2 个 625 升翼尖油箱，总载油量还是可以达到 2 450 升的。相比 TF-80C，F-94 还加大了尾翼面积。

基本参数	
制造商	洛克希德公司
机身长度	11.48 米
机身高度	3.58 米
翼展	11.43 米
乘员	2 人
空重	4 560 千克
最大起飞重量	6 810 千克
最大速度	975 千米 / 时
最大航程	1 852 千米
最大升限	13 716 米

机型特点

F-94 的第一批生产型是 F-94A，是第一种装备发动机加力燃烧室的生产型战机，同时又是美国空军的第一种喷气式全天候战斗机。1950—1953 年，F-94A/B 作为美国空军唯一可借重的喷气式全天候截击机，填补了新装备投入使用之前出现的空当，在美国本土防空中起到了无可替代的作用。

美国 F-100 "超佩刀" 战斗轰炸机

F-100 是世界上第一种实用化的超音速战机，绰号"超佩刀"。

性能解析

F-100 最初是作为昼间空中优势战斗机设计的，采用中等后掠角悬臂下单翼，低平尾和单垂尾构成倒 T 形尾翼布局。该机是第一种在机身重要结构上采用钛合金的飞机。虽然 F-100 的机头进气方式阻力较小，但最大缺点是无法安装大型机载雷达，这使得 F-100 日后作战能力提升受到极大限制。由于进气口扁圆，机头上部线条明显下倾，从而使得 F-100 具有较好的前下方视野，也为日后发展成战斗轰炸机提供了客观条件。

基本参数	
制造商	北美航空公司
机身长度	14.36 米
机身高度	4.68 米
翼展	11.82 米
乘员	1 人
空重	9 500 千克
最大起飞重量	15 800 千克
最大速度	1 390 千米 / 时
最大航程	3 210 千米
最大升限	15 000 米

机型特点

F-100 是世纪系列之首型战机以及首款广泛利用钛合金制造的战机。在 F-100 服役生涯中，常被作为战斗轰炸机使用。在越战中，F-100 被 F-105 雷公战斗机所取代；但 F-100 仍持续地活跃于南越上空，广泛地担任密接支援机的任务，直到被 A-7 海盗 II 亚音速攻击机取而代之为止。F-100 亦服役于北约诸国空军及其他美国盟邦。

美国 F-101 "巫毒"战斗机

F-101 是美国麦克唐纳公司研制的双发超音速战斗机，绰号"巫毒"。

性能解析

F-101 采用中单翼，2 台有后燃器的 J-57-P-55 涡轮喷气发动机，进气口位于机身两侧，发动机喷嘴在机身中后部，后机身结构向后延伸安装垂直尾翼。水平尾翼接近垂直尾翼的顶部，为全动式设计。武器包括 4 门在机身内的 20 毫米 M39 机炮，以及外部挂架挂载的 3 枚 AIM-4E 或 AIM-4F 空空导弹、2 枚 AIR-2A 无控空空火箭弹（核弹头）。该机是第一架水平飞行速度超过 1 600 千米 / 时的生产型战机，作战半径达 1 100 千米，转场航程为 3 440 千米。起飞滑跑距离为 1 340 米，着陆滑跑距离为 940 米。

基本参数	
制造商	麦克唐纳公司
机身长度	21.54 米
机身高度	5.49 米
翼展	12.10 米
乘员	2 人
空重	12 680 千克
最大起飞重量	23 000 千克
最大速度	1 825 千米 / 时
最大航程	2 450 千米
实用升限	17 800 米

机型特点

F-101 是第一种平飞速度超过 1 600 千米 / 时的生产型战斗机，也创下战术侦察机最高速度的纪录（A-12 与 SR-71 属于战略侦察机）。但因用途过于单一，F-101 "巫毒"各型号在 20 世纪 70 年代末 80 年代初全部退役。麦克唐纳的 F-4 "鬼怪"继承了"巫毒"的基本布局，"鬼怪"独特的带下反角的平尾终于彻底解决了困扰"巫毒"终身的自动上仰问题。

美国 F-102 "三角剑" 截击机

F-102 是美国康维尔公司研制的单座全天候截击机，绰号"三角剑"。

性能解析

由于原本计划使用的怀特 J67 涡轮喷气发动机的发展时程拖延，因此康维尔公司计划在原型机上使用性能并不优秀的西屋 J40 涡轮喷气发动机，而在最终生产型上才会使用全新设计的 J67 发动机。然而，由于 J40 的性能实在不尽如人意，且 J67 的发展又遇上技术瓶颈。因此，F-102 最终使用了普惠 J57 涡轮喷气发动机。F-102 主要被部署在北美大陆，用来拦截敌方的远程轰炸机。F-102 曾参加越南战争，主要任务是为空军基地防空和护送轰炸机。

基本参数	
制造商	康维尔公司
机身长度	20.83 米
机身高度	6.45 米
翼展	11.61 米
乘员	1 人
空重	8 777 千克
最大起飞重量	14 300 千克
最大速度	1 304 千米/时
最大航程	2 715 千米
最大升限	16 300 米

机型特点

F-102 截击机的原型机特别多，一共 14 架：2 架最早的原型机 YF-102、8 架"追加"的原型机 YF-102 和 4 架以"蜂腰"外形制造的"新原型机"YF-102A。F-102 截击机采用 Weber 公司生产的弹射救生座椅，座舱内拥有增压、供氧和空调设备，但当飞机到达 15 000 米以上高空时，要求飞行员穿着 MC-1 型抗荷服。在机身垂尾根部的后端，有 1 对可按"蛤壳"状打开的空气阻力板，打开后还可以释放出着陆阻尼伞，用以缩短着陆滑跑距离。

美国 F-104 "星" 式战斗机

F-104 是美国洛克希德公司研发的超音速轻型战斗机，绰号"星"。

性能解析

F-104 通常装有 1 门 20 毫米 M61 机炮，备弹 750 发。执行截击任务时，携带"麻雀"空对空导弹和"响尾蛇"空对空导弹各 2 枚。执行对地攻击任务时，携带"小斗犬"空对地导弹 2 枚，900 千克核弹 1 枚以及多枚普通炸弹，最大载弹量 1 800 千克。F-104 曾被戏称为"飞行棺材"或"寡妇制造机"，这是因为 F-104 为了追求高空高速，被设计成机身长而机翼短小、T 形尾翼等，都是为了最大限度实现减阻，但却牺牲了飞机的盘旋性能。如果遇到发动机空中熄火或飞机失速等动力故障，别的飞机能滑翔着陆，而 F-104 则会马上变成自由落体式。

基本参数	
制造商	洛克希德公司
机身长度	16.66 米
机身高度	4.11 米
翼展	6.36 米
乘员	1 人
空重	6 350 千克
最大起飞重量	13 170 千克
最大速度	2 137 千米 / 时
最大航程	2 623 千米
最大升限	15 000 米

机型特点

F-104 "星" 式战斗机是一种两倍音速轻型单座单发战斗机。其特点是轻便、高速、爬升快、机动性好，是 20 世纪 60 年代与米格 -21、"幻影 III" 齐名的世界三大标准战斗机之一。但航程较短、事故率高，故多为外援，美军自用 300 架。同时由于其超高事故率，被冠以 " 寡妇制造机 " 的恶名。

美国 F-105 "雷公" 战斗轰炸机

F-105 是美国空军第一架超音速战斗轰炸机，绰号"雷公"。

性能解析

F-105 因为其特大的内部武器舱和翼根下的前掠发动机进气口而出名。该机采用全金属半硬壳式结构，悬臂式中单翼。全动式平尾的位置较低，用液压操纵。动力装置为 1 台 J75-P-19W 涡轮喷气发动机，加力推力为 120.3 千牛。F-105 前机身左侧装有 1 门 20 毫米的 6 管机炮，备弹 1 029 发。弹舱内可载 1 枚 1 000 千克或 4 枚 110 千克的炸弹或核弹。翼下有 4 个挂架，机腹下 1 个挂架，可按各种方案携带核弹和常规炸弹、4 枚 AGM-12 空对地导弹或 4 枚 AIM-9 空对空导弹。

基本参数	
制造商	共和飞机公司
机身长度	19.58 米
机身高度	5.99 米
翼展	10.65 米
乘员	1 人
空重	12 470 千克
最大起飞重量	23 834 千克
最大速度	2 208 千米/时
最大航程	3 550 千米
最大升限	14 800 米

机型特点

F-105 是美国空军有史以来最大的单座单发动机的作战飞机，并且因为其特大的内部武器舱和翼根下的独特的前掠形发动机进气口而出名。F-105 是作为 F-84 后继机发展的单座超音速战斗轰炸机。20 世纪 50 年代初美国的战略思想是立足于打核战争，战术空军也要具备战术核轰炸能力。因此 F-105 的规划中，主要任务是实施战术核攻击，也可外挂常规炸弹，执行对地攻击任务，并具有一定的自卫空战能力。

美国 F-106 "三角标枪" 截击机

F-106 是康维尔公司研制的一款超音速全天候三角翼截击机，绰号"三角标枪"。

性能解析

与 F-102 一样，F-106 也使用了巨大三角翼无尾布局的设计。两者机翼的区别并不大。与 F-102 纯三角形的垂直尾翼不同，F-106 的垂尾采取梯形结构，同时前后缘都有后掠角。垂尾上面的减速板改为了左右打开的方式，减速伞改为收藏在垂尾的根部。F-106 的主要目标是各种远程轰炸机，标准武器配置是 4 枚 AIM-4 空对空导弹，1 枚 AIR-2 "妖怪"核火箭。F-106 原本没有机炮，后来加装了 M61 "火神"机炮。

基本参数	
制造商	康维尔公司
机身长度	21.56 米
机身高度	6.18 米
翼展	11.67 米
乘员	1 人
空重	11 077 千克
最大起飞重量	15 670 千克
最大速度	2 455 千米 / 时
最大航程	4 300 千米
最大升限	17 000 米

机型特点

F-106 主要用于美国本土的防空作战，也被称为终极拦截机。F-106 是美国最后一种专职截击机，在美国军队一直服役到 20 世纪 80 年代末。在 NASA 则一直使用到 21 世纪之前。F-106 从未出口。原因是它的使用目的太单一，只能用来拦截笨重的远程轰炸机。

美国 F-111 "土豚" 战斗轰炸机

F-111 是通用动力公司研制的战斗轰炸机，绰号"土豚"。

性能解析

F-111 拥有诸多当时的创新技术，包含几何可变翼、后燃器、涡轮发动机和低空地形追踪雷达。F-111 采用了双座、双发、上单翼和倒 T 形尾翼的总体布局形式，起落架为前三点式。F-111 的最大特点是采用了变后掠机翼，这是该技术首次应用于实用型飞机。F-111 通常装 2 台 TF30-P-3 加力涡轮风扇发动机，单台推力 55.37 千牛。该机的武器系统包括机身弹舱和 8 个翼下挂架，可携带普通炸弹、导弹和核弹。

基本参数	
制造商	通用动力公司
机身长度	22.4 米
机身高度	5.22 米
翼展	19.2 米
乘员	2 人
空重	21 537 千克
最大起飞重量	44 896 千克
最大速度	2 655 千米 / 时
最大航程	6 760 千米
最大升限	20 100 米

机型特点

为满足空军和海军的不同作战要求，美国防部决定研制 A、B 两种型别，因此出现了以对地攻击为主的空军型 F-111A 和以对空截击（舰队防空和护航）为主的海军型 F-111B。B 型因结构超重，性能达不到要求，加之导弹火控系统的研制也遇到困难，最后于 1968 年停止发展，海军取消订货。从此，F-111 成了纯粹的空军型飞机。

美国 F-3 "魔鬼"战斗机

F-3 是麦克唐纳·道格拉斯公司研制的后掠翼喷气式战斗机,绰号"魔鬼"。

性能解析

F-3 是一种单发、近音速全天候战机,有 F3H-1N、F3H-1P、F3H-2N、F3H-2M、F3H-2、F3H-2P 和 F3H-3 等多种型号。其中,F3H-2M 是第一种只带导弹不用机炮的战机。F3H-2 为攻击战斗机,配备了 4 门 20 毫米机炮,并可携带 4 枚"麻雀"导弹或 2 枚"响尾蛇"导弹,或搭载 2 720 千克常规炸弹。

机型特点

F-3 战斗机是麦克唐纳公司研制和生产的第一种后掠翼喷气式战斗机,也是第一种只带导弹不用机炮的单发、亚音速全天候战斗机,共生产了 519 架。最开始选用西屋公司的 J40 发动机,但是这种发动机极不可靠,在损失了 6 架战斗机和 4 名飞行员后,第一种生产型 F3H-1N 被停飞。后续的生产型换装了艾里逊 J71 发动机,问题才得以解决。

基本参数	
制造商	麦克唐纳·道格拉斯公司
机身长度	17.98 米
机身高度	4.44 米
翼展	10.76 米
乘员	1 人
空重	10 040 千克
最大起飞重量	15 377 千克
最大速度	1 152 千米/时
最大航程	1 899 千米
最大升限	10 683 米

美国 F-4 "鬼怪 II" 战斗机

F-4 是美国麦克唐纳·道格拉斯公司研制的双发舰队重型防空战斗机，绰号 "鬼怪 II"。

性能解析

F-4 是美国第二代战斗机的典型代表，各方面的性能都比较好，不但空战性能好，对地攻击能力也很强。该机的缺点是大迎角机动性能欠佳，高空和超低空性能略差，起降时对跑道要求较高。F-4 装有 1 门 M61A1 6 管加特林机炮，9 个外挂点的最大载弹量达 8 480 千克，包括普通航空炸弹、集束炸弹、电视和激光制导炸弹、火箭弹。该机的动力装置为 2 台通用电气 的 J79-GE-17A 涡轮喷气发动机，单台推力为 80 千牛。

基本参数	
制造商	麦克唐纳·道格拉斯公司
机身长度	19.20 米
机身高度	5.02 米
翼展	11.77 米
乘员	1 人
空重	13 760 千克
最大起飞重量	28 030 千克
最大速度	2 414 千米 / 时
最大航程	2 600 千米
最大升限	16 580 米

机型特点

F-4 是 20 世纪 50 年代末研制生产的战斗机，机上的许多设备和飞机的许多性能远远落后于新一代战斗机。在多年的飞行实践中，美军发现它的高空性能和超低空性能都差得很远。从 20 世纪 60 年代末开始，F-4 换装发动机和机载设备，加强对地攻击能力。尽管 F-4 经过不断改型，机载设备和飞机的整体性能有所提高，但它在军队中服役仍旧显得有些力不从心。美国空军决定对它再做一次大的"手术"，让它成为专门用于发现、识别敌方地面防空雷达和地对空导弹阵地，并用反辐射导弹对雷达和导弹阵地进行攻击的专用飞机，配合其他战术攻击机完成任务。

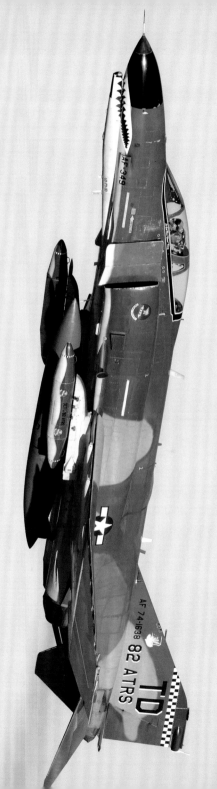

美国 F-5 "自由斗士"战斗机

F-5 是诺斯洛普公司设计的轻型战斗机，A、B、C 三型称为"自由斗士"，E、F 两型称为"虎 II"。

性能解析

F-5 通常装有 2 门 20 毫米 M39A2 型机炮，7 个外挂点可挂载 2 枚"响尾蛇"空对空导弹和各种空对地导弹、激光制导炸弹及各类常规炸弹。动力装置为 2 台通用电气的 J85-GE-21B 涡喷发动机，单台最大推力为 15.57 千牛。F-5E 是以苏联的米格 -21 和苏 -7 为假想敌而研制的，要求它的中、低空性能接近于米格 -21，同时还具有对地攻击的能力。

基本参数	
制造商	诺斯洛普公司
机身长度	14.45 米
机身高度	4.06 米
翼展	8.13 米
乘员	1 人
空重	4 410 千克
最大起飞重量	11 210 千克
最大速度	1 741 千米 / 时
最大航程	2 860 千米
最大升限	15 790 米

机型特点

F-5 战斗机是由美国诺斯洛普公司于 1962 年推出的一款轻型战机，被诸多美国盟国与第三世界国家采用。各类衍生型从最早仅有对地攻击能力的 F-5A 到强化空对空作战能力的 F-5E 以及战术侦察型 RF-5 等。

美国 F-6 "天光" 战斗机

F-6 是脱胎于二战末期德国设计理念的三角翼战斗机，绰号"天光"。

性能解析

F-6 战斗机为三角形机翼，机翼外缘为弧形，因为其外形像一种生活在海底的动物蝠鲼而得名"天光"。该机具有极为出色的爬升性能，同时还具有极佳的机动性。F-6 的内部武器包括 4 门柯尔特 M12 型 20 毫米机炮，每门备弹 70 发。不过，由于 4 门机炮的炮口过于靠近，机炮经常被拆除。后期生产型共有 7 个外挂点，总共可以负担 1 800 千克重量的外挂物，包括副油箱、火箭发射巢和导弹等。

基本参数	
制造商	麦克唐纳·道格拉斯公司
机身长度	13.8 米
机身高度	3.96 米
翼展	10.2 米
乘员	1 人
空重	7 268 千克
最大起飞重量	12 300 千克
最大速度	1 242 千米 / 时
最大航程	954 千米
最大升限	16 764 米

机型特点

F-6 战斗机具有极佳的爬升率、相对较高的速度、较大的航程和一部好的雷达，所有的特征都表明 F-6 "天光"是一款优良的截击机。麦克唐纳·道格拉斯公司原本计划发展装备 J57-P-14 发动机的 F-6 的改进版本，但最后没有实现，再加上 F-6 固有的不稳定的飞行品质，以及众多的后来者的涌现，从而使得 F-6 战斗机早早谢幕退场。

美国 F-8 "十字军" 战斗机

F-8 是美国海军第一架真正的超音速舰载机，绰号"十字军"。

性能解析

F-8 的突出特点是采用可变安装角机翼，起飞着陆期间，机翼安装角可以调大 7°，这样既增加升力，又使机身基本上与飞行甲板或跑道保持平行，避免因机头抬起而影响飞行员的视界，平飞时，机翼再回到原来的位置。另外，机翼外段可向上折叠，便于舰上停放。该机装 1 台普惠公司的 J57-P-20 涡喷发动机，加力推力为 80 千牛。

机型特点

飞行员对 F-8 的评价都很高，认为这是一种速度快、爬升猛、机动性好的战斗机。地勤人员对 F-8 也有很好的印象，因为 F-8 简单、可维护性好。F-8 是美国海军最后一种以机炮为主要武器的战斗机，"响尾蛇"导弹又赋予了更远的攻击距离，其性能虽然不尽如人意，但比当时的"麻雀"导弹还是好一些，F-8 的大部分战果也是用导弹击落的。但是 F-8 的发动机、起落架和液压系统相当不可靠，其事故率是 F-4 的 2~3 倍，F-14 的 4 倍。

基本参数	
制造商	沃特公司
机身长度	16.53 米
机身高度	4.8 米
翼展	10.87 米
乘员	1 人
空重	7 956 千克
最大起飞重量	13 000 千克
最大速度	1 975 千米 / 时
最大航程	2 795 千米
最大升限	17 700 米

美国 F-10 "空中骑士" 战斗机

F-10 是美国麦克唐纳·道格拉斯公司研制的舰载夜间战斗机，绰号"空中骑士"。

性能解析

F-10 是世界上最早的喷气式夜间战斗机，采用双发、并列双座设计，机载武器为 4 门 20 毫米机炮，动力装置为 2 台西屋电气的 J46-WE-36 发动机，单台推力 15.1 千牛。

机型特点

美国 F-10 "空中骑士" 战斗机是世界上最早的喷气式夜间战斗机。双发并列双座，是美国海军唯一参加过朝鲜战争和越南战争的战斗机。

基本参数	
制造商	麦克唐纳·道格拉斯公司
机身长度	13.84 米
机身高度	4.9 米
翼展	15.24 米
乘员	2 人
空重	8 237 千克
最大起飞重量	12 556 千克
最大速度	770 千米 / 时
最大航程	2 200 千米
最大升限	13 400 米

美国 F-14 "雄猫" 战斗机

F-14 是美国格鲁曼公司研制的舰载战斗机，绰号"雄猫"。

性能解析

　　与同时代的战斗机相比，F-14 的综合飞行控制系统、电子反制系统和雷达系统等都非常优秀。其装备的 AN/AWG-9 远程火控雷达系统功率高达 10 千瓦，可在 120～140 千米的距离上锁定敌机。该机还装备了当时独有的资料链，可将雷达探测到的资料与其他 F-14 战斗机分享，其雷达画面能显示其他 F-14 探测到的目标。F-14 装备 1 门 20 毫米 M61 机炮，还可发射 AIM-54 "不死鸟"、AIM-7 "麻雀"和 AIM-9 "响尾蛇"等空对空导弹，并可携带各类炸弹。

基本参数	
制造商	格鲁曼公司
机身长度	19.1 米
机身高度	4.88 米
翼展	19.54 米
乘员	2 人
空重	19 838 千克
最大起飞重量	33 720 千克
最大速度	2 485 千米 / 时
最大航程	2 960 千米
最大升限	15 240 米

机型特点

　　F-14 是双座多用途超音速战斗机。F-14 战斗机非常受军事迷的喜欢，除了因为它超酷绝美的造型外，强大的战斗力更是另一重点。F-14 在服役后期曾追加低空导航暨夜间红外线标定筴舱，具备基本的精确对地攻击能力。F-14 所挂载的"不死鸟"导弹，更是"决胜于千里之外"战略名句彻底实现的代表性武器。

美国 F-15 "鹰" 式战斗机

F-15 是美国麦克唐纳·道格拉斯公司研发的全天候战斗机，绰号"鹰"。

性能解析

F-15 气动布局出色，机翼负荷较低，并具备较高的推重比，武器和飞行控制系统采用了先进的自动化设计。该机使用的多功能脉冲多普勒雷达具备较好的下视搜索能力，利用多普勒效应可避免目标信号被地面噪声所掩盖，能追踪树梢高度的小型高速目标。F-15 装有 1 门 20 毫米 M61A1 机炮。共有 11 个武器挂架，其中机翼 6 个、机身 5 个。总外挂可达 7 300

基本参数	
制造商	麦克唐纳·道格拉斯公司
机身长度	19.43 米
机身高度	5.68 米
翼展	13.03 米
乘员	1~2 人
空重	12 973 千克
最大起飞重量	30 800 千克
最大速度	3 000 千米 / 时
最大航程	5 741 千米
最大升限	19 800 米

千克，可使用 AIM-7 "麻雀"、AIM-9 "响尾蛇" 和 AIM-120 "监狱" 等空对空导弹，以及包括 GBU-28 重磅炸弹在内的多种对地武器。

机型特点

美国空军是 F-15 最早也是最大的使用者。F-15 在设计时的目标是在高空以高速度拦截入侵领空的假想敌——米格-25 战斗机，保护自己的战略轰炸机顺利执行任务。但是 F-15 也存在争议。由于该机型的近距离空战机动性、大尺寸和高造价的评价，促使 F-16 战隼式战斗机的研发，以弥补 F-15 的不足。

美国 F-15E "攻击鹰"战斗轰炸机

F-15E 是麦克唐纳·道格拉斯公司在 F-15 "鹰"的基础上改进而来的双座超音速战斗轰炸机，绰号"攻击鹰"。

性能解析

F-15E 兼具对地和空中攻击优势。该机在外形上与 F-15D 基本相同，重新设计了发动机舱以及部分结构，使航程增加了 33%。武器挂架增加了 1 倍，除原挂架外，在每个保形油箱边还有 6 个挂架，采用了具有自动地形跟踪能力 3 余度的数字式电传操纵系统和先进的电子座舱显示系统。

基本参数	
制造商	麦克唐纳·道格拉斯公司
机身长度	19.43 米
机身高度	5.6 米
翼展	13 米
乘员	2 人
空重	14 515 千克
最大起飞重量	36 741 千克
最大速度	3 060 千米 / 时
最大航程	4 445 千米
最大升限	17 000 米

机型特点

F-15E 是美国空军的全天候打击战机，用于深入敌人后方对地面目标之阻击。衍生自 F-15 空优战机的 F-15E，在沙漠风暴行动中，能深入打击敌高价值目标，及执行密接空中支援任务，进行空陆协同作战。

美国 F-16 "战隼" 战斗机

F-16 是通用动力公司研制的喷气式战斗机，绰号"战隼"。

性能解析

    F-16 为单发动机的多重任务战术飞机，机身采用半硬壳式结构，外形短粗。机翼为悬臂式中单翼，与机身采用翼身融合体形连接，平面几何形状为切角三角形。起落架为前三点式，可收放入机身内部。F-16 强调在视距内进行缠斗，首次采用了线传飞控、倾斜座椅和侧置操纵杆等技术，是美国第一种有能力进行 9G 过载机动的战斗机。F-16 装有 1 门 20 毫米 M61 机炮，并可发射多种空对地导弹、空对舰导弹和空对空导弹。

基本参数	
制造商	通用动力公司
机身长度	15.02 米
机身高度	5.09 米
翼展	9.45 米
乘员	1~2 人
空重	8 272 千克
最大起飞重量	19 187 千克
最大速度	2 173 千米 / 时
最大航程	3 890 千米
最大升限	15 240 米

机型特点

    F-16 是单发单座轻型战斗机，主要用于空战，也可用于近距空中支援，是美国空军的主力机种之一。F-16 采用机体较小巧的单发布局，比起双发战斗机自然大大减少了采购和维护的费用，但在实际使用中的可靠性随之降低。而且单发布局限制了 F-16 增大航程、载重、机动性能的改进潜力。因此，F-16 的改进一般集中于电子设备和武器系统方面。由于 F-16 的先进性能、多样化的作战能力、充分的改进余地，美国空军计划在 21 世纪的头 25 年内继续使用和改进 F-16 战斗机。

美国 F/A-18 "大黄蜂" 战斗 / 攻击机

F/A-18 是诺斯洛普和麦克唐纳·道格拉斯公司联合研发的战斗 / 攻击机，绰号"大黄蜂"。

性能解析

F/A-18 采用双发动机和双垂直尾翼的外形结构，为了让飞行员能顺利地独自执行各类任务，F/A-18 导入了先进的数码化概念与玻璃座舱。该机还非常重视后勤维护方面的便利性，其维修和维护都降低了人工。F/A-18 的前 4 个机型都为 9 个挂载点，其中翼端 2 个、翼下 4 个、机腹 3 个，外挂载荷最高可达 6 215 千克。新型的 F/A-18E/ F "超级大黄蜂"的武器挂点有所增加，不但能携带更多的武器，而且可外挂多达 5 个副油箱，并具备空中加油能力。

基本参数	
制造商	诺斯洛普和麦克唐纳·道格拉斯公司
机身长度	17.1 米
机身高度	4.7 米
翼展	11.43 米
乘员	1～2 人
空重	11 200 千克
最大起飞重量	23 400 千克
最大速度	1 814 千米 / 时
最大航程	3 330 千米
最大升限	15 000 米

机型特点

F/A-18 的主要特点是可靠性和维护性好、生存能力强、大迎角飞行性能好，以及武器投射精度高。到目前为止，F/A-18 共有 9 个型别，有单座的，也有双座的。F/A-18A 为基本型，是一种单座战斗 / 攻击机，主要用于护航和舰队防空；如果换装部分武器后即为攻击机，可执行对地攻击任务。

美国 F-20 "虎鲨" 战斗机

F-20 "虎鲨" 战斗机是美国诺斯洛普飞机公司以非常畅销的轻型战斗机 F-5E 为蓝本改良设计而成的。

性能解析

F-20 在外观上最大的不同就是发动机的数目由 F-5 系列的 2 具减少为 1 具。新的发动机采用与 F/A-18 同级的 GE 公司 F404 涡轮发动机。这个改变不仅仅是更换发动机，还必须修改后机身，进气道与进气口的设计等，以符合新发动机的性能。此外，F-20 的雷达换装为 AN/APG-67，除了提供较多的对空与对地模式之外，最重要的提升是赋予 F-20 发射中程雷达导引空对空导弹的能力，使得 F-20 正式迈入超视距作战能力行列。

基本参数	
制造商	诺斯洛普飞机公司
机身长度	14.2 米
机身高度	4.2 米
翼展	8.1 米
乘员	1 人
空重	5 090 千克
最大起飞重量	11 920 千克
最大速度	2 573 千米 / 时
最大航程	2 760 千米
最大升限	16 800 米

机型特点

F-20 性能在继承 F-5 战机优异缠斗性能的同时，还具备优秀的视距战能力。F-20 虽在 F-5G 的基础上作了很大改进，但 F-5G 的基础限制了 F-20 水平的进一步提高。F-20 的小吨位就是一个很大限制，因而与 F-16 竞争是毫无希望的。

美国 F-22 "猛禽" 战斗机

F-22 是世界上最先服役的第五代战斗机,绰号"猛禽"。

性能解析

F-22 具备超音速巡航、超视距作战、高机动性和高隐形能力,据称作战能力是 F-15 战斗机的 2~4 倍。此外,在开发 F-22 期间所建立的许多先进技术,也被沿用到之后的 F-35 上。F-22 造价高昂、性能先进,它配备了 AN/APG-77 主动相控阵雷达、AIM-120C/D 中程空对空导弹、AIM-9X 红外线空对空导弹、二维 F119-PW-100 推力矢量引擎、整合航空电子与人机界面等先进技术和装备。

基本参数	
制造商	洛克希德·马丁公司
机身长度	18.92 米
机身高度	5.08 米
翼展	13.56 米
乘员	1 人
空重	19 700 千克
最大起飞重量	38 000 千克
最大速度	2 410 千米/时
最大航程	4 830 千米
最大升限	19 812 米

机型特点

F-22 于 21 世纪初期陆续进入美国空军服役,以取代上一代的主力机种 F-15 鹰式战斗机。洛克希德·马丁公司宣称,"猛禽"的隐身性能、灵敏性、精确度和态势感知能力结合,组合其空对空和空对地作战能力,使得它成为当今世界综合性能最佳的战斗机。

美国 F-35 "闪电 II" 战斗机

F-35 是 F-22 的低阶辅助机种,属于具有隐身设计的第五代战斗机,绰号"闪电 II"。

性能解析

F-35 采用与 F-22 相同的双垂尾设计,不过发动机被改为单发。F-35 虽然被定义为 F-22 的低阶辅助机种,但由于较后研制的原因,一些设计比 F-22 更加合理,电子设备也更为先进。整体来说,F-35 的技术特点为廉价耐用的隐身技术、维护成本较低、使用了先进的数据交换网络。综合的航电设备与感应器融合,可大幅增加飞行员的状况感知和目标识别与武器投射的能力,并能快

基本参数	
制造商	洛克希德·马丁公司
机身长度	15.7 米
机身高度	4.33 米
翼展	10.7 米
乘员	1 人
空重	13 300 千克
最大起飞重量	31 800 千克
最大速度	1 931 千米/时
最大航程	2 220 千米
最大升限	18 288 米

速地传输信息到其他的指挥及控制节点。此外,F-35 还是第一款用头盔显示器完全替代抬头显示器的战斗机。

机型特点

2015 年,为支持美国海军陆战队的操作测试,16 名英国皇家海军和空军成员已加入黄蜂级通用两栖突击舰。F-35 联合项目办公室官员博格丹表示:"英国加入 F-35 项目对我们能否取得成功具有决定性作用。"据英国 F-35b 项目领导者,皇家海军指挥官尼尔·马西森中尉透露,"英国海军计划将 2 架 F-35B 装备伊丽莎白二代航母,从而逐步淘汰龙卷风战斗轰炸机。F-35 战斗机的低可侦测性利于在航空母舰上针对高危环境进行部署,有利于进行全方位操作,使其在任何时间、任何天气状况下都能够对敌实施致命打击"。

苏联拉–11 战斗机

拉–11是苏联拉沃金设计局研制的单座战斗机，北约代号为"犬齿"。

性能解析

拉–11 战斗机是苏联最后的活塞式战斗机，在螺旋桨战斗机中，性能优越。拉–11 与拉–9 的外形和机体结构基本相同，主要改进是增大了机内燃油储量，武器装备改为 3 门 NR–23 型 23 毫米机炮。拉–11 的动力装置仍是 1台 ASh–82FN 活塞发动机，功率为 1 361 千瓦。

机型特点

拉–11 战斗机主要用于轰炸机的护航和侦察，还执行过夜间防空作战任务与飞行员训练，并不用于和喷气式飞机的作战。

基本参数	
制造商	拉沃金设计局
机身长度	8.63 米
机身高度	2.8 米
翼展	9.8 米
乘员	1 人
空重	2 770 千克
正常起飞重量	3 996 千克
最大速度	674 千米 / 时
最大航程	2 550 千米
最大升限	10 250 米

苏联雅克 -28 战斗机

雅克 -28 是雅克列夫设计局服役较长的双发战机家族的最后一员。

▌▌▌▶ 性能解析

　　雅克 -28B 在机鼻处装有 RBR-3 雷达轰炸机系统。雅克 -28P 专为中低空作战设计，其用尖锐的雷达罩内安装的"鹰"D 型雷达取代了原来的玻璃化机鼻，随后在服役期间得到多次改进。到 1967 年停产时，后续生产的雅克 -28P 雷达罩已经明显加长，总体性能也有所提升。

▌▌▌▶ 机型特点

　　28 的改型雅克 -28P 是一款名副其实的战斗机 / 截击机。28P 将 28 机首的导航员舱改为

基本参数	
制造商	雅克列夫设计局
机身长度	21.6 米
机身高度	3.95 米
翼展	12.5 米
乘员	2 人
空重	9 970 千克
最大起飞重量	20 000 千克
最大速度	2 009 千米 / 时
最大航程	2 630 千米
最大升限	16 000 米

雷达舱，配备奥廖尔雷达，再在飞行员后面增加 1 个座席供武控人员使用。飞机配备 2 枚空对空导弹、雷达执导和红外制导各 1 枚。

苏联雅克 –38 战斗机

雅克 –38 是苏联海军航空兵装备的唯一一款垂直起降战斗机。

性能解析

雅克 –38 装有 3 台发动机，分别为机尾的推进 / 升举发动机和驾驶舱后方的 2 台升举发动机。作为舰载机，雅克 –38 的主翼与其他大多数舰载机一样可以向上折叠，以节省存放空间。该机也有不少缺点，例如，机械结构较为复杂，垂直起飞时耗油量较大，由于需要协调 3 台发动机共同工作，所以故障率较高。因此，雅克 –38 在垂直升降时如有意外发生，弹射座椅会自动弹射。

基本参数	
制造商	雅克列夫实验设计局
机身长度	16.37 米
机身高度	4.25 米
翼展	7.32 米
乘员	1 人
空重	7 385 千克
最大起飞重量	11 300 千克
最大速度	1 280 千米 / 时
最大航程	1 300 千米
最大升限	11 000 米

机型特点

雅克 –38M 是雅克 –38 的改进型，外表上最明显的改动，就是机背升力发动机进气口两侧的挡板，用于改善喷气回吸的问题。有消息证明，部分雅克 –38 也在服役后加装了挡板。不太明显的改动是前机轮改为可转向，便于短滑跑起落时的控制。

苏联米格-9战斗机

米格-9是苏联二战后研制的首批喷气式战斗机之一。

性能解析

米格-9采用2台仿制的德国BMW003喷气式发动机，每台净推力7.85千牛。机载武器包括1门37毫米机炮（备弹40发）和2门23毫米机炮（每门备弹80发）。米格-9虽然速度快，升限高，但具备早期喷气战斗机的一切缺点，气动性、可靠性、机动性都很成问题。但米格-9揭示了喷气时代的很多气动、操控、设计、制造上的特点，是苏联航空工业的里程碑。

基本参数	
制造商	米高扬设计局
机身长度	9.75 米
机身高度	2.59 米
翼展	10 米
乘员	1 人
空重	3 540 千克
最大起飞重量	5 501 千克
最大速度	910 千米/时
最大航程	1 100 千米
最大升限	12 800 米

机型特点

因发动机性能差、推力不足，米格-9无法截击高速轰炸机。米格-9M是米格-9的生产改进机型。与米格-9相比，米格-9M在各方面都有较大改进：换装了2台RD-21喷气发动机，单台推力达到9.8千牛，比RD-20提高了20%；气动外形得到优化，座舱位置前移，改善了飞行员向下方的视野；座舱采取了增压措施，并为飞行员提供了弹射座椅；增加减速板；机头的37毫米炮被移至机体左侧，2门23毫米炮则安装到机体右侧，并把机炮全部埋入机身内。另外，米格-9M还改进了燃油系统。

苏联米格-15"柴捆"战斗机

米格-15是苏联第一代喷气式战斗机的代表之作。

性能解析

米格-15是世界上第一种实用的后掠翼飞机，已经具备了现代喷气式飞机的雏形。它安装了1台推力为27千牛的BK-1型发动机，具有光滑的机身外形。米格-15安装了3门机炮，翼下还可以挂载炸弹和副油箱。由于没有装备雷达，米格-15不具备全天候作战能力。除了航程较短外，米格-15在当时拥有最先进的性能指标，正是由于它的出色表现才使在活塞飞机时代默默无闻的米高扬设计局扬名立万，米格飞机也从此闻名于世。

基本参数	
制造商	米高扬设计局
机身长度	10.1 米
机身高度	3.7 米
翼展	10.1 米
乘员	1~2 人
空重	3 580 千克
正常起飞重量	4 960 千克
最大起飞重量	6 105 千克
最大速度	1 075 千米/时
最大航程	1 310 千米
最大升限	15 500 米

机型特点

米格-15战斗机在20世纪50年代初的朝鲜战争中，首次大规模投入空战，显示了优异的飞行和作战性能。1948年年底，米格-15开始大量装备苏联空军，最初集中部署在莫斯科周围，并迅速成为苏军的主力歼击机，主要用来对付美军的轰炸机。

苏联米格 –17"壁画"战斗机

米格 –17 是苏联米高扬设计局研制的一款单发战斗机。

性能解析

　　米格 –17 是基于米格 –15 战斗机的经验研制的单发战斗机，其基本型号只有 1 名飞行员，采用中单翼设计，起落架可伸缩。机身结构为半硬壳全金属结构，座舱采用了加压设计，气压来源由发动机提供。前方和后方有装甲板保护，前座舱罩是 65 毫米厚的防弹玻璃，情况紧急时驾驶员可以使用弹射椅脱离。

机型特点

　　米格 –17 战斗机继承了米格 –15 飞行高

基本参数	
制造商	米高扬设计局
机身长度	11.26 米
机身高度	3.8 米
翼展	9.63 米
乘员	1 人
空重	3 798 千克
最大起飞重量	5 932 千克
最大速度	1 114 千米 / 时
最大航程	1 290 千米
最大升限	15 600 米

度高、爬升速度快的优点，但也延续了其高速飞行时不稳定、容易形成尾旋下坠、难以横向平衡等缺点，是个不稳定的机炮平台。

苏联米格－19 "农夫" 战斗机

米格－19是米高扬设计局研制的一款双发超音速战斗机。

性能解析

米格－19采用机头进气设计,部分机型在进气口上方有装有雷达的锥形整流罩。机身蒙皮材质为铝质,尾喷口附近使用少量钢材。机翼为后掠翼设计,机翼前缘后掠角58°。不同型号的米格－19使用了不同的发动机。米格－19爬升至10 000米高度只需66秒,而同时期的F－100"超佩刀"战斗机爬升至10 500米高度需要将近4分钟。该机的武装除1门固定的机首机炮和2门机翼机炮外,还可以通过4个挂架挂载导弹或火箭弹,导弹型号主要为R－3空对空导弹,火箭弹包括S－5系列。

基本参数	
制造商	米高扬设计局
机身长度	12.5 米
机身高度	3.9 米
翼展	9.2 米
乘员	1 人
空重	5 447 千克
最大起飞重量	7 560 千克
最大速度	1 455 千米／时
最大航程	2 200 千米
最大升限	17 500 米

机型特点

米格－19是米高扬设计局研制的后掠翼布局战斗机,也是世界上第一种进入批量生产的超音速战斗机。该机爬升快,加速性和机动性好,火力强,能全天候作战,主要用于空战,争夺制空权,也可实施对地攻击。米格－19先后有多达16种改型,大部分未量产,只是用来测试不同的电子火控和武备系统。

俄罗斯米格–21 战斗机

米格 –21 是米高扬设计局研制的一款单座单发轻型战斗机。

性能解析

米格 –21 具有简单、轻便和善于缠斗的特点，而且价格也较为便宜，适合大规模生产。米格 –21 有 20 余种改型，除几种试验用改型，其余的外形尺寸变化不大，虽然重量不断增加，但同时也换装推力加大的发动机，因而飞行性能差别不大。由于机载设备和武器不同，各型号的作战能力有明显差别。

机型特点

基本参数	
制造商	米高扬设计局
机身长度	15.4 米
机身高度	4.13 米
翼展	7.15 米
乘员	1 人
空重	5 700 千克
最大起飞重量	9 100 千克
最大速度	2 125 千米 / 时
最大航程	1 580 千米
最大升限	19 000 米

米格 –21 主要任务是高空高速截击、侦察，也可用于对地攻击。是 20 世纪 50 年代以后世界上生产数量最多的超音速战斗机，捷克斯洛伐克和印度等国还进行了特许生产，与西方同级别的同代战斗机相比价格较低，总产量超过 6 000 架。但该机除了大速度、减速性能好以外，其机动性能不好，加上机载设备过于简单，武器挂载能力过小和航程过短，因而作战能力有限。

俄罗斯米格 –23 战斗机

米格 –23 是米高扬设计局研制的一款多用途超音速战斗机。

性能解析

米格 –23 的设计思想强调了较大的作战半径、在多种速度下飞行的能力、良好的起降性和优良的中低空作战性能。该机采用变后掠上单翼布局，有三种推荐机翼后掠角，分别为主要用于起降与巡逻的 18°40′、用于空战的 47°40′ 和用于超音速与低空高速飞行的 74°40′，而飞行员也可以通过座舱里的操作手柄对机翼角度进行调整。在武装方面，米格 –23 除 1 门固定的 GSh–23L 双管 23 毫米机炮外，还可以通过机翼和机身下的挂架挂载包括 R–3、R–23/24 和 R–60 在内的多款空对空导弹。而米格 –23MLD 更是可以使用先进的 R–27、R–73 空对空导弹。

基本参数	
制造商	米高扬设计局
机身长度	16.7 米
机身高度	4.82 米
翼展	13.97 米
乘员	1 人
空重	9 595 千克
最大起飞重量	18 030 千克
最大速度	2 445 千米 / 时
最大航程	2 820 千米
最大升限	18 500 米

机型特点

米格 –23 突破了米格飞机的重量轻、体积小、机动性能好的传统设计。米格 –23 突出的性能是平飞速度大，且水平加速性好，利于低空突防、高速拦截和攻击后脱离。但该机的高空性能不突出，中低空机动性较差，而它的对地击性由于武器挂载量较大、航程较远、低空突防速度大、装甲防护较好，倒不失为一种对地攻击能力较强的战斗机。

俄罗斯米格 –25 "狐蝠" 战斗机

米格 –25 是米高扬设计局于 20 世纪 60 年代研制的高空高速战斗机。

性能解析

　　米格 –25 的气动布局与之前的米格飞机有较大差别，采用中等后掠上单翼、两侧进气、双发、双垂尾布局。该机在设计上强调高空高速性能，曾打破多项飞行速度和飞行高度的世界纪录，可在 2.4 万米高度上以 3 430 千米 / 时的速度持续飞行。为了保证机体能够承受住高速带来的高温，米格 –25 大量采用不锈钢结构，但这样的高密度材料却给米格 –25 带来了更大的重量和更高的耗油量，在其突破 3 675 千米 / 时高速飞行时油料不能支撑太久，而且机体本身的重量也在一定程度上限制了其载弹量。

基本参数	
制造商	米高扬设计局
机身长度	19.75 米
机身高度	6.1 米
翼展	14.01 米
乘员	1 人
空重	20 000 千克
最大起飞重量	41 000 千克
最大速度	3 675 千米 / 时
最大航程	2 575 千米
最大升限	20 700 米

机型特点

　　米格 –25 的研制主要是为了对付美国开发的 XB–70 "瓦尔基里" 轰炸机与 F108 "轻剑" 战斗机，这两种飞机的最高速度同样达到 3 675 千米 / 时，普通的截击机根本无法追上，更遑论跟踪监视拦截，只有米格 –25 拥有一定的拦截能力，是世界上第一种速度超过 3 675 千米 / 时的战斗机。

俄罗斯米格 –29 "支点" 战斗机

米格 –29 是米高扬设计局研发的一款双发高性能制空战斗机。

性能解析

　　米格 –29 的整体气动布局为静不安定式，低翼面载荷，高推重比。精心设计的翼身融合体，是其气动设计上的最大特色。米格 –29 未使用线传飞控系统，而是采用液压控制与 SAU–451 三轴自动飞行仪。为了方便飞行员进行机种转换，米格 –29 的驾驶舱没有大量采用人体工学设计，并尽可能使其类似于之前的米格 –23。和以往的苏制战机相比，米格 –29 的驾驶舱视野有所改善，但仍然不及同时期的西方战斗机。

基本参数	
制造商	米高扬设计局
机身长度	17.32 米
机身高度	4.73 米
翼展	11.36 米
乘员	1 人
空重	11 000 千克
最大起飞重量	20 000 千克
最大速度	2 400 千米 / 时
最大航程	1 500 千米
实用升限	17 000 米

机型特点

　　苏联空军当时为米格 –29 战斗机定下的基本设计指标是能在任意气象条件下和苛刻的电子干扰环境中，在全高度范围和各种飞行剖面内，摧毁距其 200~60 000 米的空中目标。可见米格 –29 最初是作为空中优势战斗机研制的，后期的改进型号逐步具有了空地攻击和反舰能力。具体到空优作战任务方面，苏联空军通过分析其空战经验和军用飞机的发展趋势，要求米格 –29 必须既能胜任机动格斗，又能进行超视距空战。

俄罗斯米格－31"捕狐犬"战斗机

米格－31是由米格－25发展而来的一款串行双座全天候截击战斗机。

性能解析

米格－31是俄制武器"大就是好"的典型代表，其机身巨大、推力引擎耗油高、相控阵雷达功率极强，至今仍能接受各种升级改装。该机采用二元进气道两侧进气、悬臂式后掠上单翼、双垂尾正常式布局。机身为全金属，其中合金钢50%、钛合金16%、轻质合金33%，其余为复合材料。与米格－25相比，米格－31的机头更粗（加装大型雷达）、翼展更大，增加了锯齿前缘，进气口侧面带附面层隔板，换装推力更大的引擎并加强机体结构，以适应低空超音速飞行。此外，增加了外挂点，攻击火力大幅加强。

基本参数	
制造商	米高扬设计局
机身长度	22.69 米
机身高度	6.15 米
翼展	13.46 米
乘员	2 人
空重	21 820 千克
最大起飞重量	46 200 千克
最大速度	3 255 千米 / 时
最大航程	3 300 千米
实用升限	20 600 米

机型特点

米格－31的改进计划正式确定是在1984年，计划分三次完成米格－31的改进工程：第一阶段改进型为米格－31M，第二阶段改进型称作米格－31BM，第三阶段改进型为米格－31SM。米格－31M改进目的是加大飞机的作战半径，全面提升航电水平，增强多目标交战和远程高速侦察能力；1988年已开始研制的米格－31BM是米格－31M的进一步改进型，其改进重点是改善战机的座舱系统，使战机具备拦截隐身超低空超声速巡航导弹的能力。

俄罗斯米格–35 "支点F" 战斗机

米格–35是米高扬设计局研制的一款多用途喷气式战斗机。

性能解析

米格–35的功能是在不进入敌方的反导弹区域时，对敌方的地上和水上高精准武器进行有效打击。机舱内不仅配备了"智能化座舱"，还装有液晶多功能显示屏。米格–35装备了全新的相控阵雷达，其火控系统中还整合了经过改进的光学定位系统，可在关闭机载雷达的情况下对空中目标实施远距离探测。米格–35配备有1门30毫米机炮，用于携带弹药和各型航弹的外挂点为9个，总载弹量为6 000千克。

基本参数	
制造商	米高扬设计局
机身长度	17.3 米
机身高度	4.7 米
翼展	12 米
乘员	1~2 人
空重	11 000 千克
最大起飞重量	29 700 千克
最大速度	2 600 千米/时
最大航程	2 000 千米
最大升限	17 500 米

机型特点

米格–35在设计上通过对飞机各个部分的放大来实现更高的性能，但是不放大机身本身以减少开发新机体以及随之所需要开发的一系列新产品而带来的成本激增，这种方式比单纯的放大机身要聪明得多，不但基本获得了超级战斗机所拥有的各项超级性能，而且成本也相对便宜，是中小发展中国家保卫领空和提升空军综合作战水平的上乘选择。

俄罗斯苏-15"细嘴瓶"截击机

苏-15是苏霍伊设计局研制的一款双发截击机。

性能解析

除作战半径之外，苏-15的各方面性能都是极其优秀的。该机装备1门23毫米双管机炮，备弹200发。机翼下共有4个外挂点，可挂装AA-3"阿纳布"红外制导或雷达制导空对空导弹、"蚜虫"红外制导近距空对空导弹，其他武器或副油箱。动力装置为2台R-13-300涡轮喷气发动机，单台最大推力约65千牛，加力推力为70千牛。

基本参数	
制造商	苏霍伊设计局
机身长度	19.56米
机身高度	4.84米
翼展	9.34米
乘员	1人
空重	10 874千克
最大起飞重量	29 700千克
最大速度	2 230千米/时
最大航程	1 700千米
最大升限	18 100米

机型特点

苏-15用以取代当时服役的苏-11拦截机。虽然在作战半径上有所不足，但其他方面都被证明是极其优秀的。在20世纪70年代末期，苏-15只配置在苏联本土，没有进驻华约其他国家，也未出口，当时苏联空军曾装备了800架以上的苏-15，如今则只能在航空博物馆的停机坪上看见它。

俄罗斯苏-24 "击剑手" 战斗轰炸机

苏-24 是苏霍伊设计局设计的一款双座战斗轰炸机。

性能解析

苏-24 是苏联第一种能进行空中加油的战斗轰炸机,其机翼后掠角的可变范围为16°~70°,起飞、着陆用 16°,对地攻击或空战时为 45°,高速飞行时为 70°。其机翼变后掠的操纵方式比米格-23 的手动式先进,但还达不到美国 F-14 的水平。苏-24 装有惯性导航系统,飞机能远距离飞行而不需要地面指挥引导,这是苏联飞机能力的新发展。苏-24装有 2 门 30 毫米机炮,机上有 8 个挂架,正常载弹量为 5 000 千克,最大载弹量为 7 000千克。

基本参数	
制造商	苏霍伊设计局
机身长度	22.53 米
机身高度	6.19 米
翼展	17.64 米
乘员	2 人
空重	22 300 千克
最大起飞重量	43 755 千克
最大速度	1 315 千米/时
最大航程	2 775 千米
最大升限	11 000 米

机型特点

苏-24 是苏霍伊设计局设计的双座双发动机变后掠翼低高度远程飞行的多用途攻击/战术轰炸机,主要用以取代老旧的雅克-28。除了携带传统的空对地导弹等武装进行攻击任务,苏-24 也可携带小型战术核武器,进行纵深打击。

俄罗斯苏-27"侧卫"战斗机

苏-27是在苏联时期由苏霍伊设计局设计的一款单座双发全天候重型战斗机。

性能解析

苏-27机动性和敏捷性好、续航时间长，可以进行超视距作战。但其机载电子设备和座舱显示设备较为落后，且不具有隐身性能。苏-27的基本设计与米格-29相似，不过个头要比后者大很多。苏-27的机身为全金属半硬壳式，机头略向下垂。为了最大化地减轻重量，它采用了约30%的钛，这个比例高于同期所有飞机，但苏-27没有采用复合材料。

机型特点

基本参数	
制造商	苏霍伊设计局
机身长度	21.94 米
机身高度	5.93 米
翼展	14.7 米
乘员	1 人
空重	17 450 千克
最大起飞重量	33 000 千克
最大速度	2 876 千米/时
最大航程	3 790 千米
最大升限	18 000 米

苏-27的LyulkaAL-31F涡轮风扇发动机间距较大，能提供比较好的安全性，以及进气道无间断的气流，同时在高迎角时帮助维持发动机气流，在进气道中有过滤网防止起飞时异物被吸入引擎。由于最初是把苏-27作为截击机来设计的，因此，它虽然有8吨的载弹量，但只能挂载无制导炸弹和火箭弹。

俄罗斯苏 –30 "侧卫 C" 战斗机

苏 –30 是苏霍伊设计局研制的一款多用途重型战斗机。

性能解析

苏 –30 为双发双座设计，外形与苏 –27 非常相似。苏 –30 的油箱容量较大，具有长航程的特性，而且还具备空中加油能力。该机具有超低空持续飞行能力、极强的防护能力和出色的隐身性能，在缺乏地面指挥系统信息时仍可独立完成歼击与攻击任务，包括在敌方纵深执行战斗任务。该机能够承担全范围的战术打击任务，包括夺取空中优势、防空作战、空中巡逻及护航、压制敌方防空系统、空中拦截、近距空中支援以及对海攻击等。此外，苏 –30 还具备空中早期预警、指挥和调控己方机群进行联合空中攻击的能力。

基本参数	
制造商	苏霍伊设计局
机身长度	21.935 米
机身高度	6.36 米
翼展	14.7 米
乘员	2 人
空重	17 700 千克
最大起飞重量	34 500 千克
最大速度	2 120 千米 / 时
最大航程	3 000 千米
最大升限	17 300 米

机型特点

俄罗斯苏 –30 战斗机装有新的导航系统和标准的后座舱，航空电子设备和系统可以在超过 10 小时的飞行中持续使用，而且考虑到机组人员的生理需要，在飞机的座舱内安置了新设计的供氧装置和排泄系统。

俄罗斯苏－33"侧卫D"战斗机

苏－33是苏霍伊设计局在苏－27基础上研制的单座双发多用途舰载机。

性能解析

苏－33 的机身结构与苏－27 基本相同，都由前机身、中央翼和后机身组成。该机增大了主翼面积，且为满足舰载机采用拦阻方式着舰时所需要承受的 5G 纵向过载，对机身主要承力结构进行了大幅加强。前起落架支柱直接与机身主承力结构连接，加强了前起落架的结构强度，并且改用了双前轮。主起落架直接连接在机身侧面的尾梁上，通过加强的结构和液压减振系统，使主起落架可以承受在舰上拦阻着陆时 6~7 米 / 秒的下沉率。为了避免飞离甲板的瞬间机身过重而翻覆，起飞时不能满载弹药和油料，这成为苏－33 的致命缺陷。

基本参数	
制造商	苏霍伊设计局
机身长度	21.94 米
机身高度	5.93 米
翼展	14.7 米
乘员	1 人
空重	18 400 千克
最大起飞重量	33 000 千克
最大速度	2 300 千米 / 时
最大航程	3 000 千米
最大升限	17 000 米

机型特点

苏－33 在战斗机时代划分上属于第四代战斗机改进型，即第四代半战斗机。苏－33 继承了苏－27 家族优异的气动布局，实现了机翼折叠，新设计了增升装置、起落装置和着舰钩等系统，使得飞机在保持优良的作战使用性能条件下，实现了着舰要求的飞行特性。苏－33 现为俄罗斯海军"库兹涅佐夫"号航空母舰上的主战机种，亦为现役世界上最大的舰载战斗机。

俄罗斯苏 –34 "鸭嘴兽" 战斗轰炸机

苏 –34 是苏霍伊设计局研制的一款双发重型战斗轰炸机。

性能解析

苏 –34 的最大特征是其扁平的机头，由于采用了并列双座的设计，使得机头增大，为了减小体积而被设计为扁平。苏 –34 采用了许多先进的装备，包括装甲座舱、液晶显示器、新型数据链、新型火控计算机、后视雷达等。为了适应轰炸任务，该机在座舱外加装了厚达 17 毫米的钛合金装甲。苏 –34 多达 12 个外挂，可挂载大量导弹、炸弹和各类荚舱，具备多任务能力。此外，该机还加强了起落架的负载能力，其双轮起落架使其具备在前线野战机场降落的能力，极大地增强了作战灵活性。

基本参数	
制造商	苏霍伊设计局
机身长度	23.34 米
机身高度	6.09 米
翼展	14.7 米
乘员	2 人
空重	14 000 千克
最大起飞重量	45 100 千克
最大速度	2 200 千米 / 时
最大航程	4 000 千米
最大升限	15 000 米

机型特点

苏 –34 的进一步改型为苏 –32FN，用于海上攻击和侦察任务。1997 年 12 月该机基本定型。与苏 –34 不同的是，苏 –32FN 岸基侦察攻击机的机载无线电电子设备和机载武器做了一些改进和变动，以便进一步提高自身对海上目标的侦察和攻击能力。为了执行海上巡逻反舰 / 搜潜任务，苏 –32FN 岸基侦察攻击机装备了"海蛇"机载无线电电子设备，主要用于对水面舰只、水下潜艇以及水雷等目标实施搜索。"海蛇"雷达可以发现和识别 150~200 千米内的海上目标。

俄罗斯苏–35 "侧卫 E" 战斗机

苏–35 是苏霍伊航空集团研制的单座双发、超机动多用途重型战斗机。

性能解析

苏–35 除了用三翼面设计带来绝佳的气动力性能外，真正的重点在航电设备，提升自动化、计算机化、人性化、指管通情能力等，与同时期西方开发中的新时代战机的航电设计理念相同。大幅提升航空电子性能的结果是重量增加，必须有其他改良才能避免机动性、加速性、航程的下降。因此除了以前翼提升操控性外，还装备更大推力的发动机，主翼与垂尾内的油箱也予以增大。整体来说，苏–35 在机动性、加速性、结构效益、航电性能各方面都全面优于苏–27S，而不像其他改型般有取有舍。

基本参数	
制造商	苏霍伊航空集团
机身长度	22.2 米
机身高度	6.43 米
翼展	15.15 米
乘员	1 人
空重	17 500 千克
最大起飞重量	34 000 千克
最大速度	2 450 千米 / 时
最大航程	4 000 千米
最大升限	18 000 米

机型特点

就传统空战飞行方式而言，虽然苏–35 的超载性能较好，但是指向性能可能逊于鸭式布局的台风战斗机与阵风战斗机。近距空战时，高指向性是最致命的飞行性能，因此在近战武器性能相当的前提下，台风战斗机与阵风战斗机有胜过苏–35 的可能。

俄罗斯苏–47"金雕"战斗机

苏–47是苏霍伊航空集团研发的超音速试验机,绰号"金雕"。

性能解析

　　苏–47 的机身横截面为椭圆形,全机主要由钛铝合金建造,复合材料的比例为 13%。该机采用前掠机翼设计,有明显的机翼翼根边条和较长的机身边条,从而大幅降低阻力并减少雷达反射信号。苏–47 在亚音速飞行时有着极高的灵敏度,能够快速地改变迎角与飞行路径,在超音速飞行时也可保持高机动性。苏–47 的高转向率能让飞行员迅速地将战斗机转向下一个目标,并展开导弹攻击。

基本参数	
制造商	苏霍伊航空集团
机身长度	22.6 米
机身高度	6.3 米
翼展	16.7 米
乘员	1 人
空重	16 830 千克
最大起飞重量	35 000 千克
最大速度	2 600 千米 / 时
最大航程	4 000 千米
最大升限	18 000 米

机型特点

　　苏–47 战斗机是一种多用途战斗机,是俄罗斯第五代战斗机的技术验证机。其设计重点突出在大迎角下的机动性、敏捷性以及飞机的低可探测性,基本的尺寸和重量数据与苏–37 类似,机头、机尾和座舱与苏–35 相似,起落架与苏–27K 相同,采用苏–35/ 37 的 4 余度数字式电传飞行控制系统。

俄罗斯苏 –57 战斗机

苏 –57 战斗机是俄罗斯在"未来战术空军战斗复合体"计划下研制的第五代战斗机。

性能解析

苏 –57 战斗机采用优异的气动布局，雷达、光学及红外线特征都较小。从飞机整体布局来看，苏 –57 战斗机的机身扁平，显然延续了苏 –27 战斗机的升力体设计。加上机翼面积较大，翼载荷较低，因此苏 –57 战斗机具备较大的升力系数。另外，其机翼前缘后掠角大于 F–22 战斗机，这显示苏 –57 战斗机更重视高速飞行和超音速拦截能力。该机装有 1 门 30 毫米 GSh–301 机炮，并拥有至少两个大型武器舱，主要用于装载远程空对空导弹和中程空对空导弹，也可装载空对地导弹和制导炸弹。

基本参数	
制造商	苏霍伊航空集团
机身长度	19.8 米
机身高度	4.8 米
翼展	14 米
乘员	1 人
空重	17 500 千克
最大起飞重量	35 000 千克
最大速度	2 600 千米 / 时
最大航程	3 500 千米
最大升限	20 000 米

机型特点

苏 –57 战斗机作为俄罗斯的第五代战斗机有着显著的不同特点，之前的战斗机只能在很短的时间内进行超音速飞行，而苏 –57 则要在不借助加力燃烧室的条件下保持高速飞行，同时具备很强的机动性并能够携带高效的武器系统，以实现超音速状态下的作战。

英国"飓风"战斗机

　　"飓风"战斗机是英国于20世纪30年代设计的主力机型，在不列颠空战期间皇家空军取得的战果大都由"飓风"战斗机击落，是英国胜出不列颠空战的最大功臣。

性能解析

　　"飓风"使用了霍克飞机公司建造双翼机的技术，以传统机械方式接合和固定而非焊接。机身结构以由钢管组成的涡轮式桁架构成，装上机肋和纵梁后覆上布制蒙皮。初期机翼以2组钢制翼梁构成结构，再覆上布制蒙皮。到1939年4月由一种硬铝制造的全金属与应力蒙皮结构的机翼取代，其后出厂的"飓风"战斗机均使用这种机翼。同期推出的喷火战斗机则使用金属制硬壳的机翼结构，虽然强度较高和较轻，

基本参数	
制造商	霍克飞机公司
机身长度	9.84 米
机身高度	4 米
翼展	12.19 米
乘员	1 人
空重	2 605 千克
最大起飞重量	3 950 千克
最大速度	505 千米 / 时
最大航程	965 千米
实用升限	10 970 米
爬升率	14.1 米 / 秒

但对子弹的对抗性则较差。维修简便、配置宽阔的起落架和良好的飞行特性令"飓风"战斗机退居二线后仍然在一些环境恶劣、要求高可靠性多于高性能的战场执行任务。

英国"喷火"战斗机

"喷火"战斗机是英国在二战中装备的主要单发动机战斗机。

性能解析

"喷火"战斗机无论从技术上还是性能上，都是英国当时最先进的战斗机。它采用的新技术包括单翼结构、全金属承力蒙皮、铆接机身、可收放起落架、变矩螺旋桨和襟翼装置，机身小得只能装一名飞行员。"喷火"的机动性比德国的同类战斗机略差，但稳定性更佳，可以大大减轻飞行员的负担。

基本参数	
制造商	超级马林
机身长度	9.1 米
机身高度	3.9 米
翼展	11.2 米
乘员	1 人
空重	2 300 千克
最大起飞重量	3 100 千克
最大速度	602 千米 / 时
最大航程	1 840 千米
最大升限	11 300 米

机型特点

为了使"喷火"战斗机始终能和敌方最先进的战斗机匹敌，因此在生产过程中一直在进行改进。主要改进是发动机增加功率；采用不同的翼形，以适应不同高度的任务（一共三种翼形，标注在飞机型号中间，LF—低空、F—中空通用、HF—高空）。经过不断改进，"喷火"逐渐达到活塞式战斗机性能的极限。

英国"海怒"战斗机

"海怒"战斗机是最后一种服役于英国皇家海军的螺旋桨战斗机。

性能解析

　　"海怒"装有4门希斯潘诺机炮，主起落架外侧的翼下挂架可以挂载2枚227千克或455千克炸弹，或12枚火箭，或4枚82千克火箭弹。"海怒"的动力装置为1台布里斯托尔"半人马座"活塞发动机，功率为1 341千瓦。

机型特点

　　作为战斗机，"海怒"具有灵敏的操控性和杰出的机动性。"海怒"与同时期美国海军的F8F"熊猫"战斗机很相近，但在机动性和爬升率上不及后者，但在精确武器投送和仪表飞行能力上却胜出一筹。

基本参数	
制造商	霍克公司
机身长度	10.6米
机身高度	4.9米
翼展	11.7米
乘员	1人
空重	4 190千克
最大起飞重量	5 670千克
最大速度	740千米/时
最大航程	740千米
最大升限	11 000米

英国"海鹰"战斗机

"海鹰"战斗机是霍克公司研制的舰载喷气式战斗机。

性能解析

"海鹰"融汇了数项富有独创性的工程技术，其中，战斗轰炸型"海鹰"FB.Mk.3 采用了经过加强的机翼，可以安装多种挂架。曾经试验过的挂载方案包括 2 枚 225 千克炸弹和 2 个副油箱、20 枚 60 磅火箭弹（弹径 7.62 厘米，弹头重 27 千克），以及其他的炸弹、火箭弹或水雷组合。

机型特点

"海鹰"虽然不是第一种海军舰载喷气战斗机，却是此类型号的早期代表作品。它融汇了数项富有独创性的工程技术，是一种相当简洁的设计。尽管没有辉煌的战斗历史，但在作为一线战斗机服役的 10 多年里，"海鹰"的表现仍然相当优秀。

基本参数	
制造商	霍克公司
机身长度	12.09 米
机身高度	2.64 米
翼展	11.89 米
乘员	1 人
空重	4 208 千克
最大起飞重量	7 327 千克
最大速度	901 千米 / 时
最大航程	1 270 千米
最大升限	13 565 米

英国"毒液"战斗机

"毒液"战斗机是英国德·哈维兰公司研制的单发战斗机。

性能解析

作为"吸血鬼"的后继飞机，"毒液"采用比前者更薄的机翼和推力更大的"幽灵"104涡喷发动机，其机翼在 1/4 弦长处略微后掠，并装有翼尖油箱。该机的机鼻中安装了 4 门伊斯帕诺 Mk5 型 20 毫米机炮，翼下 2 个挂架最大可挂载 907 千克外挂物，包括火箭、炸弹和导弹等。

机型特点

"毒液"同样具备"吸血鬼"的敏捷性和

基本参数	
制造商	德·哈维兰公司
机身长度	11.21 米
机身高度	2.59 米
翼展	12.8 米
乘员	1~2 人
空重	4 000 千克
最大起飞重量	7 617 千克
最大速度	950 千米/时
最大航程	1 610 千米
最大升限	12 000 米

良好的操控性，平飞速度有所提高，爬升率大幅改善，不过在翼尖副油箱满油时滚转速度受到了影响。"毒液"的总体性能超过"吸血鬼"和 F-84"雷电喷气"，也稍稍凌驾于洛克希德的 F-80"流星"，但还只能算是第一代喷气式战斗机，与第二代的 F-86"佩刀"和米格 -15 无法相提并论。

英国"猎人"战斗机

"猎人"战斗机是霍克公司研制的单发高亚音速喷气战斗机。

性能解析

"猎人"战斗机有单座和双座机型，只安装简单的测距雷达，不具备全天候作战能力，但可兼作对地攻击用。该机的武器装备为4门30毫米机炮，另有4个挂架，最大挂弹量为1 816千克。动力装置为1台"埃汶"207涡喷发动机，推力45.1千牛。

机型特点

"猎人"战斗机是英国战后最成功的战斗机，小角度俯冲时可超过音速，机动型不逊于同时代任何一架喷气式战斗机，除装备皇家空军外，还出口近20个国家。

基本参数	
制造商	霍克公司
机身长度	14 米
机身高度	4.01 米
翼展	10.26 米
乘员	1~2 人
空重	6 405 千克
最大起飞重量	11 158 千克
最大速度	1 150 千米/时
最大航程	3 060 千米
最大升限	15 240 米

英国"海雌狐"战斗机

"海雌狐"战斗机是霍克公司研制的双发舰载战斗机。

性能解析

　　"海雌狐"是英国海军航空兵第一种后掠翼、具有完整武器系统、以导弹为主要武器的舰载战斗机。该机沿袭了德·哈维兰公司自"吸血鬼"以来的双尾梁布局，主要目的是尽量缩短发动机进气道和喷管长度，以减少气流在这些部位的能量损失。"海雌狐"机翼下的挂架最多可带4枚"火光"空对空导弹，或者总共907千克的炸弹，机头下还有2组火箭弹发射装置，内部有28枚50毫米空射火箭弹。

　　2012年4月7日，世界上仅存的一架可飞行的"海雌狐"战斗机由于前轮故障在英国伯恩茅斯机场坠毁。

基本参数	
制造商	霍克公司
机身长度	16.94 米
机身高度	3.28 米
翼展	15.54 米
乘员	2 人
空重	12 680 千克
最大起飞重量	21 205 千克
最大速度	1 110 千米 / 时
最大航程	1 270 千米
最大升限	14 600 米

英国"弯刀"战斗机

"弯刀"战斗机是英国超级马林飞机公司研制的喷气式战斗机。

性能解析

　　"弯刀"战斗机采用中单翼设计，机翼在1/4弦线处的后掠角度是45°，机翼中间的部分可以向上折起以节省在航舰上的储存与操作空间。机翼前端是同样长度的前缘襟翼，为了降低降落速度与保持良好的低速控制，还进一步使用边界层控制技术。该机的发动机位于机身的两侧，有各自的进气口和进气道负责提供稳定的气流。武装除固定的4门30毫米机炮外，还可以在机翼下的两处挂架挂载各种弹药和副油箱。

基本参数	
制造商	超级马林飞机公司
机身长度	16.87 米
机身高度	4.65 米
翼展	11.33 米
乘员	1 人
空重	10 869 千克
最大速度	1 185 千米 / 时
最大航程	2 289 千米
最大升限	14 000 米

机型特点

　　"弯刀"战斗机是英国20世纪中期生产过体型最大的单座战斗机。1956年大幅更改设计的"弯刀"战斗机原型机试飞成功，但是一度在飞行中几乎坠毁。再度修改的原型机继续试验，直到1957年3月才被英国皇家海军接受并且进入量产阶段。

英国"标枪"战斗机

"标枪"战斗机是英国格罗斯特公司研制的双发亚音速战斗机。

性能解析

"标枪"是英国研制的第一架三角翼战斗机，也是世界上最早使用三角翼的实用战斗机，主要依靠截击雷达和空对空导弹作战。该机装有 2 门 30 毫米机炮，动力装置为 2 台阿姆斯壮·西德利"蓝宝石"ASSa.6 涡喷发动机，单台推力 35.6 千牛。

机型特点

20 世纪中期，英国集中力量研究音速飞行的最有效的机翼形状，得出的结论是三角形机翼有利于飞机在音速的飞行，并首次将三角翼运用于格罗斯特公司的"标枪"喷气战斗机和阿弗罗公司的"火神"轰炸机上。"标枪"是世界上最早使用三角翼的实用战斗机，后来三角翼风靡全球，一直使用至今。

基本参数	
制造商	格罗斯特公司
机身长度	17.15 米
机身高度	4.88 米
翼展	15.85 米
乘员	2 人
空重	10 886 千克
最大起飞重量	19 580 千克
最大速度	1 140 千米 / 时
最大航程	1 530 千米
最大升限	15 865 米

英国"蚊蚋"战斗机

"蚊蚋"战斗机是英国弗兰德公司研制的一款单座轻型战斗机。

性能解析

"蚊蚋"战斗机安装了 2 门"阿登"30 毫米机炮,可外挂 2 枚 227 炸弹或 36 枚火箭弹。该机一反当时追求更快、更高的潮流,而是追求操作灵活、容易整备。由于高推重比和低翼载,加上助力操纵装置的"蚊蚋"具有相当好的机动性和操纵性,爬升到 13 500 米用时不到 4 分钟。但追求简易性的独特设计也存在一些缺点,如液压助力操纵系统常出故障,襟副翼在飞行时会突然下垂,造成低空飞行时产生致命的低头力矩。

基本参数	
制造商	弗兰德公司
机身长度	8.74 米
机身高度	2.46 米
翼展	6.75 米
乘员	1 人
空重	2 175 千克
最大起飞重量	5 500 千克
最大速度	1 120 千米 / 时
最大航程	800 千米
最大升限	14 630 米

机型特点

"蚊蚋"战斗机作为"吸血鬼"教练机的后继机在军中服役,并一度成为红箭表演队的用机。当"蚊蚋"战斗机向军方交付时,弗兰德公司已经被霍克·西德里公司兼并,霍克·西德里为英国空军生产了 91 架该机。1962 年 2 月,位于 Little Rissington 的中央飞行学校接收了"蚊蚋"战斗机机,这是英国空军中最早开始使用"蚊蚋"战斗机机的部队。

英国"闪电"战斗机

"闪电"战斗机是英国电气公司研制的双发单座喷气式战斗机。

性能解析

"闪电"的最大设计特点是在后机身内使2台"埃汶"发动机别出心裁地呈上下重叠安装。该机采用机头进气，在后来战斗机型的圆形进气口中央有1个内装火控雷达的固定式调节锥。该机的机翼设计也很独特，前缘后掠60°，并带缺口（作为涡流发生器用），后缘沿着飞机纵轴互为垂直的方向切平。更有趣的是该机的副油箱或导弹被高高地"驮"在机翼上表面的挂架之上，所以投出时需要采用弹射方式。

基本参数	
制造商	英国电气公司
机身长度	16.8 米
机身高度	5.97 米
翼展	10.6 米
乘员	1 人
空重	14 092 千克
最大起飞重量	20 752 千克
最大速度	2 100 千米 / 时
最大航程	1 370 千米
最大升限	16 000 米

机型特点

尽管"闪电"航程较短、载弹量不多，但仍是一种强劲、令人印象深刻的战斗机。这种深刻的印象不仅来自它出众的性能，而且来自该机怪异的设计。

法国"暴风雨"战斗机

"暴风雨"战斗机是法国达索飞机制造公司在二战后研制的第一种喷气式战斗机。

性能解析

作为达索的第一种喷气式战斗机,虽然"暴风雨"看上去还很简陋,但是这架飞机使达索积累了设计喷气式战斗机的经验,尤其是飞机与发动机的匹配问题。从外观上看,"暴风雨"是典型的第一代喷气式战斗机,纺锤形机体、机头进气、平直下单翼、单垂尾。该机是一种更擅长对地作战的飞机,机身坚固异常,作战性能非常出色。

基本参数	
制造商	达索飞机制造公司
机身长度	10.73 米
机身高度	4.14 米
翼展	13.16 米
乘员	1 人
空重	4 140 千克
最大起飞重量	5 900 千克
最大速度	940 千米 / 时
最大航程	960 千米
最大升限	13 000 米

机型特点

当时的达索"暴风雨"战斗机只能作高亚音速的飞行。为了能够突破音障,达索着手进行一项新机的研制计划。为了降低整个计划的风险,达索决定在"暴风雨"式战斗机的基础上进行改进。

法国"神秘"战斗机

"神秘"战斗机是达索飞机制造公司研制的单座喷气式战斗机。

性能解析

　　"神秘"战斗机沿用了"暴风雨"的机身，但是为了安装机翼，中部做了一些改动，机翼的后掠角从"暴风雨"的14°增大到30°，机翼的相对厚度也要比原来的小。"神秘"战斗机有多种型号，用"渐改法"逐步完善性能和发展出各种用途，以满足不同的作战要求，是"神秘"战斗机取得成功的关键。以昼间用的战斗轰炸机改型"神秘"IV A为例，其机头下装2门30毫米机炮，翼下4个挂架可挂4枚225千克炸弹或4具19孔37毫米火箭发射巢或副油箱。

基本参数	
制造商	达索飞机制造公司
机身长度	11.7 米
机身高度	4.26 米
翼展	13.1 米
乘员	1 人
空重	5 225 千克
最大起飞重量	7 475 千克
最大速度	1 060 千米/时
最大航程	885 千米
最大升限	15 250 米

机型特点

　　从"暴风雨"战斗机到"神秘"战斗机的改进工作充分体现了达索的工作方法。对现有的机体进行改进：机翼变得越来越薄，后略角被加大。同时加大发动机推力（以法国的产品为优先）。为尽可能地避免不必要的风险，不使用全新设计的发动机和机身。

法国"神秘IV A"战斗轰炸机

"神秘IV A"战斗轰炸机是达索飞机制造公司研制的喷气式战斗轰炸机，一共制造了421架。

性能解析

"神秘IV A"战斗轰炸机主要在昼间使用，固定武器为2门30毫米机炮，翼下4个挂架可挂载4枚225千克炸弹或4具19孔37毫米火箭发射巢或副油箱。

机型特点

与以往的"神秘"系列战机相比，"神秘IV A"战斗轰炸机改用更加后掠、厚度更薄的高速机翼，1台小型射击火控雷达装在机头进气口竖隔墙中央的尖锥体内。

基本参数	
制造商	达索飞机制造公司
机身长度	12.89 米
机身高度	4.6 米
翼展	11.12 米
乘员	1 人
空重	5 860 千克
最大起飞重量	9 500 千克
最大速度	1 110 千米/时
最大航程	2 280 千米
最大升限	15 000 米

法国"超神秘"战斗机

"超神秘"战斗机是法国达索飞机制造公司研制的超音速战斗机。

性能解析

"超神秘"战斗机在气动外形上借鉴了美国 F-100"超佩刀"，虽然和"神秘"II 型很相似，实际上是一架全新的飞机。在安装带加力燃烧室的"阿塔"101 涡喷发动机后，"超神秘"成为西欧各国空军中第一种平飞速度超过音速的战斗机。该机装有 1 门双联德发 551 型 30 毫米机炮，翼下可选挂 907 千克火箭弹或炸弹。

机型特点

"超神秘"战斗机是从"神秘IV A"的基

基本参数	
制造商	达索飞机制造公司
机身长度	14.13 米
机身高度	4.6 米
翼展	10.51 米
乘员	1 人
空重	6 390 千克
最大起飞重量	10 000 千克
最大速度	1 195 千米 / 时
最大航程	1 175 千米
最大升限	17 000 米

础上发展起来并用于取代"神秘IV A"。"超神秘"战斗机用了更后掠（45°）和更薄的机翼，改进了进气道，并使用视界更好的凸出型半水泡座舱盖，装备阿塔 101G 发动机（可加力），飞行性能相应提高，外形线条更趋向曲线形。

法国 "幻影Ⅲ" 战斗机

"幻影 Ⅲ" 是法国达索飞机制造公司研制的一款单座单发战斗机。

性能解析

"幻影 Ⅲ" 最初被设计成截击机，但随后就发展成兼具对地攻击和高空侦察的多用途战机，为无尾翼三角翼单发设计，主要武器包括 2 门固定 30 毫米机炮及 7 个外挂点。挂载的武器除了 4 枚空对空导弹以外，通常是炸弹、空对地导弹或是空对军舰导弹等。与同期其他 2 450 千米 / 时战斗机相比，"幻影 Ⅲ" 具有操作简单、维护方便的优点。在 1967 年爆发的中东战争中，以色列装备的 "幻影 Ⅲ" 曾创下单日 12 次出击的惊人纪录，每次落地挂弹、加油再升空的时间从一般的 20 分钟减至 7 分钟。

基本参数	
制造商	达索飞机制造公司
机身长度	15 米
机身高度	4.5 米
翼展	8.22 米
乘员	1 人
空重	7 050 千克
最大起飞重量	13 500 千克
最大速度	2 350 千米 / 时
最大航程	2 400 千米
最大升限	17 000 米

机型特点

法国幻影战斗机家族从 "幻影 Ⅲ" 开始，先后发展出了 "幻影 5/ 50" "幻影 F1" "幻影 2000" "幻影 4000" 等系列，这些战斗机中除了 "幻影 F1" 采用了正常布局外，其他无一例外都采用了无尾三角翼布局，这种布局对法国乃至对 "幻影" 系列飞机输出国后期的战斗机设计风格产生了重大的影响。

法国"幻影F1"战斗机

"幻影 F1"是法国达索飞机制造公司研制的空中优势战斗机。

性能解析

"幻影 F1"的性能非常适合担任低空低速下的地面支援任务,但当时法国空军已经装备的"幻影 Ⅲ E"和"美洲虎 A"都已经能够满足需求,所以法国空军首批定购的 35 架"幻影 F1"转而担任空中截击和夺取空中优势任务,并为此进行了一些改进。"幻影 F1"的武器包括 2 门 30 毫米机炮,其翼尖可携带 2 枚"魔术"红外空对空导弹,翼下的 4 个挂架可挂载 R530 空对空导弹。在执行对地攻击任务时,可在翼下的 4 个挂架和机身挂架上挂载各种常规炸弹火箭发射器和 1 200 升的副油箱。

基本参数	
制造商	达索飞机制造公司
机身长度	15.3 米
机身高度	4.5 米
翼展	8.4 米
乘员	1~2 人
空重	7 400 千克
最大起飞重量	16 200 千克
最大速度	3 300 千米 / 时
最大航程	2 338 千米
最大升限	20 000 米

机型特点

在当时国家预算紧张的情况下,"幻影 F1"是法国空军唯一的不会对预算造成过大压力的而又能提供现代化战斗机的选择。"幻影 F1A"是对地攻击型,简化了设备,增加了机内燃油和空中受油管、装导航和轰炸瞄准设备,2 门 30 毫米"德发"机炮,可携带炸弹和导弹。"幻影 F1B"双座教练机于 1976 年 5 月 26 日首次试飞,装备与 F1C 相同的雷达、武器系统和空空导弹,前机身延长了 30 厘米,去掉了机炮,机内燃油减少 450 升。

法国"幻影5"战斗轰炸机

"幻影5"是法国达索飞机制造公司研制的单座单发战斗轰炸机。

性能解析

"幻影5"主要用于对地攻击，也可执行截击任务。该机是在"幻影 III E"基础上改型设计的，加长了机鼻，简化电子设备，增加470升燃油，提高外挂能力，可在简易机场起落。武器装备为2门30毫米型机炮，7个外挂点的载弹量达4 000千克。动力装置为1台SNECMAAtar 9C 涡轮喷气发动机，加力推力60.8千牛。

机型特点

基本参数	
制造商	达索飞机制造公司
机身长度	15.55 米
机身高度	4.5 米
翼展	8.22 米
乘员	1 人
空重	7 150 千克
最大起飞重量	13 700 千克
最大速度	2 350 千米/时
最大航程	4 000 千米
最大升限	18 000 米

最初"幻影5"只是为良好天气下的白天攻击任务而设计的，在重新调整了航电后也能执行空战任务。随着航空电子技术的发展，"幻影5"的航电系统也更加紧凑和强大，这使得"幻影5"在没有航电舱的情况下也在不断增加战斗力。

法国"幻影2000"战斗机

"幻影2000"是法国达索飞机制造公司研制的多用途战斗机。

★ 性能解析

　　"幻影2000"重新启用了"幻影Ⅲ"的无尾三角翼气动布局，以发挥三角翼超音速阻力小、结构重量轻、刚性好、大迎角时的抖振小、内部空间大以及储油多的优点。但在技术发展的条件下，解决了无尾布局的一些局限。主要措施为采用了电传操纵、放宽静稳定度、复合材料等先进技术，弥补了该布局的局限。进气道旁靠近机翼前缘处有小边条，边条有明显的上反角。该机共有9个武器外挂点，其中5个在机身下、4个在机翼下。各单座型号还装有2门德发公司的30毫米机炮。

基本参数	
制造商	达索飞机制造公司
机身长度	14.36 米
机身高度	5.2 米
翼展	9.13 米
乘员	1 人
空重	16 350 千克
最大起飞重量	17 000 千克
最大速度	2 530 千米/时
最大航程	3 335 千米
最大升限	17 060 米

★ 机型特点

　　"幻影2000"由法国自主设计，是法国第一种第四代战斗机，也是第四代战斗机中唯一采用不带前翼的三角翼飞机，这是一种独树一帜的设计。法国在战斗机研制方面独树一帜的做法不仅体现在"幻影2000"战斗机上，而且体现在整个幻影系列飞机的形成和发展之中。"幻影2000"的基本型是空中优势战斗机2000C型，可执行全天候、全高度/全方位、远程拦截任务；20世纪80年代发展了2000B双座教练型和2000N对地攻击型，90年代研制了空战能力明显提高的2000-5型，改型达20余种。

法国"幻影4000"战斗机

"幻影4000"是法国达索飞机制造公司研制的一款双发重型战斗机。

性能解析

"幻影4000"和"幻影2000"使用相同的发动机和武器系统，但与后者相比，它的全长增加了20%、翼展增加33%、翼面积增加80%、最大起飞重量更从17.5吨增加到32吨，是一款标准的重型制空战斗机。除了双发和单发的区别外，"幻影4000"还在进气道两侧增加了1对固定式前翼而非"幻影2000"的小型条板翼，它们可以有效地改善高迎角条件下的气流，并使飞机获得更大的机动性。

基本参数	
制造商	达索飞机制造公司
机身长度	18.7 米
机身高度	5.8 米
翼展	12 米
乘员	1 人
空重	13 000 千克
最大速度	2 445 千米/时
最大航程	2 000 千米
最大升限	20 000 米

机型特点

马塞尔·布雷盖在他1978年版的自传中写道："幻影4000"实际上与"幻影2000"，相差无几，本质上属于同一个项目。但因为它采用了双发布局，这意味着它拥有更大的有效载荷和更远的航程。它将成为美国人的F–15和F–18的有力竞争者，后两者同样也是双发制空战斗机。

法国"阵风"战斗机

"阵风"是法国达索飞机制造公司研制的一款第四代半战斗机。

性能解析

"阵风"战斗机采用"复合后掠"三角翼及先天不稳定气动布局,有较大的高位活动鸭式前翼和单垂尾,机身为半硬壳式,前部分主要使用铝合金制作而成,后部分则大量使用了碳纤维复合材料。该机进气道位于下机身两侧,这种设计可有效改善进入发动机进气道的气流,从而提高大迎角时的进气效率。座舱内有多种显示设备,包括1个广角抬头显示器、2个低头彩色平板多功能显示器和1个显示基本战术资料的显示器。起落架为前三点式,可液压收放在机体内部。

基本参数	
制造商	达索飞机制造公司
机身长度	15.27 米
机身高度	5.34 米
翼展	10.8 米
乘员	1~2 人
空重	9 500 千克
最大起飞重量	24 500 千克
最大速度	2 130 千米 / 时
最大航程	3 700 千米
最大升限	16 800 米

机型特点

"阵风"战斗机可以在昼夜以及各种气象条件下完成从对地攻击到争夺空中优势的各类任务,其机动性能和敏捷性能好,可短距起降,并具有超视距作战能力和一定的隐身性能,其总体性能介于第三代战斗机和第四代战斗机之间。

德国 Bf 109 战斗机

Bf 109 是德国梅塞施密特公司研制的一款单座战斗机。

性能解析

Bf 109 在设计中采用了当时最先进的空气动力外形和可收放的起落架、可开合的座舱盖、下单翼、自动襟翼等。该机的应用超越了其最初设计目的，并衍生出包括战斗轰炸机、夜间战斗机和侦察机在内的许多型号。Bf 109 与 1941 年开始服役的 Fw 190 一起成为德国空军的标准战斗机。最常与 Bf 109 战斗机一起进行比较的为英国"喷火"战斗机，这两款战斗机不仅从大战初期一直较劲到结束，地点也覆盖了西欧、苏联和北非，而且在二战结束后还在中东再次交手。

基本参数	
制造商	梅塞施密特公司
机身长度	8.95 米
机身高度	2.6 米
翼展	9.925 米
乘员	1 人
空重	2 247 千克
最大起飞重量	3 400 千克
最大速度	640 千米 / 时
最大航程	1 000 千米
最大升限	12 000 米

机型特点

Bf 109 战斗机是二战中德国空军主力战斗机。它从二战前的西班牙内战到二战结束，从西线欧洲战场到东线德苏战场，是二战德国空军的标志。在整个二战中，德国空军总战果中有一半以上是 Bf 109 取得的。此机的应用超越其最初设计的目的，在战争中，此机衍生机型包括战斗轰炸机、夜间战斗机和侦察机。是历史上生产数量最多的战斗机。

德国 Me 262 "雨燕" 战斗机

Me 262 "雨燕" 是世界上第一种投入实战的喷气式飞机。

性能解析

Me 262 是一种全金属半硬壳结构的轻型飞机，流线型机身有一个三角形的断面，机头集中装备了 4 门 30 毫米机炮和照相机。近三角形的尾翼呈十字相交于尾部，2 台轴流式涡轮喷气发动机的短舱直接安装在后掠下单翼的下方，前三点起落架可收入机内。作为新型动力装置，Me 262 采用的是容克公司的尤莫 109–004 型发动机，海平面静止推力为 850 千牛。

基本参数	
制造商	梅塞施密特公司
机身长度	10.6 米
机身高度	3.5 米
翼展	12.51 米
乘员	1 人
空重	3 800 千克
最大起飞重量	6 400 千克
最大速度	870 千米 / 时
最大航程	1 050 千米
最大升限	11 450 米

机型特点

Me 262 那呼啸着的喷气式发动机和后掠式机翼显示了战斗机发展的新方向，同时也揭开了空战史上新的一页。虽然 Me 262 被视作深陷绝境的纳粹德国空军施展的最后绝招，而且其生产能力远远达不到扭转战局的需求，但不到一年的实战经历却证明它不愧为一种强大的作战飞机。

意大利 G91 战斗机

G91 是意大利菲亚特公司应北约要求所研制的轻型战斗机。

性能解析

G91 战斗机采用 1 台英国制喷气式发动机，推力为 22.2 千牛。机载武器为机头的 4 挺 12.7 毫米勃朗宁 M2 重机枪，另可挂载 680 千克炸弹等各种空用武器。联邦德国使用的型号将 4 挺重机枪换成了 2 门 30 毫米机炮。

机型特点

G91 是北大西洋公约组织采购需求"快速的战术性战斗 / 轰炸机"方案的得胜者，它的特色还有通用性良好的操控能力，同时还具有草地起降的特殊能力及廉价的维修费用，当它于 1958 年进入意大利空军服役的时候，型号为 G91 R 具有侦察能力的侦察机也同时设计上市，基本架构不变。

基本参数	
制造商	菲亚特公司
机身长度	10.3 米
机身高度	4 米
翼展	8.58 米
乘员	1 人
空重	3 100 千克
最大起飞重量	5 500 千克
最大速度	1 075 千米 / 时
最大航程	1 150 千米
最大升限	13 100 米

瑞典 SAAB 29 "圆桶" 战斗机

SAAB 29 "圆桶" 是瑞典萨博公司研制的单发单座轻型喷气式战斗机。

性能解析

SAAB 29 的武器装备为 4 门 20 毫米机炮，翼下有 4 个挂架。由于主起落架距地高度太低，SAAB 29 的机腹下无法挂载武器设备，也就没有安装机腹挂架。该机的动力装置为 1 台 RM2A 喷气发动机，加力推力为 27.5 千牛。虽然外形不佳，但 SAAB 29 的机动性能颇为优秀。

虽然 SAAB 29 外形像个丑陋的圆桶，但性能却还不错，敏捷的身手更是出人意料。为了减小着陆速度在外翼段安装了前缘襟翼，副翼放下时襟翼自动伸出。

基本参数	
制造商	萨博公司
机身长度	11 米
机身高度	3.75 米
翼展	10.23 米
乘员	1 人
空重	4 845 千克
最大起飞重量	8 375 千克
最大速度	1 060 千米 / 时
最大航程	1 100 千米
最大升限	15 500 米

瑞典 SAAB 35 "龙" 式截击机

SAAB 35 "龙" 是瑞典萨博公司研制的一款多用途超音速战机。

性能解析

SAAB 35 采用特殊的无尾、双三角翼翼身融合体布局，三角形的发动机进气口布置在翼根部，采用大后掠垂直尾翼，并在其前方设有 1 个小型三角形天线，有利于避免失速。第一种生产型安装了 2 门 30 毫米机炮，可以携带"响尾蛇"空对空导弹进行空战。

机型特点

SAAB 35 可执行截击、对地攻击、照相侦察等多种任务。但是 SAAB 35 有航程不足

基本参数	
制造商	萨博公司
机身长度	15.34 米
机身高度	3.87 米
翼展	9.42 米
乘员	1 人
空重	6 590 千克
最大起飞重量	10 508 千克
最大速度	1 900 千米 / 时
最大航程	3 250 千米
最大升限	18 000 米

和短距起降性能不够突出的缺点。虽然在当时的同吨位战斗机中"龙"的起降距离已经够短了，只是瑞典皇家空军的要求过于苛刻。

瑞典 JAS 39 "鹰狮" 战斗机

JAS 39 "鹰狮" 是瑞典萨博公司研制的单座全天候战斗机。

性能解析

　　JAS 39 采用鸭形翼（前翼）与三角翼组合而成的近距耦合鸭式布局，机身广泛采用复合材料。机翼和前翼的前缘后掠角分别为 45°和 43°，优秀的气动性能使其可以在所有高度上实现超音速飞行，并具备较强的短距起降能力。该机的座舱盖为水滴状，单片式曲面挡风玻璃。座椅向后倾斜 28°，类似美制 F-16。JAS 39 可使用的武装除固定的 27 毫米机炮外，机身 7 个外挂点还可以挂载 AIM-9 导弹、Rb-47 导弹、"魔术" 导弹和 AIM-120 导弹等各种机载武器。

基本参数	
制造商	萨博公司
机身长度	14.1 米
机身高度	4.5 米
翼展	8.4 米
乘员	1 人
空重	6 620 千克
最大起飞重量	14 000 千克
最大速度	2 204 千米 / 时
最大航程	3 200 千米
最大升限	15 240 米

机型特点

　　JAS 39 战斗机是一款战斗、攻击、侦察兼具的多功能战斗机。JAS 39 战斗机一直将低成本作为发展策略，相对于其他新一代战机有明显价格优势。

西班牙 HA-1112 "鹈鹕" 战斗轰炸机

HA-1112 "鹈鹕" 是西班牙希斯潘诺公司研制的一款战斗轰炸机。

性能解析

HA-1112 的机翼上安装了 2 门 20 毫米机炮，机身和翼下可挂载多种炸弹或火箭弹。动力装置为 1 台劳斯莱斯 "灰背隼" 500-45 发动机，输出功率为 1 217 千瓦。

机型特点

和德国原产的 "古斯塔夫" (Gustav, Bf 109G 系列的代号) 相比，西班牙生产的飞机最大特点是没有使用戴姆勒－奔驰 DB 605 发动机，因为当时德国人连自己的发动机都处于短缺之中，因

基本参数	
制造商	希斯潘诺公司
机身长度	8.49 米
机身高度	2.6 米
翼展	9.92 米
乘员	1 人
空重	2 475 千克
最大起飞重量	3 200 千克
最大速度	600 千米/时
最大航程	690 千米
最大升限	9 800 米

此西班牙人只得采用功率有所降低由法国生产的伊斯帕诺－絮扎 HA12Z17 型发动机，安装这种发动机的 HA-1112-K1L 总产量达 69 架。

欧洲"台风"战斗机

"台风"(又常被称为 EF-2000)是欧洲战机公司研制的一款双发多功能战斗机。

性能解析

　　"台风"战斗机是世界上少数可以在不开后燃器的情况下超音速巡航的量产战斗机，其采用的 2 台 Eurojet EJ200 涡扇发动机非常优秀，单台推力可达 60 千牛。"台风"是集便于组装、隐身性、高效能和先进航空电子于一体的多功能战机，除空战能力强之外还拥有不错的对地作战能力，可使用各种精确对地武器。与其他同级战机相比该机也更具智能化，可有效降低飞行员的工作量，提高作战效能。

基本参数	
制造商	欧洲战机公司
机身长度	15.96 米
机身高度	5.28 米
翼展	10.95 米
乘员	1~2 人
空重	11 150 千克
最大起飞重量	23 500 千克
最大速度	2 124 千米/时
最大航程	3 790 千米
最大升限	19 812 米

机型特点

　　欧洲"台风"战斗机，是一款双发、三角翼、鸭式布局、高机动性的多用途第四代半战斗机。欧洲"台风"战斗机和法国达索阵风战斗机以及瑞典萨博 JAS-39 战斗机因为其优异的性能表现，并称为欧洲"三雄"。"台风"战斗机已经投入量产，并且首先在意大利空军和西班牙空军形成战斗力。英国和德国也在 2006 年宣布将"台风"投入使用。奥地利订购了 15 架"台风"，沙特阿拉伯在 2006 年 8 月 18 日签订合同，订购了 72 架。2016 年 2 月，美国《军事航空与航天电子网站》评选出 2015—2016 年度世界现役战斗机综合排行，欧洲"台风"战斗机排名第五。

欧洲 "狂风" 战斗机

"狂风" 是由德国、英国和意大利联合研制的一款双发战斗机。

性能解析

"狂风" 战斗机采用串列式双座、可变后掠悬臂式上单翼设计，后机身内并排安装 2 台涡轮风扇发动机，进气道位于翼下机身两侧。在后机身上部两侧各装有 1 块减速板，可在高速飞行中使用。座舱 2 个座位为前后串列式布置，均采用马丁·贝克 Mk.10A 弹射座椅。"狂风" 战斗机有多个型号，其武器也各不相同。以 "狂风" IDS GR.4 型为例，其武装除 27 毫米毛瑟 BK-27 机炮外，机身和机翼下的 7 个挂架可挂载各种导弹、炸弹和火箭弹等。

基本参数	
制造商	帕那维亚飞机公司
机身长度	16.72 米
机身高度	5.95 米
翼展	13.91 米
乘员	2 人
空重	13 890 千克
最大起飞重量	28 000 千克
最大速度	2 417 千米 / 时
最大航程	3 890 千米
实用升限	15 240 米

机型特点

"狂风" 战斗机是为适应北约组织对付突发事件的 "灵活反应" 战略思想而研制的，主要用来代替 F-4、F-104、"火神""堪培拉""掠夺者" 等战斗机和轰炸机，执行截击、攻击等常规作战任务。"狂风" 机内电子设备先进且复杂，既有各种通信、导航 / 攻击、敌我识别、搜索雷达等设备，也有电子干扰、照相侦察等设备。

加拿大 CF–100 "加拿大人" 战斗机

CF–100 "加拿大人" 是阿弗罗加拿大公司设计的一款喷气式战斗机。

性能解析

CF-100 战斗机的武器装备为 8 挺 12.7 毫米机枪，动力装置为 2 台 Orenda 9 发动机，单台推力为 28.9 千牛。

机型特点

CF-100 战斗机是加拿大生产的第一种也是最后一种战斗机，具有结构简单、性能精良、航程远、载荷大、结构强度高和全天候作战等特点。

基本参数	
制造商	阿弗罗加拿大公司
机身长度	16.5 米
机身高度	4.4 米
翼展	17.4 米
乘员	2 人
空重	10 500 千克
最大起飞重量	16 329 千克
最大速度	888 千米 / 时
最大航程	3 200 千米
最大升限	13 700 米

以色列"幼狮"战斗机

"幼狮"是以色列航太工业有限公司研制的一款单座单发战斗机。

性能解析

"幼狮"战斗机的机身采用全金属半硬壳结构,前机身横截面的底部比"幻影V"更宽、更平,机头锥用以色列国产的复合材料制成。"幼狮"C2型在机头锥靠近尖端的两侧各装有1小块水平边条,这个边条可以有效改善偏航时的机动性能和大迎角时机头上的气流。前机身下的前轮舱的前方装有超高频天线。在C2型的后期生产批次中,采用了性能更加先进的EL/M-2001B雷达,因此机头加长,前翼也加大,主翼前襟翼的翼展增加40%。C7是该系列最后一种单座型号,生产时均用C2进行改装。

基本参数	
制造商	航太工业有限公司
机身长度	15.65 米
机身高度	4.55 米
翼展	8.22 米
乘员	1 人
空重	7 285 千克
最大起飞重量	16 200 千克
最大速度	2 440 千米 / 时
最大航程	3 232 千米
最大升限	17 680 米

机型特点

在贝卡谷地一役中,"幼狮"战斗机与F-15、F-16组成了攻击编队。"幼狮"因性能较差,主要担任对地攻击任务,携带CBU-58集束炸弹等摧毁了大量叙利亚防空导弹系统。C7型号采用性能更好的马丁·贝克MKIL10P零零弹射座椅,增加了2个外挂点,具有了使用精确制导武器的能力。采用埃尔塔EM/L-2021B脉冲多普勒火控雷达,座舱经过重新布局,增加了空中加油能力。最大起飞重量增加了1 540千克,航程增大。

以色列"狮"式战斗机

"狮"是以色列航太工业有限公司研制的一款单座战斗机。

性能解析

"狮"式采用了三角翼布局，与可操纵的前端鸭翼。该机最显著的优点是它的新功能设备，特别是座舱完全使用主动式电脑飞行仪表。借其运作让飞行员处理战术方面的战斗，而不必担心监测和控制的各飞行子系统。航空电子设备方面，"狮"式被认为具有创新性和突破性，其中包括自我分析设备，使维护更加容易。

机型特点

"狮"的首要任务是近距空中支援和战场

基本参数	
制造商	航太工业有限公司
机身长度	14.57 米
机身高度	4.78 米
翼展	8.78 米
乘员	1 人
空重	7 031 千克
最大起飞重量	19 277 千克
最大速度	1 965 千米/时
最大航程	3 700 千米
最大升限	15 240 米

遮断，第二任务是截击防空，另外还有教练型。"狮"是为满足以色列空军的要求而专门设计的，用以取代以色列空军的 A-4 攻击机、以色列"幼狮"战斗机和 F-4 战斗机。该机具有机动性好、能高速突防、一次通过轰炸准确度高等特点。此外，由于采用作战损伤容限设计，飞机有较高的战场生存能力。

南非"猎豹"战斗机

"猎豹"是南非阿特拉斯公司在"幻影 III"基础上改进而来的战斗机。

性能解析

除了一个加长的机鼻外,"猎豹"在气动布局方面的修改包括机鼻两侧装上可以防止在高攻角下脱离偏航的"幼狮"式小边条、1对固定在进气道的三角鸭翼、锯齿形外翼前缘和代替前缘翼槽的短翼刀。双座机型也会在驾驶舱下两侧加上曲线形边条,机体结构上的修改着重于延长主翼梁的最低寿命(800小时)。

基本参数	
制造商	阿特拉斯公司
机身长度	15.55 米
机身高度	4.5 米
翼展	8.22 米
乘员	1 人
空重	6 600 千克
最大起飞重量	13 700 千克
最大速度	2 350 千米 / 时
最大航程	1 300 千米
最大升限	17 000 米

机型特点

像"幼狮"一样,"猎豹"风挡前的机头部分曾被加长,为额外的电子设备提供了空间。自卫系统包括 1 个(SPS-2000)雷达预警接收系统,它的天线分别安装于机头和垂尾后沿的部位;系统还可能包括装在原为助推火箭整流罩的 1 个雷达干扰系统。1 个新增的发动机控制系统将为改进后的电子设备提供足够的冷却。

日本 F-1 战斗机

F-1 是日本在二战以后设计的第一种战斗机。

性能解析

F-1 战斗机装有 1 门 20 毫米 JM61A1 机炮，另有 5 个外挂点，可挂载副油箱、炸弹、火箭、导弹等，总载弹量为 2 710 千克。动力装置为 2 台 TF40-IHI-801A 涡扇发动机，单台推力为 32 千牛。F-1 典型的作战任务为携带 2 枚 ASM-1 反舰导弹及 1 个 830 千克副油箱时，以高－低－低－高剖面进行反舰任务，作战半径为 550 千米。如使用低－低剖面，半径减少为约 370 千米。所有任务中通常会在翼尖挂架上挂 2 枚 AIM-9 导弹。

基本参数	
制造商	三菱、富士
机身长度	17.85 米
机身高度	4.45 米
翼展	7.88 米
乘员	1 人
空重	6 358 千克
最大起飞重量	13 700 千克
最大速度	1 700 千米 / 时
最大航程	2 870 千米
最大升限	15 240 米

机型特点

F-1 战斗机是日本由其 T-2 教练机发展的战斗 / 攻击机，是日本第一款自制的超音速战斗机，因此也被称作"超音速零战"。用于代替 F-86 攻击海面舰船和执行近距支援及战区制空等任务。所有 F-1 战斗机于 2006 年 3 月 9 日全部退役，该机服役期间从未参与执行过实战任务。

日本三菱 F-2 战斗机

三菱 F-2 是日本三菱重工与美国洛克希德·马丁公司合作研制的战斗机。

性能解析

由于 F-2 战斗机是以美国 F-16C/D 战斗机为蓝本设计的，所以其动力设计、外形和搭载武器等方面都吸取了不少 F-16 的优点。但为了突出日本国土防空的特点，该机又进行了多处改进，其中包括采用先进的材料和构造技术，使 F-2 机身前部加长，从而能够搭载更多的航空电子设备。配有全自动驾驶系统，机翼大量采用吸波材料以降低雷达探测特征等。

基本参数	
制造商	三菱、洛克希德·马丁
机身长度	15.52 米
机身高度	4.96 米
翼展	11.13 米
乘员	1~2 人
空重	9 527 千克
最大起飞重量	18 100 千克
最大速度	2 469 千米 / 时
作战半径	834 千米
最大升限	18 000 米

机型特点

按照日本防卫厅的要求，研制 F-2 战斗机主要是为了打击海上目标，以达到歼敌于海上的目的。这就决定了 F-2 在武器配备上要以反舰作战为主，在性能上要突出航程和载荷能力。尽管 F-2 以对海作战为主，但其空战能力也不弱，具有较好的近距格斗性能和超视距作战能力。

印度 HF-24 "风神" 战斗机

HF-24 "风神" 是印度空军为了在航空方面自给自足而研制的一款国产多用途战斗机。

性能解析

HF-24 安装了 2 台印度斯坦航空公司自制的布里斯托尔 "奥菲斯" 703 涡喷发动机，造成了动力不足的缺陷。该机机身前部装有 4 门 "阿登" 20 毫米机炮，机翼下有 4 个挂架，最大可挂 1 814 千克炸弹或火箭吊舱。

机型特点

HF-24 的优异操控特性得到广泛认同，在进行飞行特技时，有良好的操控反应，而且 HF-24 视界良好，在整个速度范围内操控自如。该机在当时是空气动力学结构最简洁的飞机。

基本参数	
制造商	印度斯坦航空公司
机身长度	25.87 米
机身高度	3.6 米
翼展	9 米
乘员	1 人
空重	6 195 千克
最大起飞重量	10 908 千克
最大速度	1 134 千米 / 时
最大航程	772 千米
最大升限	13 750 米

印度"无敌"战斗机

"无敌"是印度斯坦航空公司在"蚊蚋"基础上改进而来的单座战斗机。

性能解析

"无敌"虽然外形与"蚊蚋"相同，但部件有40%的不同，机重也增加了136千克，称得上是一种新的战斗机。"无敌"强化了控制平尾的液压系统，增加主翼内的整体油箱并重新安排机身油箱，总容量达1 350升，主翼下的4个挂架可全挂炸弹以增强对地攻击能力，机体寿命由"蚊蚋"的5 000小时增加到8 350小时。由于任务的变化，"无敌"的火控设备也全部更新。

基本参数	
制造商	印度斯坦航空公司
机身长度	9.04 米
机身高度	2.46 米
翼展	6.73 米
乘员	1 人
空重	2 307 千克
最大起飞重量	4 173 千克
最大速度	1 152 千米 / 时
作战半径	172 千米
最大升限	13 720 米

机型特点

1972 年年初，HAL 的"蚊蚋"生产快要结束，为补充战争损失，印度空军成立委员会开始研究后继机。委员会认为"蚊蚋"的加速性、爬升力、机动性和盘旋率等空战性能卓越，价格和使用费也低廉，加上 HAL 的制造经验，决定在"蚊蚋"基础上，更新平尾系统、增加油箱容量，研制新型战斗机。11 月新型战斗机被命名为"无敌"。

印度"光辉"战斗机

"光辉"是印度斯坦航空公司研发的轻型战斗机。

性能解析

"光辉"战斗机大量采用了先进的复合材料，这不但有效地降低了飞机的自重和成本，而且加强了飞机在近距离缠斗中对高过载的承受能力。机体复合材料、机载电子设备以及相应软件都具有抗雷击能力，这使得"光辉"能够实施全天候作战。此外，该机还具备一定的隐身性能。"光辉"的外形并没有采用隐身设计，由于"光辉"机体极小，且大量采用复合材料，由于进气道的"Y"形设计遮挡住涡轮叶片的因素，使得"光辉"拥有了所谓的"隐身性能"。值得一提的是"光辉"配有空中受油装置，在一定程度上提高了续航能力。

基本参数	
制造商	印度斯坦航空公司
机身长度	13.2 米
机身高度	4.4 米
翼展	8.2 米
乘员	1 人
空重	6 500 千克
最大起飞重量	13 300 千克
最大速度	1 920 千米 / 时
最大航程	3 000 千米
最大升限	15 250 米

机型特点

目前还没有信息透露"光辉"战斗机是否在气动布局方面有所改进或完成某些技术升级。一方面，"光辉"布局存在的根本不足需要依靠技术攻关来解决；另一方面，要想让"光辉"迈上一个新台阶，凭借长期的合作关系，印度可向法国学习经验。当然，气动布局对于"光辉"的整体效能影响是次要的，关键还要看发动机技术是否过关。

伊朗"闪电 80"战斗机

"闪电 80"是伊朗研发的双发单座喷气式战机。

性能解析

伊朗声称"闪电 80"达到了 F-18 的水平,外形上的双尾翼也和 F-18 略有雷同。不过,简氏杂志认为"闪电 80"只能算是西方第三代战机水平,在教练机或攻击机的标准下堪用,若能取得中程空对空导弹尚有一些空战能力,否则在 21 世纪战场只能算是相当落后。

基本参数	
制造商	伊朗航太
主要用户	伊朗空军
首次试飞	2004 年 7 月
服役时间	2007 年 9 月 22 日
乘员	1 人
最大航程	3 000 千米

机型特点

"闪电 80"战斗机是一种单座双引擎喷射战机。空军指挥官 Ahmad Mighani 准将说,"闪电 80"有超越时代的气动特性和雷达导弹。国防后勤军航太组的主任 Majid Hedayat 说,"闪电 80"有容易维护和密集出勤轰炸的特性,暗示将来闪电战机将是攻击机的角色。

埃及 HA-300 战斗机

HA-300 是埃及研制的一款轻型超音速战斗机。

性能解析

　　HA-300 最初是一架无尾三角翼布局的飞机，由 1 台布里斯托尔·西德利"奥菲厄斯"B.Or.12 涡喷发动机提供动力。到了埃及之后工程师修改了气动布局，在机身后部安装了水平尾翼。修改后的 HA-300 外形看起来有点像米格 -21。HA-300 主要的空战武器是 4 枚红外格斗导弹，以及 2 门希斯帕诺 30 毫米机炮。

基本参数	
制造商	埃及通用航空组织
机身长度	12.4 米
机身高度	3.15 米
翼展	5.84 米
乘员	1 人
空重	3 200 千克
最大起飞重量	5 443 千克
最大速度	2 573 千米 / 时
最大航程	1 400 千米
最大升限	18 000 米

机型特点

　　HA-300 是一种轻型超音速战斗机，由于采用三角翼的布局，HA-300 的低速性能不好，在起降时飞行员的视野也非常糟糕，所以曾经打算在生产型的飞机上采用类似协和飞机的可下垂的机头。

Chapter 03

攻 击 机

　　攻击机主要用于从低空、超低空突击敌战术或浅近战役纵深内的目标，直接支援地面部队作战。攻击机具有良好的低空操纵性、安定性和搜索地面小目标的能力，可配备品种较多的对地攻击武器。为提高生存力，一般在其要害部位有装甲防护。

美国 A-3 "空中战士" 攻击机

A-3 是美国道格拉斯飞机公司研制的舰载重型攻击机，绰号"空中战士"。

性能解析

A-3 采用 2 台 J57 涡轮喷气发动机，单台推力为 44 千牛。为适应发动机配置方式及长距离飞行的要求，A-3 使用结构极为坚实的上肩式后掠单翼。巨大的尾翼结构呈十字形配置，水平尾翼略为上反角扬起，垂直尾翼也可向右折叠，以减少在航母机库内的高度限制。起落装置为前三点式单轮伸缩起落架，鼻轮向前收入舱内。左右主轮则向后收入翼下两侧活动舱门内，机尾下方配有尾钩装置。

基本参数	
制造商	道格拉斯飞机公司
机身长度	23.36 米
机身高度	6.94 米
翼展	22.1 米
乘员	1 人
空重	17 876 千克
最大起飞重量	37 195 千克
最大速度	981 千米 / 时
最大航程	3 380 千米
最大升限	12 500 米

机型特点

A-3 攻击机是美国海军的超大型舰载重型攻击机，虽然以攻击机"A"为编号，但实际上已经具备轰炸机的性能。由于它的尺寸，A-3 可以执行很多其他任务，诸如空中加油（KA-3B）、侦察（RA-3B）、雷达 / 领航教练（TA-3B）和电子对抗（EA-3B）等。

美国 A-4 "天鹰" 舰载攻击机

A-4 是美国道格拉斯飞机公司设计的单座舰载攻击机,绰号"天鹰"。

性能解析

A-4 采用 1 台普惠 J52-P-408A 发动机,最大推力为 51 千牛。A-4 执行攻击任务时,最大作战半径可达 530 千米。机头左侧带有空中受油设备,在进行空中加油之后,作战半径和航程都有较大的增加。A-4 机翼根部下侧装有 2 门 20 毫米 MK-12 火炮,每门备弹 200 发。机上有 5 个外挂点,机身下和两翼下各有 1 个武器挂架,可挂载普通炸弹、空地导弹和空空导弹,最大载弹量为 4 150 千克。由于该机设计精巧,造价低廉,

基本参数	
制造商	道格拉斯飞机公司
机身长度	12.22 米
机身高度	4.57 米
翼展	8.38 米
乘员	1 人
空重	4 750 千克
最大起飞重量	11 136 千克
最大速度	1 077 千米/时
最大航程	3 220 千米
最大升限	12 880 米

载弹量大,维护简单,出勤率高,在几次局部战争中都有上佳的表现。

机型特点

A-4 "天鹰" 攻击机是道格拉斯公司设计的一种美式攻击机,原型机为 A4D,最初被设计用来作为美国海军航空母舰之舰载机。但 A-4 的缺点是因机体小巧导致挂弹少,油量不适应远距出击,全天候能力欠缺,恶劣气候时着舰困难等。不过 A-4 仍成为世界攻击机中的名牌,直到 20 世纪 90 年代,一些第三世界国家仍在对它进行不断改进。

美国 A-5 "民团团员" 舰载攻击机

A-5 是为美国海军设计的超音速攻击机，绰号 "民团团员"。

◆ 性能解析

A-5 的动力装置为 2 台 J79-GE-10 涡轮喷气发动机，单台最大推力为 52.8 千牛，加力推力为 79.6 千牛，2 个座椅串列布置。根据设计要求，A-5 实际上是一种超音速核轰炸机，也是美国最大最重的舰载飞机，其最大载弹量达 5.2 吨，其最大起飞重量近 22 吨。尽管采用了下垂前缘和吹气襟翼等增升措施，但仍然只能在 "中途岛" 级重型航空母舰上起降。

基本参数	
制造商	北美航空公司
机身长度	23.32 米
机身高度	5.91 米
翼展	16.16 米
乘员	2 人
空重	14 870 千克
最大起飞重量	21 605 千克
最大速度	2 123 千米 / 时
最大航程	2 909 千米
最大升限	15 880 米

◆ 机型特点

A-5 攻击机是世界最大型舰载攻击机种，其开发背景与 A-3 天空勇士式攻击机极为接近。首批产量型 A-5A 在 1960 年交由海军进行舰上起落试验评估，同年 12 月初，并以 2 马赫时速创下爬升至 27 882 米的高度，刷新了世界飞行纪录，成为世界最高性能的舰载重攻击机。A-5 攻击机代表了美国航空科技多项研究的成功表现。

美国 A-6 "入侵者" 舰载攻击机

A-6 是美国格鲁曼公司生产的全天候重型舰载攻击机，绰号"入侵者"。

性能解析

与当时的超音速战机相比，A-6 的机翼设计在亚音速非常有效率，该设计也使得 A-6 在有效载荷时仅能飞行于亚音速领域。A-6 的机翼设计也使其能携带各种大小的弹药。除传统攻击能力外，A-6 在设计上也具有携带并发射核子炸弹的能力，但该功能从未使用过。A-6 能够在任何恶劣的天气中以超低空飞行，穿过敌方的搜索雷达网，正确地摧毁敌军阵地及目标。虽然 A-6 已退出美军现役的作战序列，但由 A-6 所改装的电子作战机 EA-6B，在 2012 年时仍旧活跃于美军航母之上。

基本参数	
制造商	格鲁曼公司
机身长度	16.69 米
机身高度	4.93 米
翼展	16.15 米
乘员	2 人
空重	12 525 千克
最大起飞重量	26 580 千克
最大速度	1 040 千米 / 时
最大航程	5 222 千米
最大升限	12 400 米

机型特点

A-6 "入侵者"机上装有精确的数字式综合攻击和导弹系统，能在夜间恶劣气候下自动实施低空攻击，攻击精度较高。先进的座舱显示系统能够使飞行员在低空地形回避和跟踪的同时能发动攻击。其次，由于飞机电子设备很复杂，维护保养要求高，影响其出勤率。

美国 A-37 "蜻蜓" 攻击机

A-37 "蜻蜓" 是以 T-37 "鸣鸟" 教练机为基础开发的攻击机。

性能解析

A-37 的低空机动性较好，其动力装置为 2 台 J85-EG-17A 发动机，单台推力 12.7 千牛。该机的机载武器为 1 挺 7.62 毫米 GAC-2B/A 六管机枪。翼下 8 个挂架可挂载各种炸弹、火箭巢，最大载弹量为 2 100 千克。

机型特点

A-37 "蜻蜓" 攻击机是以 1957 年进入美国空军服役的 T-37 "鸣鸟" 式教练机为基础开发的攻击机，尤其要对付越共游击队。由于其优异的低空机动性和高出击率备受关注。

基本参数	
制造商	塞斯纳
机身长度	8.62 米
机身高度	2.7 米
翼展	10.93 米
乘员	2 人
空重	2 817 千克
最大起飞重量	6 350 千克
最大速度	816 千米 / 时
最大航程	1 480 千米
最大升限	12 730 米

美国 AC-47 "幽灵" 攻击机

AC-47 "幽灵" 是以 C-47 运输机为基础改进的中型攻击机。

性能解析

道格拉斯公司在 C-47 运输机的 2 个窗口上，以及所有左侧的货舱门上安装了 3 挺 7.62 毫米六管机枪，其主要功能是为地面部队实行近距离空中支援，可以提供绵密的火网支援（有效火力覆盖约为一个平均直径 47.5 米的微椭圆面）。

机型特点

AC-47 并没有运用任何尖端科技，无论是平台还是武器都来自陈旧然而十分成熟的技术，利用全新的概念将其整合起来，使它成了越南战场上受欢迎的武器之一。

基本参数	
制造商	道格拉斯公司
机身长度	19.6 米
机身高度	5.2 米
翼展	28.9 米
乘员	8 人
空重	8 200 千克
最大起飞重量	14 900 千克
最大速度	375 千米 / 时
最大航程	3 500 千米
最大升限	7 450 米

美国 A-7 "海盗 II" 攻击机

A-7 是以 F-8 战斗机为蓝本开发的，用以取代 A-4 "天鹰" 的次音速轻型攻击机，绰号 "海盗 II"。

性能解析

A-7 的机体设计源自 F-8 "十字军" 超音速战斗机，它是第一架配备有现代抬头显示器、惯性导航系统与涡扇发动机的作战机种。A-7A 为第一种量产机型，配备 1 具 AN/APN-153 导航雷达及 1 具 AN/APQ-99 对地攻击雷达。早期美国海军的 A-7A 均配有 2 门 20 毫米机炮与 500 发弹药。虽然 A-7 理论上的最大载弹量为 6 804 千克，但受到最大起飞重量的限制，一旦采用最大载弹量则必须严格限制内装油量。

基本参数	
制造商	沃特飞机公司
机身长度	14.06 米
机身高度	4.89 米
翼展	11.80 米
乘员	1 人
空重	8 972 千克
最大起飞重量	19 050 千克
最大速度	1 065 千米 / 时
最大航程	2 485 千米
最大升限	14 780 米

机型特点

A-7 攻击机是美国海军的杰出战斗机，是一架以 F-8 战斗机为蓝本开发的攻击机。因它的性能优异，所以美国空军也决定采用它，这样的情形下开发出的就是 "A-7D"。而海军方面看空军的 "A-7D" 性能优异，就把引擎进行了改良，自己使用的就是 "A-7E"。希腊空军也购买了这一种机型购买，即是 "A-7H" 型。葡萄牙空军也向美国购买了同类型的 "A-7P"。但是，这一型机是把 A-7A 仿 A-7E 的结构、制造出售的。而 A-7 在之后试做的 A-7F，则把最大时速提高为 1.1 马赫，以及做各部分的改良，但是不见其结果。

美国 OV-10 "野马" 侦察攻击机

OV-10"野马"是北美航空公司研制的双发双座轻型多用途战术侦察攻击机。

性能解析

OV-10 的动力装置为 2 台艾利逊 T-76-G420/421 发动机，单台功率为 765 千瓦，各驱动 1 副直径 2.59 米的三叶螺旋桨。该机的固定武器为 4 挺 7.62 毫米机枪，全机共 7 个外挂点，主翼下左右各 1 个挂点，机身下中央 1 个挂点，机身下两侧短翼各有 2 个挂点。可挂载各种火箭发射巢、炸弹、机枪、机炮吊舱或副油箱。

机型特点

OV-10 的主要型号有 OV-10A（美军试用的战术侦察、前线空中管制型），OV-10D（A 型的改进型，主要是改进电子设备，加装 AN/ AAS-39 前视红外探测和激光指示系统）。

基本参数	
制造商	北美航空公司
机身长度	12.67 米
机身高度	4.62 米
翼展	12.19 米
乘员	2 人
空重	3 127 千克
最大起飞重量	6 552 千克
最大速度	452 千米 / 时
最大航程	927 千米
最大升限	7 315 米

美国 AC-119 攻击机

AC-119 是美国空军在 C-119 运输机基础上改装的炮艇机，有 AC-119G "暗影" 和 AC-119K "蛰刺" 两种型号。

性能解析

AC-119 机身左侧安装了 2 门 M61A1 20 毫米六管机炮和 4 挺 SUU-11/A 7.62 毫米机枪，但是经过实战检验后，飞行员似乎对该机的 7.62 毫米机枪更为青睐，因为对比 20 毫米机关炮，飞机可以携带更多的小口径机枪弹药。此外，AC-119 在机身左侧安装了 1 部 AVQ-8 氙探照灯，机身右侧安装了 LAU-74A 照明弹发射器。为了改善 AC-119 在紧急情况下的爬升率，照明弹发射器被设计为可以抛弃的。

基本参数	
制造商	费尔柴德公司
机身长度	26.36 米
机身高度	8.12 米
翼展	33.31 米
乘员	6 人
空重	18 200 千克
最大起飞重量	28 100 千克
最大速度	335 千米 / 时
最大航程	3 100 千米
最大升限	7 100 米

美国 AC-130 攻击机

AC-130 是美军有史以来最成功的空中炮艇，至今仍在服役。

性能解析

AC-130 装置有各型口径不同的机炮，乃至后期机种所搭载的博福斯炮或榴弹炮等重型火炮，对于零星分布于地面、缺乏空中火力保护的部队有致命性的打击能力。最新的 AC-130U 使用 4 台艾里逊 T56-A-15 发动机，武器包含了 1 具侧向的博福斯 40 毫米 L/60 速射炮与 M102 型 105 毫米榴弹炮。原本在 AC-130H 上的 2 具 M61 机炮被一具 25 毫米 GAU-12 机炮所取代，拥有 3 000 发弹药，射程超过 3 657 米。

基本参数	
制造商	洛克希德公司
机身长度	29.8 米
机身高度	11.7 米
翼展	40.4 米
乘员	14 人
最大起飞重量	69 750 千克
最大速度	480 千米 / 时
最大航程	4 070 千米
最大升限	9 100 米

机型特点

美国武器专家杰克逊评价说，AC-130 武装飞船可以通过做环形飞行而集中火力攻击一个目标，因为飞机在做倾斜转弯时依然能够准确射击。目前，该机主要有 AC-130H "鬼性" 型和 AC-130U "幽灵" 型两种类型，每架飞机可载 14 人。

美国 A–10 "雷电 II" 攻击机

A–10 是美国费尔柴德公司研制的双发单座攻击机，绰号"雷电 II"。

性能解析

A–10 作为一款近距离攻击机，并不需要很大的飞行速度，较低的速度能够使其获得更高的命中率。该机采用的是无后掠角的平直下单翼，机身的装甲防护极强，机头的澡盆形座舱为 38 毫米防弹刚制作而成，在机腹上也有 50 毫米厚的装甲，全机重达 550 千克的装甲防护使其能够抵抗 23 毫米机炮的打击。

机型特点

A–10 攻击机是一种单座双引擎攻击机，

基本参数	
制造商	费尔柴德公司
机身长度	16.16 米
机身高度	4.42 米
翼展	17.42 米
乘员	1 人
空重	11 321 千克
最大起飞重量	23 000 千克
最大速度	706 千米/时
最大航程	4 150 千米
最大升限	13 700 米

是美国空军现役唯一负责提供对地面部队的密接支援任务的机种，包括攻击敌方坦克、武装车辆、重要地面目标等。A–10 攻击机依靠强大的火力、坚厚的装甲专司对地攻击。虽然集现代高科技于一体的 F–16、AH–64 等先进飞行器抢占了 A–10 的许多作战机会，但是在北约大规模空袭南联盟的作战行动以及近年的伊拉克战争中，已经证明了 A–10 无法被撼动的独特地位，无论是能够实施精确打击的 F–15、F–16，还是武装直升机，均无法有效对付利用地形掩护的地面部队。

美国 A−12 "复仇者 II" 攻击机

A−12 "复仇者 II" 攻击机是美国海军首架以深入敌境进行长程打击任务为设计目标的攻击机，也是第一架由美国海军投资研发的匿踪舰载机。

性能解析

A−12 攻击机配备 2 具通用电气公司的 F412−GE−400 无后燃器涡轮扇发动机，衍生自 F/A−18 所使用的 F404 涡轮扇发动机。发动机隐藏在呈弯曲状的进气道后方，而进气口则位于在翼前缘的下面。

在被动侦测系统部分，A−12 内装 2 具由西屋公司发展但型号不明的前视红外线系统。其中一个固定式导航前视红外线系统用以提供低空和地貌追沿飞行时所需的导航资料，另一个活动式前视红外线系统可发现和识别小型地面目标，也可作为对空搜索用的红外线搜索追踪系统。

基本参数	
制造商	麦克唐纳 – 道格拉斯和通用动力公司
机身长度	11.5 米
机身高度	3.4 米
翼展	21.4 米
乘员	2 人
空重	17 700 千克
一般起飞重量	36 300 千克
爬升率	25 米 / 秒
最大航程	1 480 千米
最大升限	12 200 米

机型特点

A−12 具有不同寻常的直线形机翼后缘和很好的隐身性能，沿飞行方向产生雷达反射波较弱，采用三角形飞翼式布局，停放航母机库内时左右翼尖部分可折起，有良好的低空飞行性能，飞翼式布局可为发动机以及 3 个武器舱提供足够空间。

美国 F-117 "夜鹰" 攻击机

F-117 是美国洛克希德公司研制的隐身攻击机，绰号"夜鹰"。

性能解析

F-117 由 2 台通用电气 F404 无后燃器型涡轮扇发动机提供动力。为了达到隐形目的，F-117 牺牲了 30% 的引擎效率，并采用了 1 对高展弦比的机翼。由于需要向两侧折射雷达波，F-117 还采用了很高的后掠角的后掠翼。为了降低电磁波的发散和雷达截面积，F-117 没有配备雷达。理论上，F-117 几乎能携带任何美国空军军械库内的武器，包含B-61 核弹。少数的炸弹因为体积太大，或是和 F-117 的系统不相容而无法携带。

基本参数	
制造商	洛克希德公司
机身长度	20.09 米
机身高度	3.78 米
翼展	13.20 米
乘员	1 人
空重	13 380 千克
最大起飞重量	23 800 千克
最大速度	993 千米 / 时
最大航程	1 720 千米
最大升限	13 716 米

机型特点

F-117 最主要的特点就是隐身性能好，雷达和红外探测装置难以发现其踪迹。在 F-117A 的研制中，为了降低风险，采用了许多成熟的技术、部件和设备。F-117 虽然是先进的隐身战斗轰炸机，但并不是非常彻底的革新设计。

美国"蝎子"攻击机

"蝎子"攻击机是美国德事隆·爱尔兰达合资公司研制的低成本轻型攻击机。

性能解析

　　"蝎子"攻击机的机身内部设计了一个多用途载荷舱，具有 2.32 立方米的空间，可以根据任务需要携带通信、电子战等模块化设备，甚至可以换装燃油箱模块，最大有效载荷 1 360 千克。这一独特设计为该机提供了至关重要的作战灵活性。该机的机翼下有 6 个外挂点，可以携带从副油箱到多种航空炸弹、精确制导弹药、反坦克导弹等武器载荷，最大外部载荷 2 767 千克。

基本参数	
制造商	德事隆·爱尔兰达
机身长度	13.87 米
机身高度	4.06 米
翼展	14.58 米
乘员	2 人
空重	5 761 千克
最大起飞重量	9 979 千克
最大速度	830 千米 / 小时
最大航程	4 100 千米
最大升限	1 4000 米

机型特点

　　"蝎子"攻击机的研制主要是为了适应美国国防部及其盟国日益严格的预算限制，其采购单价低于 2 000 万美元，相当于美国空军现役 A-10 攻击机的 1/6。该机的每飞行小时使用成本只有 3 000 美元，远低于 A-10 攻击机的 12 000 美元。

俄罗斯伊尔－10 攻击机

伊尔－10 是伊留申设计局在二战后期由伊尔－2 改进而来的攻击机。

性能解析

伊尔－10 的外观和伊尔－2 相似，但实为全金属结构，外观不同的地方是改用似普通战斗机的收放式起落架，另外一个特点是内藏的弹仓。伊尔－10 也是以单活塞式三叶螺旋桨驱动的机型，呈下单翼硬壳式布局，为后三点式收放式起落架，主要生产型为纵列双座封闭式座舱，后座位是面向后方的机枪手座位。发动机为液冷式的 AM–42,最大功率达 2 051 千瓦。

基本参数	
制造商	伊留申设计局
机身长度	11.06 米
机身高度	4.18 米
翼展	11.06 米
乘员	2 人
空重	4 680 千克
最大起飞重量	6 535 千克
最大速度	530 千米 / 时
最大航程	800 千米
最大升限	4 000 米

机型特点

伊尔－10 是苏联 1945 年由伊尔－2 攻击机发展出来的机型，是一种完全重新设计的飞机。各种性能比伊尔－2 有大幅度提高，曾参加卫国战争最后阶段的战斗。战后继续生产，总产量达 4 966 架。捷克斯洛伐克也以 BB–33 的编号生产了 1 200 架。

俄罗斯苏-17 "装配匠" 攻击机

苏-17 是苏霍伊设计局从苏-7 战斗轰炸机发展而来的攻击机，北约代号"装配匠"。

性能解析

苏-17 是在苏-7 战斗轰炸机的基础上发展而成的，采用可变后掠翼设计，在进行起降时会把机翼向前张开以减少所需跑道的长度，但在升空后则改为后掠，以维持与苏-7 相当的空中机动性。苏-17 装有 2 门 30 毫米NR-30 机炮，另可挂载 3 770 千克炸弹或导弹。

基本参数	
制造商	苏霍伊设计局
机身长度	19.02 米
机身高度	5.12 米
翼展	13.68 米
乘员	1 人
空重	12 160 千克
最大起飞重量	6 535 千克
最大速度	1 860 千米 / 时
最大航程	2 300 千米
最大升限	14 200 米

机型特点

苏-17 主要担负空对地攻击任务，在必要的时候能进行空战。苏-17 "装配匠" B 是苏-17 的原型机，外翼段改成后掠角可调的活动翼，长 4 米。发动机没有换，仍然保留 АЛ-7Ф-1 涡轮喷气发动机。与苏-7 相比，其起落性能有所改善，但总的性能提高不大。苏-17 "装配匠" C 以 "装配匠" B 为基础的改型，是苏联空军主要的单座战斗轰炸机。此外，由于换装了性能较高的电子设备，增加了外挂架，后机身也稍微作了修改，武器载重能力和截击能力提高了。

俄罗斯苏－25"蛙足"攻击机

苏－25是苏霍伊设计局研制的一款亚音速攻击机，北约代号"蛙足"。

性能解析

苏－25结构简单，装甲厚重坚固，易于操作维护，适合在前线战场恶劣的环境中进行对己方陆军的直接低空近距支援作战。该机的主要特点是，能在靠近前线的简易机场上起降，执行近距战斗支援任务。反坦克能力强，机翼下可挂载"旋风"反坦克导弹，射程10千米，可击穿1 000毫米厚的装甲。低空机动性能好，可在载弹情况下，在低空与米－24武装直升机协同，配合地面部队作战。防护力较强，座舱底部及周围有24毫米厚的钛合金防弹板。

基本参数	
制造商	苏霍伊设计局
机身长度	15.53 米
机身高度	4.8 米
翼展	14.36 米
乘员	1 人
空重	9 800 千克
最大起飞重量	17 600 千克
最大速度	975 千米/时
最大航程	750 千米
最大升限	7 000 米

机型特点

苏－25采用图曼斯基R–195型发动机，单台推力44.13千牛，喷嘴末端经过特别改装以降低排气温度，减少红外线踪迹；苏－25的发动机外形虽不美观，但输出马力强劲，在同级攻击机种中功率最高。主要武器：AO-17A型30毫米机炮，翼面下有8个外挂点，挂载量可达4 400千克，包括各种火箭吊舱、多种空对地导弹和炸弹。

英国 "飞龙" 攻击机

"飞龙" 攻击机是英国韦斯特兰公司设计的最后一种固定翼飞机。

性能解析

"飞龙" 是当时机身较重、结构较复杂的单发战斗机之一。该机采用前缘平直、后缘略带弧度的半椭圆形机翼，机翼略带上反角形成倒海鸥形机翼。前倾的发动机整流罩为飞行员提供了极好的前方视野，这对一种单发的活塞式战斗机来说显得尤其难得。由于机身前部安装了庞大的动力部分，考虑到配平的需要，加大了垂尾的面积。"飞龙" 由涡轮螺旋桨发动机驱动独特的共轴反转螺旋桨，还可以携带航空鱼雷。

基本参数	
制造商	韦斯特兰公司
机身长度	12.88 米
机身高度	4.8 米
翼展	13.41 米
乘员	1 人
空重	7 076 千克
最大起飞重量	11 136 千克
最大速度	616 千米 / 时
最大航程	1 465 千米
最大升限	8 534 米

英国"掠夺者"攻击机

"掠夺者"是英国布莱克本公司研制的一款舰载攻击机。

性能解析

"掠夺者"在可翻转式弹舱门内侧装有 4 枚 454 千克的 MK.10 炸弹。翼下 4 个挂架的典型外挂武器各为 1 枚 454 千克或 2 枚 250（或 225）千克的炸弹，或 1 个装有 18 枚 68 毫米火箭的发射巢，或 1 个装有 36 枚 50.8 毫米火箭的发射巢，或 1 枚"玛特拉"空对地导弹。该机的动力装置为 2 台劳斯莱斯 RB.168-1A"斯贝"101 涡轮风扇发动机，单台推力达 49.34 千牛。"掠夺者"是 20 世纪 50 年代中期设计的一种优秀舰载低空海上攻击机，是 20 世纪 60 年代英国海军的优秀武器装备之一。

基本参数	
制造商	布莱克本公司
机身长度	19.33 米
机身高度	4.97 米
翼展	13.41 米
乘员	2 人
空重	14 000 千克
最大起飞重量	28 000 千克
最大速度	1 074 千米 / 时
最大航程	3 700 千米
最大升限	12 200 米

英美 AV-8B "海鹞 II" 攻击机

AV-8B "海鹞 II" 是美国麦克唐纳·道格拉斯公司生产的一款短距 / 垂直起降攻击机。

性能解析

AV-8B 在减重上下了很大的功夫，其中采用复合材料的主翼是主要改善项目之一。AV-8B 的机身前段也使用了大量的复合材料，估计减掉了大约 68 千克的重量。其他采用复合材料的部分包括升力提升装置、水平尾翼、尾舵，只有垂直尾翼、主翼与水平尾翼的前缘及翼端、机身中段及后段等处使用金属质材。AV-8B 的超临界主翼比 AV-8A 的主翼厚，同时翼展增加 20%，后掠角减少 10%，面积增加 14.5%，每边也各增加 1 个挂架，导致 AV-8B 的飞行速度逊于 AV-8A，但是在升力上的表现却比 AV-8A 优异。

基本参数	
制造商	麦克唐纳·道格拉斯公司
机身长度	14.12 米
机身高度	3.55 米
翼展	9.25 米
乘员	1 人
空重	6 745 千克
最大起飞重量	14 000 千克
最大速度	1 083 千米 / 时
最大航程	2 200 千米

机型特点

AV-8B 安装了前视红外探测系统，夜视镜等夜间攻击设备，夜战能力很强。它的起飞滑行距离不到 F-16 战斗机的 1/3，可在 365 米长的场地起飞，适于前线使用，是目前世界上最先进并服役的亚音速垂直 / 短距起降攻击机。AV-8B 的特点是可以机动、灵活、分散配置、不依赖永久性基地。但是它也有缺点，垂直起降时航程短，载弹量小，而且操纵比较复杂，事故率较高；亚音速飞行，低空攻击，易被击落，战损率较高。

英法"美洲豹"攻击机

"美洲豹"是由英国和法国联合研制的双发多用途战斗机。

性能解析

虽然"美洲豹"是由英、法合作研发而成的，但两国在许多规格与装备采用上却不尽相同。如英国版使用2台劳斯莱斯RT172发动机，每具推力为34.47千牛。法国版使用2台Adour102发动机，单台推力为34.49千牛。两种版本都装有30毫米机炮，并可挂载4 536千克导弹和炸弹等武器。

机型特点

"美洲豹"攻击机单座为攻击机机型、双座为教练机型，借以执行近接支援（CAS）、战场空中阻绝（BAI）及战术侦察与教练飞行等任务。

基本参数	
制造商	欧洲战斗教练和战术支援飞机制造公司
机身长度	16.8 米
机身高度	4.9 米
翼展	8.7 米
乘员	1~2 人
空重	7 000 千克
最大起飞重量	15 700 千克
最大速度	1 699 千米 / 时
最大航程	3 524 千米
最大升限	14 000 米

法德 "阿尔法喷气" 教练/攻击机

　　"阿尔法喷气"是法国达索飞机制造公司和德国道尼尔公司联合研制的一款教练/攻击机。

性能解析

　　"阿尔法喷气"可携带 1 门吊舱式 30 毫米 "德发" 或 27 毫米 "毛瑟" 机炮,备弹 150 发。该机有 3 个外挂点,可携带空对空导弹、空对地导弹、火箭弹、炸弹等。"阿尔法喷气"的动力装置为 2 台 "拉扎克" O4-C5 型涡轮风扇发动机,单台推力为 13.23 千牛。"阿尔法喷气"高级教练/轻型攻击机是法国空军飞行表演队 "法兰西巡逻兵" 现役表演用机。

基本参数	
制造商	达索/道尼尔公司
机身长度	12.29 米
机身高度	4.19 米
翼展	9.11 米
乘员	2 人
空重	3 475 千克
最大起飞重量	7 380 千克
最大速度	1 000 千米/时
最大航程	2 940 千米
最大升限	14 630 米

法国"军旗 IV"攻击机

　　"军旗 IV"是法国达索飞机制造公司研制的一款轻型舰载攻击机，主要任务是对舰、对地攻击，也可执行照相侦察任务。

性能解析

　　"军旗 IV"主要在"福煦"号和"克莱蒙梭"号航空母舰上服役，为适应舰载采用了高三点起落架，装备了法国制马丁·贝克 MK N4A 弹射座椅。该机采用 1 台 SNECMA 公司的"阿塔"08B 发动机，推力为 43.1 千牛。机载武器为 2 门 30 毫米"德发"机炮。外部共有 5 个挂架，最大载弹量为 1 350 千克。

基本参数	
制造商	达索飞机制造公司
机身长度	14.4 米
机身高度	4.26 米
翼展	9.6 米
乘员	1 人
空重	5 800 千克
最大起飞重量	10 200 千克
最大速度	1 099 千米 / 时
最大航程	1 700 千米
最大升限	15 500 米

机型特点

　　"军旗 IV"主要任务是对舰、对地攻击，也可执行照相侦察任务。起初该机是为法国空军研制的截击战斗机兼攻击机，称为"神秘 24"，是"神秘 22"的后续机。

法国"超军旗"攻击机

"超军旗"是法国达索飞机制造公司研制的一款舰载攻击机。

性能解析

"超军旗"采用45°后掠角中单翼设计，翼尖可以折起，机身呈蜂腰状，立尾面积较大，后掠式平尾装在立尾中部。该机装有2门30毫米的"德发"机炮，机身挂架可携250千克炸弹，翼下4个挂架每个可携400千克炸弹，右侧机翼可挂1枚AM-39"飞鱼"空对舰导弹，还可挂R.550"魔术"空对空导弹或火箭弹等武器。该机的动力装置为1台非加力型8K-50发动机，额定推力为494千牛。

基本参数	
制造商	达索飞机制造公司
机身长度	14.31 米
机身高度	3.85 米
翼展	9.6 米
乘员	1 人
空重	6 460 千克
最大起飞重量	11 500 千克
最大速度	1 180 千米 / 时
最大航程	3 400 千米
最大升限	13 700 米

机型特点

第一支"超军旗"舰载机部队于1979年1月进入法国海军，在"克莱蒙梭"号航空母舰上服役。成为20世纪80年代后期法国海军航空母舰上服役的唯一固定翼攻击机。"超军旗"承担起了舰队防空、反舰、攻击地面目标和照相侦察任务。

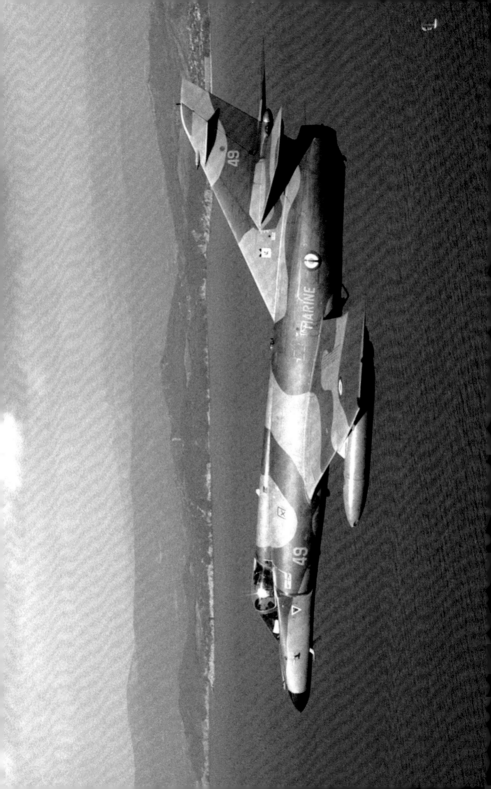

意大利 MB-326 教练 / 攻击机

MB-326 是意大利马基飞机公司于 20 世纪 50 年代研制的一款教练/攻击机。

性能解析

MB-326 采用劳斯莱斯"蝰蛇"发动机，可用于喷气式飞行员训练的全部阶段，其问世刚好处于各国空军一线飞机从二战时的活塞式飞机，向性能已经赶上了前者的喷气式飞机的转型期，市场前景广阔。MB-326 衍生出的单座和双座对地攻击型号都具备在翼下 6 个挂架携带武器的能力，可选挂载 1 815 千克炸弹、火箭弹和机炮吊舱。

机型特点

MB-326 是马基公司最为成功的飞机，生产持续到 20 世纪 80 年代。MB-326 除了出口到非洲和南美的国家外，澳大利亚、南非和巴西都引进了这种飞机的生产许可证。

基本参数	
制造商	马基飞机公司
机身长度	10.65 米
机身高度	3.72 米
翼展	10.56 米
乘员	1~2 人
空重	2 237 千克
最大起飞重量	3 765 千克
最大速度	806 千米 / 时
最大航程	1 665 千米
最大升限	12 500 米

意大利 **MB-339** 教练 / 攻击机

MB-339 是意大利马基飞机公司为意大利空军研制的一款教练 / 攻击机。

性能解析

MB-339 采用常规气动外形布局，机身为全金属半硬壳结构。驾驶舱为增压座舱，串列双座，后座比前座高 32.5 厘米，这样前后座均有良好的视野。该机 6 个翼下挂点共载 1 815 千克外挂武器，可挂小型机枪吊舱、集束炸弹、火箭弹、空对空导弹和反舰导弹等。动力装置为 1 台劳斯莱斯公司的"威派尔"MK 632-43 发动机，单台推力达 17.77 千牛。MB-339 是意大利马基飞机公司为意大利空军研制的用来取代 MB.326 和 G.91T 教练机执行中级和高级训练任务的攻击机。

基本参数	
制造商	马基飞机公司
机身长度	10.97 米
机身高度	3.6 米
翼展	10.86 米
乘员	1~2 人
空重	3 075 千克
最大起飞重量	5 897 千克
最大速度	898 千米 / 时
最大航程	1 760 千米
最大升限	14 630 米

意大利 / 巴西 AMX 攻击机

AMX 是意大利和巴西两国合作研制的一款单座单发轻型攻击机。

性能解析

AMX 主要用于近距空中支援、对地攻击、对海攻击及侦察任务，并有一定的空战能力。该机具备高亚音速飞行和在高海拔地区执行任务的能力，设计时还考虑添加了隐身性，可携带空对空导弹。AMX 的动力装置为 1 台劳斯莱斯"斯贝"MK.807 发动机，单台推力为 49.1 千牛。意大利型装 20 毫米 M61A1 多管机炮，巴西型用 1 门 30 毫米"德发"554 机炮。

基本参数	
制造商	马基 / 巴西航空工业公司
机身长度	13.23 米
机身高度	4.55 米
翼展	8.87 米
乘员	1 人
空重	6 700 千克
最大起飞重量	13 000 千克
最大速度	914 千米 / 时
最大航程	3 336 千米
最大升限	13 000 米

机型特点

AMX 能够执行战场遮断、近距空中支援和侦察任务，全天候执行低空高亚音速突防任务，并能在简易机场和跑道受损的情况下顺利起降。AMX 攻击机以其简洁、流畅、高效的设计，以及其尺寸和作战能力而被冠以"口袋狂风"的绰号，另外其外形气动设计类似英国的鹞式攻击机，也有"旱鸭海鸥"的绰号。

巴西 EMB-312 "巨嘴鸟" 教练 / 攻击机

EMB-312"巨嘴鸟"是巴西航空工业公司为巴西空军研制的一款初级教练机。

性能解析

EMB-312 机动性较好，具有较高的安定性，能在简易跑道上短距起落。EMB-312 除能满足美国联邦航空条例第 23 部附录 A 的要求外，还能满足美国军用规范和英国民航机适航性的要求。制造上采用数控整体机械加工、化学铣切和金属胶接等先进工艺技术。

EMB-312H 由巴西航空工业公司研制，是 EMB-312 "巨嘴鸟" 的加长型，机载设备有所改进，可携带少量武器，具有一定作战能力。

基本参数	
制造商	巴西航空工业公司
机身长度	9.86 米
机身高度	3.4 米
翼展	11.14 米
乘员	2 人
空重	1 810 千克
最大起飞重量	3 175 千克
最大速度	458 千米 / 时
最大航程	1 916 千米
最大升限	8 750 米

巴西 EMB-314 "超级巨嘴鸟" 教练/攻击机

EMB-314 "超级巨嘴鸟" 是巴西航空工业公司研制的轻型教练/攻击机。

性能解析

EMB-314 在设计过程中运用了多种最新的航空技术成果：其驾驶舱周围安装有"凯夫拉"装甲，还配备了先进的机载计算机、雷达和红外传感器。该机能够运载 1 500 千克的外部载荷，分布在翼下和机身部分的 5 个部位。每个部位有 1 个存储接口装置，用于识别装载的武器和所处的状态。该攻击机的标准武器配置包括 2 挺 12.7 毫米机枪、航空炸弹和火箭弹等。

基本参数	
制造商	巴西航空工业公司
机身长度	11.38 米
机身高度	3.97 米
翼展	11.14 米
乘员	2 人
空重	3 200 千克
最大起飞重量	5 400 千克
最大速度	590 千米/时
最大航程	1 330 千米
最大升限	10 668 米

机型特点

2011 年年底美国空军轻型螺旋桨攻击机选型竞争中，巴西 "超级巨嘴鸟" 攻击教练机轻松战胜 AT-6 教练机。美军在竞标中先把比奇 AT-6 给淘汰了。根据分析，AT-6 是很好的教练机，但它从来没当作攻击机使用过，连结构都要重新改造。而另一个竞争者，即巴西 "超级巨嘴鸟" 则早已具备了作为攻击机使用的能力。

瑞典 SAAB 32 "矛" 式攻击机

SAAB 32 "矛" 是瑞典萨博公司制造的双座全天候攻击机。

性能解析

SAAB 32 的动力装置为 1 台"埃汶"RA7A 加力涡轮喷气发动机，加力推力为 44 千牛。机载武器有 4 门 20 毫米机炮，另可外挂 2 枚 Rb–04C 空对地导弹，或 4 枚 250 千克（或 2 枚 500 千克，或 12 枚 100 千克）炸弹，或 24 枚 135 毫米（或 150 毫米）火箭弹，最大载弹量为 1 200 千克。

基本参数	
制造商	萨博公司
机身长度	14.94 米
机身高度	4.65 米
翼展	13 米
乘员	2 人
空重	7 500 千克
最大起飞重量	13 500 千克
最大速度	1 200 千米/时
最大航程	2 000 千米
最大升限	15 000 米

机型特点

SAAB 32 "矛" 是当时世界上最快的战斗机，属于战后第一代喷气式战斗机，由于时间太久远，导致它远不如 SAAB 35 "龙"、SAAB 37 "雷" 那么出名。

瑞典 SAAB 37"雷"式攻击机

SAAB 37"雷"是瑞典萨博公司研制的一款多用途战机。

性能解析

SAAB 37 采用三角形下单翼鸭式布局方式，发动机从机身两侧进气。该机的 10 多个舱门大部分都分布在机身下方，所有的维护点在地面上均可接近，机务维护人员不需在机身上爬上爬下。更换发动机时，只需将后机身拆下。对地攻击型 AJ37 也能执行有限的截击任务。

机型特点

SAAB 37"雷"是世界上第一种采用鸭式布局的先进战斗机，并能在 500 米内起落。

基本参数	
制造商	萨博公司
机身长度	16.4 米
机身高度	5.9 米
翼展	10.6 米
乘员	1 人
空重	9 500 千克
最大起飞重量	20 000 千克
最大速度	2 231 千米/时
最大航程	2 000 千米
最大升限	18 000 米

SAAB 37"雷"战斗机是瑞典 20 世纪 70 年代初研制 SAAB 35"龙"的后继机。前后共有 6 种型别，分别承担攻击、截击、侦察和训练等任务。

阿根廷 IA-58 "普卡拉" 攻击机

IA-58 "普卡拉" 是阿根廷研制的一款轻型攻击机。

性能解析

IA-58 是少数使用涡轮螺旋桨动力的现代攻击机，该机的低单翼宽大平直，没有后掠角。2 台透博梅卡·阿斯塔左发动机安装在机翼上小巧的发动机舱内，各驱动 1 个三叶螺旋桨。IA-58 狭窄的半硬壳机身的前端前伸，2 名飞行员能得到装甲座舱的保护，并有良好的武器射击视野。该机的机载武器为 2 门 20 毫米 7 管机炮，每门备弹 270 发。另有 4 挺 7.62 毫米机枪布置在座舱两侧，各备弹 900 发。3 个外挂点，最大载弹量为 1 500 千克。

基本参数	
制造商	国家军用飞机制造厂
机身长度	14.25 米
机身高度	5.36 米
翼展	14.5 米
乘员	2 人
空重	4 020 千克
最大起飞重量	6 800 千克
最大速度	500 千米 / 时
最大航程	3 710 千米
最大升限	10 000 米

机型特点

IA-58 机动灵活，具备从野外机场起飞的能力和较强的生存力，同时还可以携带炸弹和火箭。生产型 "普卡拉" 于 1976 年开始装备阿根廷空军，很快就被投入作战中。1982 年 5~6 月的马尔维纳斯群岛战争中，阿根廷空军出动了 24 架 IA-58，但在战斗中的表现非常令人失望。所有飞机不是被地面火力击落，就是被 SAS（特种航空部队）摧毁。战争结束后阿根廷空军对 IA-58 失去了信心，从 1986 年起，有 40 架 IA-58 退出了现役。

阿根廷 IA-63 "彭巴" 教练/攻击机

IA 63 "彭巴" 是阿根廷委托德国多尼尔公司研发的一款喷气式教练/攻击机。

性能解析

IA 63 的机身为全金属半硬壳式结构，驾驶舱为典型的纵向双座位设计。机身后方左右各有1块油压推动的减速板，机翼为梯形高翼并有一定下反角，左右翼下各有2个挂架可分别挂上400千克武器或副油箱。IA 63 的动力装置为1台盖瑞特 TFE731-2-2N 发动机，机身可载 418升燃料，机翼内部可载 550 升燃料。

基本参数	
制造商	多尼尔公司
机身长度	10.93 米
机身高度	4.29 米
翼展	9.69 米
乘员	2 人
空重	2 821 千克
最大起飞重量	5 000 千克
最大速度	819 千米/时
最大航程	1 500 千米
最大升限	12 900 米

机型特点

IA 63 的外形类似使用单发动机的阿尔法教练机，无固定武装，但可在机身下5个挂架上挂 1 850 千克的千种空用武器。

南斯拉夫 G-2 "海鸥" 教练 / 攻击机

G-2 "海鸥" 是南斯拉夫自主研制的第一款喷气式飞机。

性能解析

虽然 "海鸥" 采用了英国劳斯莱斯公司提供的 "蝰蛇" 2/22-6 型发动机，推力达 11.12 千牛，比当时东欧国家普遍使用的苏联发动机都要先进，但 "海鸥" 的最大速度仅有 812 千米/时。该机机头部位装有 2 挺 12.7 毫米机枪，机翼下面可以携带 2 枚 50~100 千克炸弹或火箭弹。与 "海鸥" 相比，"隼" 的主要变化是从双座改为单座，机身进行强化，发动机推力增加到 13.32 千牛，外挂点增至 8 个。

基本参数	
制造商	航空技术研究院
机身长度	10.34 米
机身高度	3.28 米
翼展	11.62 米
乘员	2 人
空重	2 620 千克
最大起飞重量	4 300 千克
最大速度	812 千米/时
最大航程	1 240 千米
最大升限	12 000 米

机型特点

G-2 "海鸥" 共生产了 248 架，除南斯拉夫本国使用外，还出口利比亚。G-2 能够携带炸弹和火箭执行对地攻击任务，但无法携带导弹，自卫能力相当薄弱。

罗马尼亚 IAR-93 "秃鹰" 攻击机

IAR-93 "秃鹰" 是罗马尼亚和南斯拉夫联合研制的双发超音速攻击机。

性能解析

IAR-93 主要有 IAR-93、IAR-93A、IAR-93B、IAR-93A DC 和 IAR-93B DC 等型号。该机的武器装备有 2 门 23 毫米 GSh-23L 机炮，另可挂载 2 800 千克载荷，其中包括 AGM-65 电视制导导弹、Grom-1 无线电制导导弹、BL755 集束炸弹、AA-2 "环礁" 空对空导弹和 AA-8 "蚜虫" 空对空导弹等。

基本参数	
制造商	罗马尼亚航空工业公司
机身长度	14.9 米
机身高度	4.52 米
翼展	9.3 米
乘员	1 人
空重	5 750 千克
最大起飞重量	10 900 千克
最大速度	1 089 千米 / 时
最大航程	1 320 千米
最大升限	13 600 米

机型特点

IAR-93 是一种双发超音速近距支援 / 对地攻击和战术侦查飞机，同时具有一定的空战能力。最后一批 IAR-93 于 1998 年被封存待售，大约 20 架在 2006 年被解体，剩余的飞机在 2007 年前也将遭受同样的命运。幸存的 3 架飞机分别保存在罗马尼亚境内的军事基地中，但已无法飞行。

罗马尼亚 IAR-99 "隼" 式教练 / 攻击机

IAR-99 "隼" 是罗马尼亚航空研究院设计的一款教练 / 攻击机。

性能解析

IAR 99 采用典型喷气式教练机设计，其机身为全金属半硬壳式结构，控制系统为 2 套油压式系统以控制副翼和襟翼等控制翼面以及起落架收放。机翼内可载 1 100 升燃料，左右机翼下各有 2 个挂架可挂副油箱和各种空用武器。IAR 99 无固定机炮武装，但可在机身下挂架加挂内置 1 门 GSh-23 机炮再加 200 发炮弹的荚舱。该机的动力装置为 1 台劳斯莱斯 "蝮蛇" MK632 发动机。

基本参数	
制造商	克拉约瓦公司
机身长度	11.01 米
机身高度	3.9 米
翼展	9.85 米
乘员	2 人
空重	3 200 千克
最大起飞重量	5 560 千克
最大速度	865 千米 / 时
最大航程	1 100 千米
最大升限	12 900 米

机型特点

IAR 99 和 MB-339 教练机采用相同的动力，但由于 IAR 99 较重而令其飞行性能不如 MB-339。

捷克斯洛伐克 L-39 "信天翁" 教练/攻击机

L-39 "信天翁" 是捷克斯洛伐克沃多霍迪公司研制的一款高级教练机，也可作为轻型攻击机使用。

性能解析

L-39 采用了耗油率低的 AL-25TL 涡轮风扇发动机。该机进气口位置较高，有防护装置，增强了抗外来物撞击的能力。L-39 易于操纵，在轻型螺旋桨飞机上受过基础训练的飞行学员可直接驾驶 L-39，这是 L-39 的一大优点。L-39 在恶劣的气候或高温多尘等环境中都能保持其良好的性能。总的来说，该机可靠性高、易于维护、便于保养，有较长的服役寿命。

基本参数	
制造商	沃多霍迪公司
机身长度	12.13 米
机身高度	4.77 米
翼展	9.46 米
乘员	2 人
空重	3 455 千克
最大起飞重量	4 700 千克
最大速度	750 千米/时
最大航程	1 100 千米
最大升限	11 000 米

机型特点

L-39 价格低廉、可靠安全、生存力强、易于维护，用途广泛。既能对学员进行中级飞行训练和初步武器训练，也配备有高级飞行训练用的设备，还可作为一种轻型对地攻击机使用。在欧洲、亚洲、非洲和美洲的 16 所军事飞行学院的训练实践表明，L-39 具有良好的实用性和适应能力。

捷克 L-159 ALCA 教练 / 攻击机

L-159 ALCA 是捷克沃多霍迪公司研制的一款多功能亚音速教练 / 攻击机。

性能解析

L-159 ALCA 采用了悬臂式下单翼，上反角为 2.5°。翼尖仍然保留固定翼尖油箱，这个设计在现役战斗机中是独一无二的。由于机翼沿袭了 6.5° 的前缘后掠角，因此该机具有较好的中低速性能和巡航能力。L-159 ALCA 机腹和翼下共有 7 个外挂点，机载武器包括美制 AGM-65 "小牛" 空对地导弹、AIM-9 "响尾蛇" 空对空导弹，以及 CRV-7 和 SUU-200 火箭弹，还可外挂英制空对地导弹和 TIALD 指示吊舱。

基本参数	
制造商	沃多霍迪公司
机身长度	12.13 米
机身高度	4.77 米
翼展	9.46 米
乘员	1 人
空重	3 440 千克
最大起飞重量	5 670 千克
最大速度	755 千米 / 时
最大航程	1 800 千米
最大升限	11 500 米

机型特点

L-159 ALCA 不仅在空中表现出良好的机动性能，而且在地面也展示了轻巧的布局结构，给一些国家的空军高级官员留下深刻的印象。

韩国 FA-50 攻击机

FA-50 是以韩国国产超音速教练机 T-50 为基础改造而成的一款轻型攻击机。

性能解析

FA-50 攻击机由 T-50 教练机衍生而来，机体尺寸、武装、发动机、座舱配置与航空电子和控制系统均与前者相同，但两者的最大差异在于 FA-50 加装了 1 具洛克希德·马丁公司 AN/APG-67(V)4 脉冲多普勒 X 波段多模式雷达，可以获取多种形式的地理和目标数据。

机型特点

2014 年 10 月 9 日，韩国空军表示，韩国自主研制的 FA-50 战机 8 日在半岛东部海域上空首次进行空对地导弹 AGM-65G 实弹射击训练。此次训练证明了 FA-50 战机能精确打击陆上和海上的目标。

基本参数	
制造商	航太工业公司
机身长度	13 米
机身高度	4.94 米
翼展	9.45 米
乘员	2 人
空重	6 470 千克
最大起飞重量	12 300 千克
最大速度	1 770 千米 / 时
最大航程	1 851 千米
最大升限	14 630 米

Chapter 04

轰炸机

　　轰炸机具有突击力强、航程远、载弹量大等特点，是航空兵实施空中突击的主要机种。机上武器系统包括各种炸弹、航弹、空对地导弹、巡航导弹、鱼雷、航空机关炮等，机上的火控系统可以保证轰炸机具有全天候轰炸能力和很高的命中精度。

美国 B-17 "空中堡垒" 轰炸机

B-17 是美国波音公司制造的一款四发重型轰炸机,绰号"空中堡垒"。

性能解析

B-17 是世界上第一种安装雷达瞄准,具有能在高空精确投弹的大型轰炸机。战略轰炸的概念基本上是由 B-17 开创的。1940 年,B-17 因白天轰炸柏林而闻名于世。1943—1945 年,美国陆军航空队在德国上空进行的规模庞大的白天精密轰炸作战中,B-17 更是表现优异。实际上,欧洲战场上大部分的轰炸任务都是 B-17 完成的。

基本参数	
制造商	波音公司
机身长度	22.66 米
机身高度	5.82 米
翼展	31.62 米
乘员	10 人
空重	16 391 千克
最大起飞重量	29 710 千克
最大速度	462 千米/时
最大航程	3 219 千米
最大升限	10 850 米

机型特点

B-17 拥有 13 挺重机枪,是一个名副其实的"飞行堡垒"。虽然 B-17 航程短,但它有较大的载弹量和飞行高度,并且坚固可靠,常常在受重创后仍能飞回机场,因此挽救了不少机组成员。后由更为强大的 B-29 "超级空中堡垒"式战略轰炸机替代。

美国 B-24 "解放者" 轰炸机

B-24 是共和飞机公司研制的大型轰炸机,绰号 "解放者"。

性能解析

B-24 有一个实用性极强的粗壮机身,其上、下前后及左右两侧均设有自卫枪械(共计有 7~12 挺 12.7 毫米机枪),构成了一个强大的火力网。梯形悬臂上单翼装有 4 台 R1830 空冷活塞发动机。机头有一个透明的投弹瞄准舱,其后为多人驾驶舱,再后便是一个容量很大的炸弹舱,可挂载各种炸弹。在二战期间,B-24 与 B-17 对德国投下大量炸弹,是人类战争史上持续时间最长、战斗最壮烈的一场空袭行动。

基本参数	
制造商	共和飞机公司
机身长度	20.6 米
机身高度	5.5 米
翼展	33.5 米
乘员	8~10 人
空重	16 590 千克
最大起飞重量	29 500 千克
最大速度	487 千米/时
最大航程	3 400 千米
最大升限	8 500 米

机型特点

B-24 是二战时美国生产得最多的大型轰炸机,同时也是使用得最多的轰炸机,多达 19 万架的产量,确立了它在飞机发展史上的地位。B-24 "解放者"轰炸机不仅在欧洲,同时也是非洲、亚洲广大海空战场的 "空中霸王"。

美国 B-25 "米切尔"轰炸机

B-25 是北美航空公司设计的双发中型轰炸机,绰号"米切尔"。

性能解析

B-25 综合性能良好、出勤率高而且用途广泛。该机在太平洋战争中有许多出色表现,战争中期,B-25 参与使用了类似鱼雷攻击的"跳跃"投弹技术。飞机在低高度将炸弹投放到水面上,而后炸弹在水面上跳跃着飞向敌舰,这提高了投弹的命中率,并且经常炸弹在敌舰吃水线以下爆炸,杀伤力增大。B-25 还承担了"空袭东京"任务,并且表现突出。

基本参数	
制造商	北美航空公司
机身长度	16.13 米
机身高度	4.98 米
翼展	20.6 米
乘员	6 人
空重	8 855 千克
最大起飞重量	15 910 千克
最大速度	442 千米 / 时
最大航程	2 174 千米
最大升限	7 378 米

机型特点

B-25 是遵循着更多武器、更多装甲、安装自封油箱这条路线来发展的,因此造成了飞机越来越重。发动机最终不堪重负,导致性能受到影响。B-25 主要由美国空军配备,美国海军也配备相当数量的 B-25 轰炸机,以对付太平洋上的日本。

美国 B-26 "劫掠者" 轰炸机

B-26 是马丁公司研制的中型轰炸机，绰号"劫掠者"。

性能解析

　　B-26 的半硬壳铝合金结构机身由前、中、后三段组成，带弹舱的机身中段与机翼一起制造。与 B-25 相比，B-26 有更快的速度、更大的载弹量，但却没有更好的名声——它以"寡妇制造者"而闻名。在早期的使用中，B-26 坠毁的比例较大，但在经过改进后，已得到很大的改善，坠毁率已降到正常水平。

机型特点

　　美国空军的 B-26 在突尼斯战役后期发挥

基本参数	
制造商	马丁公司
机身长度	17.8 米
机身高度	6.55 米
翼展	21.65 米
乘员	7 人
空重	11 000 千克
正常起飞重量	17 000 千克
最大速度	460 千米 / 时
最大航程	4 590 千米
最大升限	6 400 米

了很大的作用，它们的重装甲、高速度和长程特性使得德军在地中海的 Me 323 和 Ju 52/ 3 空中运输变得很困难，成功阻断了德军的撤退行动。

美国 SBD "无畏" 轰炸机

SBD 是道格拉斯公司开发的舰载俯冲轰炸机, 绰号 "无畏"。

性能解析

早期的 SBD 虽然拥有足够性能, 但是装甲薄弱是一个大问题, 也成为日本 "零" 式战斗机的标靶, 1941 年服役的 SBD-3 改换 735.5 千瓦的 R-1820-52 发动机、自封油箱与防弹装甲以及更大的炸弹挂载重量, 因此基本性能没有下降。1943 年推出的 SBD-5 则是 SBD 系列的最终版本, 换装了 882.6 千瓦的 R-1820-60 发动机及可以挂载副油箱的强化机翼提升航程, 同时增加了航速。

基本参数	
制造商	道格拉斯公司
机身长度	10.09 米
机身高度	4.14 米
翼展	12.66 米
乘员	2 人
空重	2 905 千克
最大起飞重量	4 853 千克
最大速度	410 千米 / 时
最大航程	1 795 千米
最大升限	7 780 米

机型特点

SBD 为道格拉斯公司开发的舰上俯冲轰炸机, 主要于二战时期活跃于太平洋战场上。 与格鲁门 F4F 战斗机及 TBD 鱼雷攻击机为二战开战初期美国三大主力舰载机。比起 TBD 的开发, SBD 的金属蒙皮技术更为成熟, 与 SBC 式有相同的穿孔式空气刹车襟翼, 增加了许多俯冲时的机身稳定性。

美国 SB2C "地狱俯冲者" 轰炸机

SB2C 是柯蒂斯公司研制的俯冲轰炸机,绰号 "地狱俯冲者"。

性能解析

　　SB2C 俯冲轰炸机装有 2 门 20 毫米机炮、1 挺 12.7 毫米机枪。该机是历史上最重的俯冲轰炸机,其炸弹仓可携带 1 枚 450 千克炸弹或 725 千克炸弹,外加机翼 2 个 45 千克炸弹。当 SB2C 时速在 145 千米以上的时候,操纵性很差。由于航母降落的进场速度是 137 千米 / 时,因此飞机很容易失控。在高速飞行,特别是在俯冲轰炸的时候,SB2C 的副翼会变得很沉,使得飞行员很难控制飞机从而对准目标。这个问题加上飞机减速装置造成的飞机震动,使得 SB2C 的轰炸精度低于旧式的 SBD。

基本参数	
制造商	柯蒂斯公司
机身长度	11.18 米
机身高度	4.01 米
翼展	15.17 米
乘员	2 人
空重	4 794 千克
最大起飞重量	7 553 千克
最大速度	475 千米 / 时
最大航程	1 876 千米
最大升限	8 870 米

机型特点

　　SB2C 是历史上最重的俯冲轰炸机,也是美国海军最后一种特别设计的俯冲轰炸机。从 1942 年开始,大多数 SB2C 由美国海军航母飞行员驾驶,它的性能显著超越日本的同型飞机。

美国 TBF "复仇者" 鱼雷轰炸机

TBF "复仇者" 是格鲁曼公司开发的一款舰载鱼雷轰炸机，从二战一直服役到 20 世纪 60 年代。

性能解析

比起原本的 TBD 鱼雷轰炸机，TBF 的性能有着明显的提升，除了加大功率的发动机外，新设计的流线型座舱配备防弹玻璃，机身的防弹装甲也前所未有的坚固。而机翼能够向上折起的长度比起其他舰载机也更长了许多，大幅减少了在航空母舰机舱内所占的位置。TBF 的攻击能力比日本的九七式舰载攻击机更强，除了搭载 1 枚 Mark 13 航空鱼雷之外，还可装载 1 枚 900 千

基本参数	
制造商	格鲁曼公司
机身长度	12.48 米
机身高度	4.70 米
翼展	16.51 米
乘员	3 人
空重	4 783 千克
最大速度	442 千米/时
最大航程	1 610 千米
最大升限	9 170 米

克或 4 枚 225 千克炸弹，而襟翼配备减速板设计加上刹车减速板，更让 TBF 拥有和俯冲轰炸机一样的俯冲攻击能力。

机型特点

TBF 在美国海军服役期间主要是用来反潜、电子干扰、导弹平台和训练。还有许多 "复仇者" 战后在加拿大、法国、日本和荷兰服役，有些一直服役到 1960 年，还有一些被改装成民用的灭火机。

美国 B-29 "超级堡垒" 轰炸机

B-29 是美国波音公司设计的四发重型轰炸机，绰号"超级堡垒"。

性能解析

  B-29 的崭新设计包括加压机舱、中央火控、遥控机枪等。由于使用了加压机舱，飞行员不需要长时间戴上氧气罩及忍受严寒。原先 B-29 的设计构想是作为日间高空精确轰炸机，但在战场使用时 B-29 却多数在夜间出动，在低空进行燃烧轰炸。该机可以在 12 192 米高空以时速 563 千米的速度飞行，而当时大部分战斗机都很难爬升到这个高度，即使有也无法追上 B-29 的速度。

机型特点

  B-29 不单是二战时各国空军中最大型的飞机，同时也是集各种新科技的先进武器。主要在美军内服役的 B-29，是二战时美国陆军航空兵在亚洲战场的主力战略轰炸机。

基本参数	
制造商	波音公司
机身长度	30.2 米
机身高度	8.5 米
翼展	43.1 米
乘员	10 人
空重	33 800 千克
最大起飞重量	60 560 千克
最大速度	574 千米 / 时
最大航程	5 230 千米
实用升限	9 710 米

美国 B-36 "和平缔造者" 轰炸机

B-36 是康维尔公司制造的战略轰炸机，绰号 "和平缔造者"。

性能解析

B-36 创造了多项纪录，它是历史上投入批量生产的最大型的活塞引擎飞机，并且是翼展最大（70.12 米）的军用飞机。它也是第一款无须改装就可以挂载当时美国核武库内所有原子弹的轰炸机。以其 9 700 千米的航程和 33 吨的最大载弹量，B-36 还成为第一款能够执行洲际轰炸任务的轰炸机。所有的 B-36 机型都装有 6 台 R-4360 大型活塞式发动机，总共可提供 13 兆瓦的推力。

基本参数	
制造商	康维尔公司
机身长度	49.42 米
机身高度	14.25 米
翼展	70.12 米
乘员	13 人
空重	75 530 千克
最大起飞重量	186 000 千克
最大速度	672 千米 / 时
最大航程	16 000 千米
最大升限	13 300 米

机型特点

在 20 世纪 40 年代末 50 年代初，B-36 是美国空军远程战略轰炸威慑力量的中流砥柱，但是它从未参与任何作战行动。在 50 年代中期由 B-36 改装的侦察飞机在苏联的领土周边或上空执行过危险的侦察任务。

美国 B-45 "龙卷风" 轰炸机

B-45 是美国空军装备的第一种喷气式轰炸机，绰号"龙卷风"。

性能解析

B-45 是第一种具有空中加油及核弹投放能力的喷气式飞机。该机的电子系统包括自动驾驶仪、轰炸导航雷达和火控系统、通信设备、紧急飞行控制设备等。B-45 的机尾有 2 具 50 毫米的机炮，备弹 22 000 发。2 个弹舱可以携带最大 12 485 千克的弹药或 1 枚重 9 988 千克的低空战略炸弹，另或 2 枚 1 816 千克的核弹。

机型特点

美国空军共装备了 142 架 B-45，并有多种型号。B-45A 是第一种生产型号。在原型机基础上增加了飞行员的弹射座椅，并且为投弹手和尾部机枪手设置了更安全的紧急出口。B-45A 的下一个批次是 B-45A-5-NA，安装推力更大的 J47 引擎。发动机分左右舵，初期是 J47-GE-7/ 9，后期是 J47-GE-13/ 15。1948 年 11 月 B-45A 进入路易斯安那州巴克斯代尔空军基地第 47 轰炸机大队服役，虽然有拖延，96 架 B-45A 还是在 1950 年 3 月前全部完成。

基本参数	
制造商	北美航空公司
机身长度	22.96 米
机身高度	7.67 米
翼展	27.14 米
乘员	4 人
空重	20 726 千克
最大起飞重量	49 900 千克
最大速度	920 千米 / 时
最大航程	1 610 千米
最大升限	14 100 米

美国 B-47 "同温层喷气" 战略轰炸机

B-47 是世界上第一种实用的中程喷气式战略轰炸机，绰号"同温层喷气"。

性能解析

　　B-47 采用细长流线型机身，机翼为大后掠角上单翼，翼下吊挂 6 台涡轮喷气发动机，平尾位置稍高，起落架采用自行车式布置。在内侧发动机短舱装有可收放的翼下辅助起落架。B-47 的弹舱长 7.9 米，可以搭载 1 枚 4 500 千克的核弹，也可携带 13 枚 227 千克或 8 枚 454 千克的常规炸弹。B-47 还安装 2 门 20 毫米机炮，备弹 700 发，最大有效射程为 1 370 米。机上还装置了 2 部安装在垂直照相架上的 K-38 或 K-17C 照相机，用来检查投弹结果。

基本参数	
制造商	波音公司
机身长度	33.5 米
机身高度	8.5 米
翼展	35.4 米
乘员	3 人
空重	35 867 千克
最大起飞重量	100 000 千克
最大速度	975 千米／时
最大航程	6 494 千米
最大升限	10 100 米

机型特点

　　尽管作为世界上最重的轰炸机，B-47 主要是作为一种中型轰炸机，突防至敌国土内在中空对敌目标实施轰炸。B-47 还具有空中加油能力，曾创下连续飞行 36 小时不着陆的纪录。因此，该型机可对世界上任何目标实施打击。

美国 B-50 "超级空中堡垒" 轰炸机

B-50 是波音公司研制的轰炸机,绰号"超级空中堡垒"。

性能解析

B-50 虽源自 B-29,但全机有 75% 的部件为重新设计。动力方面改用 4 台普惠 R-4360 系列活塞发动机,提供更强劲的动力。利用新型强韧的轻合金制造机身及机翼表面,垂直尾翼和水平尾翼均使用液压动力操作。各种改进使 B-50 比 B-29 具有更大的载弹量和续航力。1949 年 2 月 26 日,B-50 完成了首次中途不停的环球飞行。

基本参数	
制造商	波音公司
机身长度	30.18 米
机身高度	9.96 米
翼展	43.05 米
乘员	8~10 人
空重	38 256 千克
最大起飞重量	78 471 千克
最大速度	634 千米 / 时
最大航程	12 472 千米
最大升限	11 247 米

机型特点

B-50 从 1947 年进入战略空军服役到 20 世纪 50 年代初被 B-47 取代仅仅有短短五六年时间,共生产 371 架,先后在英国、日本、韩国及美国本土部署。由于当时美国空军缺乏空中加油飞机,因此退役后的 B-50 又客串起了"空中奶牛"的角色,直至 KC-135 服役。此外,部分 B-50 还被改装成气象观测机(WB-50)和照相侦察机(RB-50),甚至还有少量交付海军,直到 1965 年才全部退出现役。

美国 B-52 "同温层堡垒" 轰炸机

B-52 是波音公司研制的战略轰炸机，绰号"同温层堡垒"。

性能解析

B-52 的机身结构为细长的全金属半硬壳式，侧面平滑，截面呈圆角矩形。前段为气密乘员舱，中段上部为油箱，下部为炸弹舱，空中加油受油口在前机身顶部。后段逐步变细，尾部是炮塔，其上方是增压的射击员舱。动力装置为 8 台普惠 TF33-P-3/103 涡轮风扇发动机，分 4 组分别吊装于两侧机翼之下。B-52 不同型号的尾部装有不同的机枪，如 G 型装有 4 挺 12.7 毫米机枪。B-52 的载弹量非常大，能携带 31 500 千克各型核弹和常规弹药。

基本参数	
制造商	波音公司
机身长度	48.5 米
机身高度	12.4 米
翼展	56.4 米
乘员	5 人
空重	83 250 千克
最大起飞重量	220 000 千克
最大速度	1000 千米/时
最大航程	16 232 千米
最大升限	15 000 米

机型特点

B-52 是美国波音公司研制的八发动机远程战略轰炸机，用于替换 B-36 轰炸机执行战略轰炸任务，主要用于执行远程常规轰炸和核轰炸。现在 B-52 和 B-1B、B-2 轰炸机一起共同组成美国空军的战略轰炸机部队。B-52 现役 76 架，仍然是美国空军战略轰炸主力，美国空军现在预算让 B-52 一路服役至 2050 年。海湾战争中，B-52 总共执行了约 1 620 次任务，投放炸弹相当于美军总投弹量的 1/3。

美国 B-57 "堪培拉" 轰炸机

B-57 是马丁公司制造的一款双座轻型轰炸机，绰号"堪培拉"。

性能解析

B-57 的动力装置为 2 台 J65-W-5 涡轮喷气发动机，单台推力为 31.95 千牛。该机的武器装备有 8 挺 12.7 毫米机枪，各备弹 300 发，或改装 4 门 20 毫米机炮。机身中部的弹舱内和机翼下挂架，可挂载各种对地攻击武器，总挂载量为 2 700 千克。

机型特点

B-57 为英国电气公司的"堪培拉"式轰炸机在美国的授权制造版本，但马丁公司在原本"堪培拉"轰炸机的基础上亦做出许多重大的更动，为了满足美空军要求，结构又有所改进，使之具有强大的轰炸力，并由此发展出许多非常特别的 B-57 的衍生型。

基本参数	
制造商	马丁公司
机身长度	19.96 米
机身高度	4.88 米
翼展	19.51 米
乘员	2 人
空重	13 600 千克
最大起飞重量	25 000 千克
最大速度	960 千米 / 时
最大航程	4 380 千米
最大升限	13 745 米

美国 B-58 "盗贼" 轰炸机

B-58 是康维尔公司研制的一款超音速轰炸机,绰号"盗贼"。

性能解析

　　B-58 有着以前任何轰炸机不曾拥有的性能和复杂的航空电子设备,代表了当时航空工业的最高水准。然而,B-58 的服役生涯却和其研制费用、性能不甚相符,这种现象主要归结于该机追求超音速飞行而使用了许多不太成熟的新技术,由此造成该机故障率出奇的高,当然除了本身的技术原因外,弹道导弹的服役也是该机过早退役的原因之一。

机型特点

基本参数	
制造商	康维尔公司
机身长度	29.5 米
机身高度	8.9 米
翼展	17.3 米
乘员	3 人
空重	25 200 千克
最大起飞重量	80 240 千克
最大速度	985 千米 / 时
最大航程	7 600 千米
最大升限	19 300 米

　　B-58 轰炸机的气动布局十分简单明了,造型光滑简洁,机身下带着一个大得异乎寻常的吊舱,这是 B-58 独有的"燃油—核弹组合吊舱"。投入使用的有 MB-1C 和 TCP 两种型号,MB-1C 由于可靠性差很快被淘汰。TCP 由上面的小舱和下面大舱两部分组成,小舱内装载核弹,大舱为副油箱,大舱上部凹陷,小舱则装在凹陷内。攻击时,副油箱内燃油用完时,便将副油箱丢弃,并对目标进行 2 马赫速度的突防,投核弹。

美国 B-66 "毁灭者" 轰炸机

B-66 是麦克唐纳·道格拉斯公司研制的一款战术轰炸机,绰号 "毁灭者"。

性能解析

B-66 采用后掠式上单翼,可回收前三点式起落架,翼下有 2 个喷气式发动机吊舱。动力装置为 2 台艾里逊 J71-13 发动机,推力达 111.17 千牛。机尾装有 1 个 20 毫米遥控炮塔,弹舱中最大可挂载 5 443 千克炸弹。RB-66C 是在 B-66 的基础上将弹舱改为加压座舱以安装电子战设备。

机型特点

B-66 是一种高速高机动性的战术轰炸机,作战半径 1 850 千米,可挂载 1 枚 4 536 千克的核弹,或等重的常规炸弹和照相照明弹。此外该机能安装大量电子设备而不影响正常性能,还要有自卫武器和干扰敌方雷达的电子对抗设备。而且 B-66 简单易用还易于维护,能在临时跑道上起降。

基本参数	
制造商	麦克唐纳·道格拉斯公司
机身长度	22.9 米
机身高度	7.2 米
翼展	22.1 米
乘员	3 人
空重	19 300 千克
最大起飞重量	38 000 千克
最大速度	1 020 千米/时
最大航程	3 970 千米
最大升限	12 000 米

美国 B-1 "枪骑兵" 轰炸机

B-1 是北美航空公司研制的超音速轰炸机, 绰号 "枪骑兵"。

性能解析

B-1 机体的最大特点是可变后掠翼布局、翼身融合体技术。其机身两侧安装活动前翼, 略带后掠角, 无副翼, 横向操纵完全靠机翼上的扰流片和全动平尾的差动来实现。机身和机翼之间没有明显的交接线, 极大地减少了阻力, 并增加升力。该机起飞时, 变后掠翼处在最小后掠角位置, 以获得最大升力。高速飞行时, 收回到大后掠角的状态, 以减小阻力, 提高飞行速度。B-1 轰炸机有 6 个外挂点, 可携挂 27 000 千克炸弹。3 个内置弹舱, 可携挂 34 000 千克炸弹。

基本参数	
制造商	北美航空公司
机身长度	44.5 米
机身高度	10.4 米
翼展	41.8 米
乘员	4 人
空重	87 100 千克
最大起飞重量	216 400 千克
最大速度	1 529 千米 / 时
最大航程	11 998 千米
最大升限	18 000 米

机型特点

B-1 是美国空军使用的超音速可变后掠翼重型长程战略轰炸机。B-1B 是其主要的改型, 截至 2013 年仍有至少 60 架在美国空军服役, 亦为美国空军战略威慑主要力量之一。由于近年来, 美国空军一直对 B-1B 进行改进, B-1 的作战任务也不断扩展, 现在 B-1B 能够执行近距离空中支援任务打击机动目标和应急目标。在阿富汗战争和伊拉克战争中, B-1B 通过高级保密卫星通信手段, 接收地面特种部队和 E-8 飞机等发出的目标的准确数据指示, 对目标实施了精确的打击。

美国B-2"幽灵"轰炸机

B-2是目前世界上唯一的隐身战略轰炸机,绰号"幽灵"。

性能解析

由于采用了先进奇特的外形结构,B-2轰炸机的可探测性极低,使其能够在较危险的区域飞行,执行战略轰炸任务。该机航程超过10 000千米,而且安装了空中受油装置,具备空中加油能力,大大增加了作战半径。该机每次执行任务的空中飞行时间一般不少于10小时。美国空军称其具有"全球到达"和"全球摧毁"的能力,可在接到命令后数小时内由美国本土起飞,攻击全球大部分地区的目标。

基本参数	
制造商	诺斯洛普·格鲁曼公司
机身长度	21 米
机身高度	5.18 米
翼展	52.4 米
乘员	2 人
空重	71 700 千克
最大起飞重量	170 600 千克
最大速度	764 千米 / 时
最大航程	10 400 千米
最大升限	15 000 米

机型特点

B-2轰炸机有三种作战任务:一是不被发现地深入敌方腹地,高精度地投放炸弹或发射导弹,使武器系统具有最高效率;二是探测、发现并摧毁移动目标;三是建立威慑力量。美国空军扬言,B-2轰炸机能在接到命令后数小时内由美国本土起飞,攻击世界上任何地区的目标。

苏联伊尔 -28 "小猎犬" 轰炸机

伊尔 -28 是伊留申研发的中型轰炸机，北约代号为 "小猎犬"。

性能解析

伊尔 -28 轰炸机有 3 名乘员，驾驶员和领航员舱在机头，机尾有密封的通信射击员舱。伊尔 -28 可在炸弹舱内携带 4 枚 500 千克或 12 枚 250 千克炸弹，也能运载小型战术核武器，翼下还有 8 个挂架，可挂载火箭弹或炸弹。机头机尾各装 2 门 HP-23 机炮，备弹 650 发。该机的动力装置是 BK-1A 发动机，单台推力为 26.46 千牛。

基本参数	
制造商	伊留申设计局
机身长度	17.65 米
机身高度	6.7 米
翼展	21.45 米
乘员	3 人
空重	12 890 千克
最大起飞重量	21 200 千克
最大速度	902 千米 / 时
最大航程	2 180 千米
最大升限	12 300 米

机型特点

伊尔 -28 是苏联第一种大批量生产的双发亚音速前线轰炸机。伊尔 -28 曾出口到 22 个国家，改型有侦察机、鱼雷机、反潜机、靶机。据统计，世界各国生产的各型伊尔 -28 总产量达 6 316 架。

苏联 M-50 "野蛮人" 轰炸机

M-50是苏联马萨契夫实验工厂设计的四发超音速轰炸机，北约代号"野蛮人"。

性能解析

M-50 采用高单翼三角翼，配备 2 台 VD-7 和 2 台 VD-7F 涡轮发动机，1 对挂载在翼尖，1 对在翼下的奇特布局。M-50 从发动机到轮胎、车轮，都突破了苏联过去的传统，均是全新大胆的设计，运用了多项新技术和材料，飞机的纵梁及肋骨运用钛合金，机翼装载了大型电池板。最为出众的设计，则是加入了苏联第一台全自动驾驶仪 EDSU 设备。

机型特点

基本参数	
制造商	马萨契夫实验工厂
机身长度	57.48 米
机身高度	8.25 米
翼展	35.1 米
乘员	2 人
空重	85 000 千克
最大起飞重量	200 000 千克
最大速度	1 950 千米 / 时
最大航程	7 400 千米
最大升限	16 500 米

M-50 是苏联四发动机超音速轰炸机的原型，由马萨契夫实验工厂设计，始终没有服役，确定生产的只有 1 架，1957 年首飞。一位作家曾经评价这架飞机的设计是："以对高速飞行一无所知下，M-50 算是最成功的失败。"

苏联图-4"公牛"轰炸机

图-4是苏联仿制美国的B-29轰炸机,北约代号"公牛"。

性能解析

图-4各方面性能都比原型的B-29有所提高,单台发动机功率从1 471千瓦增加到1 765千瓦,并装有涡轮增压器。机上飞行设备配有当时比较先进的航行雷达、天文罗盘、PB-10无线电高度表。图-4有5个炮塔,装有10门23毫米机关炮。5个炮塔中的3个炮塔可以对地射击,可以由3个人分别射击,也可以由1个人遥控操纵3个炮塔同时对地面一个目标进行射击。

基本参数	
制造商	图波列夫设计局
机身长度	30.18 米
机身高度	8.46 米
翼展	43.05 米
乘员	11 人
空重	36 850 千克
最大起飞重量	55 600 千克
最大速度	558 千米 / 时
最大航程	5 400 千米
最大升限	11 200 米

机型特点

1947年8月3日,图-4在航空节公开露面。苏联大约制造了1 200架图-4,20世纪50年代末期援助中国一些。50年代中期,苏联空军图-4全面退役,60年代初,苏联海军航空兵图-4全面退役。

苏联图 –14 "水手长" 轰炸机

图 –14 是图波列夫设计局研发的轻型喷气式轰炸机，北约代号"水手长"。

性能解析

图 –14 的动力装置为 2 台 VK–1 涡轮喷气式发动机，单台推力为 26.5 千牛。机载武器为 4 门 23 毫米机炮，外部挂架的载弹量为 3 000 千克，可挂载炸弹、鱼雷和火箭弹等。

机型特点

1950 年 1~5 月，换装新发动机的图 –14 在伊尔库茨克的第 39 工厂开始批量生产。之后海军鱼雷轰炸机型图 –14T 经过试验飞行，从 1951 年 7 月到 1952 年 2 月开始批量生产。这

基本参数	
制造商	图波列夫设计局
机身长度	21.95 米
机身高度	5.59 米
翼展	21.69 米
乘员	3 人
空重	14 930 千克
最大起飞重量	25 350 千克
最大速度	848 千米 / 时
最大航程	2 930 千米
最大升限	11 200 米

型飞机可以携带 1 枚 45–36AH 鱼雷或 4 枚 А М Д–500 型水雷，海军航空兵共接收了 89 架。黑海舰队水鱼雷航空兵第 5 团最早装备这型飞机，之后装备了北方舰队水鱼雷航空兵第 9 团和第 1941 团以及太平洋舰队的水鱼雷航空兵第 567 团。

俄罗斯图 –16 "獾" 式轰炸机

图 –16 是图波列夫设计局研发的中程轰炸机，北约代号为 "獾"。

性能解析

图 –16 的机身为半硬壳式结构，椭圆形截面。机身由前气密座舱、前段、中段、后段和后气密座舱 5 个部分组成。机翼为悬臂式中单翼，尾翼为悬臂式全金属结构。动力装置为 2 台 AM–3 发动机，单台推力为 93.2 千牛。该机装有 7 门 23 毫米航炮，备弹 2 300 发。机腹下有长 6.5 米的弹舱，正常载弹量为 3 000 千克，最大载弹量为 9 000 千克。

基本参数	
制造商	图波列夫设计局
机身长度	34.8 米
机身高度	10.36 米
翼展	33 米
乘员	6~7 人
空重	37 200 千克
最大起飞重量	79 000 千克
最大速度	1 050 千米 / 时
最大航程	7 200 千米
最大升限	12 800 米

机型特点

图 –16 采用细长流线型机身，后掠机翼，2 台图曼斯基涡轮喷气发动机紧靠机身两侧，平尾和垂尾均有较大后掠角。海上作战时，可装载鱼雷或水雷。图 –16 装有雷达照相机，观察和拍摄轰炸雷达瞄准具荧光屏上的图像。还有几种照相机分别用于昼间照相及检查投弹结果、昼间拍摄低空投弹结果和夜间照相。图 –16 侦察型可带 6 部照相机。

俄罗斯图-95 "熊" 轰炸机

图-95是图波列夫设计局研制的长程战略轰炸机，北约代号"熊"。

性能解析

图-95的机身为半硬壳式全金属结构，截面呈圆形。机身前段有透明机头罩、雷达舱、领航员舱和驾驶舱。后期改进型号取消了透明机头罩，改为安装大型火控雷达。起落架为前三点式，前起落架有2个机轮，并列安装。图-95使用4台NK-12涡桨发动机，最大时速超过了900千米/时，这使其成为速度最快、最大的螺旋桨飞机。在武器方面，图-95除安装有单座或双座Am-23 23毫米机尾机炮外，还能携挂25吨的炸弹和导弹，其中包括可使用20万吨当量核弹头的Kh-55亚音速远程巡航导弹。

基本参数	
制造商	图波列夫设计局
机身长度	49.5 米
机身高度	12.12 米
翼展	54.1 米
乘员	6～7 人
空重	90 000 千克
最大起飞重量	188 000 千克
最大速度	925 千米/时
最大航程	15 000 千米
最大升限	12 000 米

机型特点

图-95航程长，可完成多种战略任务要求。但速度慢，不适于在3 000米以下高度飞行。因此当防空技术不断提高后，图-95只能袭击无防空力量的目标，或在夜间使用电子干扰设备进行偷袭，或发射防区外远程导弹。

俄罗斯图 –22 "眼罩" 轰炸机

图 –22 是图波列夫设计局研发的超音速轰炸机，北约代号 "眼罩"。

性能解析

图 –22 作为苏联的第一种超音速轰炸机，性能不是非常可靠，航程也不尽如人意，理论上可以进行超音速突防，但飞机加满油和导弹后，根本无法进行超音速飞行，就算到达目标附近时其速度达到 1.5 马赫，也无法有效规避当时北约的战机和防空导弹的拦截。该机的最大载弹量为 9 000 千克，自卫武器很少，仅在尾部有 1 门 30 毫米机炮。自卫手段主要靠速度，夜间使用电子干扰机自卫。

基本参数	
制造商	图波列夫设计局
机身长度	41.6 米
机身高度	10.13 米
翼展	23.17 米
乘员	2 人
最大起飞重量	92 000 千克
最大速度	1 510 千米 / 时
最大航程	4 900 千米
最大升限	13 300 米

机型特点

图 –22 主要用于突防，在超音速、低空的环境下向敌方发射巡航导弹、核炸弹等任务。1969 年 3 月 2 日中苏珍宝岛之战后，曾经是我国防空军主要防御的轰炸机，也是日本及其驻日美军的重点防御对象。

俄罗斯图 −22M "逆火" 轰炸机

图 −22M 是图波列夫设计局研发的一款长程战略轰炸机,北约代号"逆火"。

性能解析

图 −22M 最大的特色在于变后掠翼设计,低单翼外段的后掠角可在 20° ~ 55°调整,垂尾前方有长长的脊面。在轰炸机尾部设有 1 个雷达控制的自卫炮塔,武器为 1 门 23 毫米双管炮。起落架可收放前三点式,主起落架为多轮小车式。图 −22M 的机载设备较新,其中包括具有陆上和海上下视能力的远距探测雷达。该机的动力装置为 2 台并排安装的大推力发动机,其中图 −22M2 使用的是 HK−22涡扇发动机,图 −22M3 装有 HK−25 涡扇发动机。除机炮外,图 −22M 还可挂载 21 000 千克的炸弹和导弹。

基本参数	
制造商	图波列夫设计局
机身长度	42.4 米
机身高度	11.05 米
翼展	34.28 米
乘员	4 人
空重	58 000 千克
最大起飞重量	126 000 千克
最大速度	2 327 千米 / 时
最大航程	7 000 千米
最大升限	13 300 米

机型特点

图 −22M 是在图 −22 基础上,进行重新设计和技术改进的结果,既可以进行战略核轰炸,又可以进行战术轰炸,尤其是携带大威力反舰导弹,进行远距离快速奔袭,攻击美国航空母舰编队。"逆火"轰炸机先后发展出图 −22M、M2、M3 三种型别。目前,400 多架图 −22M 轰炸机分别部署在俄罗斯、乌克兰、白俄罗斯、爱沙尼亚四国境内。

俄罗斯图-160 "海盗旗"轰炸机

图-160是图波列夫设计局研发的长程战略轰炸机,北约代号"海盗旗"。

性能解析

　　图-160的作战方式以高空亚音速巡航、低空高亚音速或高空超音速突防为主。在高空可发射具有火力圈外攻击能力的巡航导弹。进行防空压制时,可发射短距攻击导弹。另外,该机还可低空突防,用核炸弹或导弹攻击重要目标。据说图-160作为火箭载机与"纤夫"飞航式火箭组合可以把轻型卫星送入地球轨道。图-160座舱内4名机组人员前后并列,均有单独的零-零弹射座椅。由于体积庞大,图-160驾驶舱后方的成员休息区中甚至还设有一个厨房。

基本参数	
制造商	图波列夫设计局
机身长度	54.10 米
机身高度	13.1 米
翼展	55.70 米
乘员	4 人
空重	118 000 千克
最大起飞重量	275 000 千克
最大速度	2 000 千米 / 时
最大航程	12 300 千米
实用升限	15 000 米

机型特点

　　图-160是俄罗斯最新一代的远程战略轰炸机。该机的生产改进工作在苏联解体之后基本停顿,但仍然担负着重要的战略威慑任务。2003年8月22日下午,2架图-160战略轰炸机从萨拉托夫州空军基地飞往远东。在9个半小时的飞行中,图-160进行了超音速飞行、超低空高速飞行、反歼击机攻击等一系列项目的演练,经过这次演习,证明了图-160仍然是俄罗斯引以为豪的远程战略轰炸机。

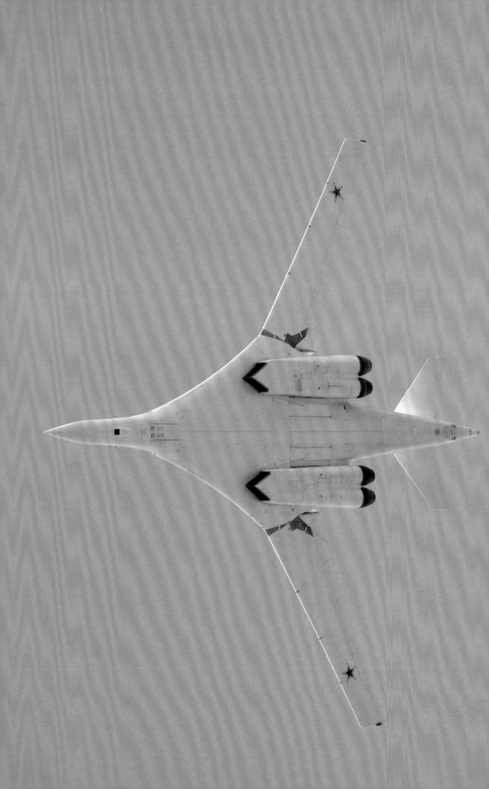

英国"蚊"式轰炸机

"蚊"式轰炸机以木材为主制造，有"木制奇迹"之誉。

性能解析

　　"蚊"式轰炸机有几大奇特之处，一是采用全木结构，这在 20 世纪 40 年代的飞机中已很少见。二是改型多，除了担任日间轰炸任务以外，还有夜间战斗机、侦察机等多种衍生型。三是生存性好，在整个战争期间，"蚊"式轰炸机创造了英国空军轰炸机作战生存率的最佳纪录。"蚊"式自重、发动机功率、航程约为"喷火"的两倍，但速度比"喷火"快。尤其是在载重能力上，"蚊"式大大超出原设计指标。

基本参数	
制造商	德·哈维兰公司
机身长度	13.57 米
机身高度	5.3 米
翼展	16.52 米
乘员	2 人
空重	6 490 千克
最大起飞重量	11 000 千克
最大速度	668 千米/时
最大航程	2 400 千米
最大升限	11 000 米

机型特点

　　"蚊"式轰炸机是英国二战时期服役的一款双发动机轰炸机。"蚊"式轰炸机从一开始就具备了价廉性能好和节省原材料等几大优点。是一种颇具特色的杰出机型。

英国"兰开斯特"轰炸机

"兰开斯特"是二战时期英国的重要战略轰炸机。

性能解析

  "兰开斯特"轰炸机的机身结构尚属坚固，但其设计存在较大问题。该机未能装设机腹炮塔，对于下方来的敌机，无法反击。德军很快就发现了这个弱点，他们往往从后下方接近此型机，然后利用倾斜式机炮，往其软下腹猛轰，轻而易举即可摧毁"兰开斯特"。

机型特点

  "兰开斯特"轰炸机作为战时英国最大的战略轰炸机，以夜间空袭为主要作战手段，几乎包揽了全部重要的战役、战斗任务，以意外少的损失，赢得了巨大战果，为反法西斯事业作出了不可估量的贡献。

基本参数	
制造商	阿芙罗公司
机身长度	21.11 米
机身高度	6.25 米
翼展	31.09 米
乘员	7 人
空重	16 571 千克
最大起飞重量	32 727 千克
最大速度	456 千米 / 时
最大航程	4 073 千米
最大升限	6 523 米

英国"剑鱼"轰炸机

"剑鱼"轰炸机由菲尔利航空器制造公司设计并制造，是二战时期英国皇家海军航空兵使用的主要机型之一。

性能解析

"剑鱼"轰炸机采用双翼结构，并装备了一定的装甲。"剑鱼"II 型和 III 型同时于 1943 年出现。"剑鱼"II 型将下面的机翼换为金属机翼以使其发射火箭弹，"剑鱼"III 型则增加了一个大型的分米波雷达。

机型特点

"剑鱼"轰炸机虽然是老式的双翼飞机，但在战争中立下了赫赫战功，其中最著名的莫过于在塔兰托之战中重创意大利海军，以及在

基本参数	
制造商	菲尔利航空器制造公司
机身长度	10.87 米
机身高度	3.76 米
翼展	13.87 米
乘员	3 人
空重	1 900 千克
载重	3 500 千克
最大速度	222 千米 / 时
最大航程	1 650 千米
实用升限	5 870 米

围歼"俾斯麦"号时用鱼雷命中"俾斯麦"号战列舰尾舵,造成后者无法正常行进。在服役初期，"剑鱼"装备于航母作为鱼雷轰炸机使用，而到了战争中后期，"剑鱼"被改装为反潜和训练机。尽管"剑鱼"轰炸机设计于 20 世纪 30 年代，但它仍然得以使用直到 1945 年二战在欧洲地区战火熄灭。

英国"堪培拉"轰炸机

"堪培拉"是英国空军第一种轻型喷气式轰炸机。

性能解析

　　"堪培拉"执行轰炸任务时，弹舱内可载6枚454千克炸弹，另外在两侧翼下挂架上还可挂载907千克炸弹。执行遮断任务时，可在弹舱后部装4门20毫米机炮，前部空余部分可装16个114毫米的照明弹或3枚454千克炸弹。1963年对飞机进行了改进，使其能携带"北方"AS.30空对地导弹，也可携带核武器。该机的动力装置为2台"埃汶"109涡轮喷气发动机，单台加力推力为42.14千牛。

基本参数	
制造商	英国电气公司
机身长度	19.96 米
机身高度	4.77 米
翼展	19.51 米
乘员	3 人
空重	9 820 千克
最大起飞重量	24 948 千克
最大速度	933 千米/时
最大航程	5 440 千米
最大升限	15 000 米

机型特点

　　"堪培拉"轰炸机已没有一架用于执行轰炸任务，英国皇家空军中只有173架用于执行其他任务，其中35架"堪培拉"B.MK6/ T.MK7用于电子对抗任务，18架 T.MK17/ 19杂用，70架 PR.MK7/9用于侦察，另外还有50架"堪培拉"作空中加油机用。

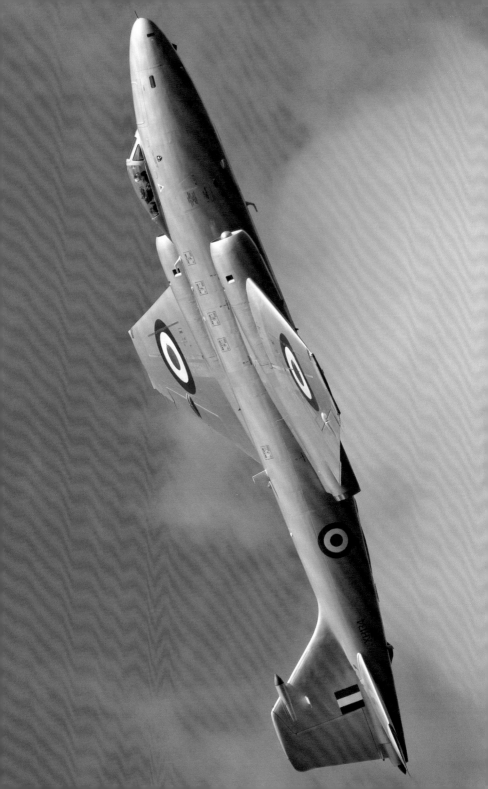

英国"火神"轰炸机

"火神"是英国霍克·西德利公司研制的一款中程战略轰炸机。

性能解析

"火神"采用无尾三角翼气动布局，是世界上最早的一种三角翼轰炸机。发动机为4台"奥林巴斯"301型喷气发动机，安装在翼根位置，进气口位于翼根前缘。"火神"拥有面积很大的1个副悬臂三角形中单翼，前缘后掠角50°。机身断面为圆形，机头有一个大的雷达罩，上方是凸出的座舱顶盖。座舱可坐有正副驾驶员、电子设备操作员、雷达操作员和领航员，机头下有投弹瞄准镜。机身腹部有长8.5米的炸弹舱，可挂21枚454千克级炸弹或核弹，也可以挂载1枚"蓝剑"空对地导弹。

基本参数	
制造商	霍克·西德利公司
机身长度	29.59米
机身高度	8.0米
翼展	30.3米
乘员	5人
空重	37 144千克
最大起飞重量	77 111千克
最大速度	1 038千米/时
最大航程	4 171千米
最大升限	17 000米

机型特点

英国"火神"轰炸机是英国研制的世界上最早的一种三角翼轰炸机。"火神"轰炸机开始用作执行中程战略轰炸任务，后改为执行常规轰炸任务。2015年7月，英国红箭皇家空军特技飞行表演队和"火神"轰炸机组成空中编队，在格洛斯特郡上空伴飞"火神"轰炸机的最后一次飞行表演。"火神"轰炸机由于维护资金筹集困难等原因，在此次航展后，将会停飞。

英国"勇士"轰炸机

"勇士"是英国维克斯·阿姆斯特朗公司研制的一款战略轰炸机。

性能解析

"勇士"采用悬臂式上单翼设计，在两侧翼根处各安装有2台"埃汶"发动机。该机的机翼尺寸巨大，所以翼根的相对厚度被控制在12%，以利于空气动力学。该机的发动机保养和维修比较麻烦，且一旦某台发动机发生故障，很可能会影响到紧邻它的另一台发动机。"勇士"的机组成员为5人，包括正副驾驶、2名领航员和1名电子设备操作员。所有的成员都被安置在1个蛋形的增压舱内，不过只有正副驾驶员拥有弹射座椅，所以在发生事故或被击落时，其他机组成员只能通过跳伞逃生。

基本参数	
制造商	维克斯·阿姆斯特朗公司
机身长度	32.99 米
机身高度	9.8 米
翼展	34.85 米
乘员	5 人
空重	34 491 千克
最大起飞重量	63 600 千克
最大速度	913 千米 / 时
最大航程	7 245 千米
最大升限	16 500 米

机型特点

和"胜利者"或者"火神"相比，"勇士"的设计是比较保守的。它给人以简洁利落的总体印象，却也没有什么特别出彩的地方，按爱德华兹的说法，就是"Unfunny"。预生产型"勇士"安装有4台RA.14"埃汶"Mk.201发动机，皇家空军曾经试验过为它在翼下安装德－哈维兰"小妖"或"链齿"助推火箭发动机，但效果并不理想。因为一旦某侧的助推火箭发生故障，造成两侧推力不对称，反而容易酿成事故。后来因为有了推力更大的"埃汶"改型，加装助推火箭的计划也随之作罢。

英国"胜利者"轰炸机

"胜利者"是英国汉德利·佩季公司研制的一款战略轰炸机。

性能解析

　　"胜利者"轰炸机采用月牙形机翼和高平尾布局，4 台发动机安装于翼根，采用两侧翼根进气。由于机鼻雷达占据了机鼻下部的非密封隔舱，座舱一直延伸到机鼻，提供了更大的空间和更佳的视野。该机的机身采用全金属半硬壳式破损安全结构，中部弹舱门用液压开闭，尾锥两侧是液压操纵的减速板。尾翼为全金属悬臂式结构，采用带上反角的高平尾，以避开发动机喷流的影响。垂尾和平尾前缘均用电热除冰。

基本参数	
制造商	汉德利·佩季公司
机身长度	35.05 米
机身高度	8.57 米
翼展	33.53 米
乘员	5 人
空重	40 468 千克
最大起飞重量	93 182 千克
最大速度	1 009 千米 / 时
最大航程	9 660 千米
最大升限	17 000 米

机型特点

　　B.1 和 B.1A 是"胜利者"的第一种生产型，与原型机的差别在于换装了推力 4 900 千克的"萨菲尔"202 涡轮喷气发动机，机身加长约 1 米。B.1A 在设备上有改进，包括在机身内装了电子对抗雷达。BK.1 和 BK.1A 是 B.1 和 B.1A 停止使用后改装的空中加油机，但仍具备轰炸能力。1964 年原型机改装完毕，1965 年 8 月开始装备部队。1967 年用 3 条加油管设备代替了原来的 2 条加油管的老设备。

法国"幻影IV"轰炸机

"幻影 IV"是达索飞机制造公司研制的一款超音速战略轰炸机。

性能解析

"幻影 IV"的总体布局沿用了"幻影"系列传统的无尾大三角翼的布局，双轮纵列式的主起落架。基型的主要武器为半埋在机腹下的 1 枚 50 000 吨级核弹，或 16 枚 454 千克炸弹，抑或 4 枚 AS.37 空对地导弹。正常载弹量为 6 400 千克。总的来说，"幻影 IV"尽管很有特色，但与美苏先进战略轰炸机相比，明显偏小，难以形成更为强大的威慑力。

机型特点

"幻影 IV"可能是现代世界上最小巧的超音速战略轰炸机。主要用于携带核弹或核巡航导弹高速突破防守，攻击敌战略目标。

基本参数	
制造商	达索飞机制造公司
机身长度	23.49 米
机身高度	5.4 米
翼展	11.85 米
乘员	2 人
空重	14 500 千克
最大起飞重量	33 475 千克
最大速度	2 340 千米 / 时
最大航程	4 000 千米
最大升限	20 000 米

Chapter 05

作战支援飞机

　　作战支援飞机是为战斗机、攻击机、截击机、轰炸机等作战飞机提供各种技术支援的飞机，包括运输机、侦察机、预警机、空中加油机、电子战飞机、教练机和反潜巡逻机等。

美国 C-119 "飞行车厢" 运输机

C-119 是费阿柴尔德公司研制的一款双发运输机，绰号"飞行车厢"。

性能解析

C-119 采用双尾梁布局，2 台发动机安装在尾梁前端，尾梁后端由 1 片平尾 2 片梯形垂尾相连，中央翼的中部是短舱形式的机身，前后分别是 5 人驾驶舱和尾部货门，便于货物从双尾梁间"毫无阻碍"地进行装卸。C-119 还是最早实现重物空投的机种，它还能进行伞兵空降作业，是西方国家在 C-130 运输机服役前广泛使用的战术运输机。该机的动力装置为 2 台普惠 R-4360-20 星型发动机，单台功率为 2 611 千瓦。

基本参数	
制造商	费阿柴尔德公司
机身长度	26.37 米
机身高度	8.08 米
翼展	33.3 米
乘员	5 人
空重	18 000 千克
最大起飞重量	34 000 千克
最大速度	450 千米 / 时
最大航程	3 670 千米
最大升限	7 290 米

机型特点

C-119 的缺点是机体老旧、飞行性能落后、机身重心低，满载后左右晃动厉害、舒适性差、发动机故障多、单发熄火后不能爬高。如在朝鲜战场，不少飞机因发动机出事而坠入海中，无法飞回芦屋基地。进入 20 世纪 80 年代后，该机仅在少数不发达的国家内使用。

美国 C-130 "大力神" 运输机

C-130 是洛克希德公司研发的一款中型运输机，绰号 "大力神"。

性能解析

　　C-130 运输机的机身粗短，机头为钝锥形前伸，其前端位置较低。机翼为悬臂式上单翼结构，前缘平直，无后掠角。动力装置为 4 台 T56-A-15 涡轮螺桨发动机，单台功率为 3 660 千瓦。以 C-130H 为例，该机的载重量可达 19.87 吨，最大飞行速度为 620 千米 / 时。该机起飞仅需 1 090 千米的跑道，着陆为 518 米，而且能够在前线的野战跑道上起降，具有较强的运输能力和极强的机动性。

基本参数	
制造商	洛克希德公司
机身长度	29.79 米
机身高度	11.66 米
翼展	40.41 米
乘员	5 人
空重	34 400 千克
最大起飞重量	70 300 千克
最大速度	620 千米 / 时
最大航程	4 000 千米
实用升限	10 060 米

机型特点

　　C-130 运输机是美国最成功、最长寿（1956 年开始服役）和生产最多的现役运输机（总生产量高达 2 000 架以上），在美国空运力量中占有核心的地位，同时也是美战略空运中重要的辅助力量。最初被设计用来输送武装力量、医疗救援、货物转运。后来演化出各种用途，包括空中打击、搜索救援、科学研究、气象观测、空中加油、海岸巡逻、空中救火。

美国 C-141 "运输星" 运输机

C-141 是世界上第一架以涡扇发动机为动力的运输机，绰号"运输星"。

性能解析

C-141 装备 4 台 TF33-P-7 涡扇发动机，单台推力为 93.35 千牛。该机的货舱虽然不如后来出现的 C-5 和 C-17 的大，但是也能轻松的装载长达 31 米的大型货物。其货舱也可一次运载 208 名全副武装的地面部队士兵，或 168 名携带全套装备的伞兵。该机还可以运送"民兵"战略弹道导弹。

机型特点

C-141 运输机是美空军主力战略运输机

基本参数	
制造商	洛克希德公司
机身长度	51.29 米
机身高度	11.96 米
翼展	48.74 米
乘员	5 ～ 7 人
空重	67 970 千克
最大起飞重量	155 580 千克
最大速度	916 千米 / 时
最大航程	4 723 千米
最大升限	12 680 米

之一，是世界上第一种完全为货运设计的喷气式飞机，是第一种使用涡扇发动机的大型运输机。

美国 C-2 "灰狗" 运输机

C-2 是诺斯洛普·格鲁曼公司研制的双发运输机, 绰号 "灰狗"。

性能解析

　C-2 保留着 E-2 原有的机翼及动力装置, 但拥有 1 个经过扩大的机身, 及在机尾设有装卸坡道。C-2 的动力装置为 2 台艾里逊 T56 型发动机。C-2A 和 C-2A (R) 型可提供重达 4 545 千克的有效载荷。机舱随时可以容纳货物、乘客或两者兼载, 并配置了能够运载伤者, 充任医疗护送任务的设备。C-2 能在短短几小时之内, 直接由岸上基地紧急载运需要优先处理的货物 (例如, 战机的喷气发动机等) 至航空母舰上。

基本参数	
制造商	诺斯洛普·格鲁曼公司
机身长度	17.3 米
机身高度	4.85 米
翼展	24.6 米
乘员	4 人
空重	15 310 千克
最大起飞重量	24 655 千克
最大速度	635 千米 / 时
最大航程	2 400 千米
最大升限	10 210 米

机型特点

　C-2A 与 CVS-10 和 CVA-19 航空母舰上的升降机和甲板机库相匹配, 可用弹射装置起飞 (采用机头牵引方式), 也可拦阻降落。C-2A 的许多部件与 E-2A 可以通用, 具有相似的全天候能力。共计生产 3 架预生产型飞机, 1 架用于静力试验。

美国 C-5 "银河" 运输机

C-5是洛克希德·马丁公司生产的大型战略军用运输机，绰号"银河"。

性能解析

　　C-5 的尾翼为 "T" 形，机翼下有 4 台涡扇发动机，单台推力高达 191 千牛。起落装置拥有 28 个轮胎，能够降低机身，使飞机货仓的地板与汽车高度相当，以方便装卸车辆。前鼻和后舱门都可以完全打开，以便快速装卸物资。C-5 的机翼内有 12 个内置油箱，能够携带 194 370 升燃油。C-5 载重量可达 122 吨，上层货仓的容积为 30.19 米 ×4.2 米 ×2.29 米，下层货仓的容积为 36.91 米 ×5.79 米 ×4.11 米。

基本参数	
制造商	洛克希德·马丁公司
机身长度	75.3 米
机身高度	19.84 米
翼展	67.89 米
乘员	7 人
空重	172 370 千克
最大起飞重量	381 000 千克
最大速度	917 千米 / 时
最大航程	4 440 千米
实用升限	10 360 米

机型特点

　　C-5A 在使用中发现机翼后梁出现裂纹，1978 年美国空军决定为所有在服役的 77 架 C-5A 更换新机翼，新机翼使用寿命增加到 30 000 飞行小时，相当于服役 20 年，此项工作于 1987 年年中全部完成。1982 年夏天，美国国会批准了研制新型 C-5B 的计划，C-5B 的气动外形和内部布局与 C-5A 相同，采用推力更大的发动机，载荷能力增加。

美国 C-17 "环球空中霸王 III" 运输机

C-17 是麦克唐纳·道格拉斯公司研发的大型运输机，绰号"环球空中霸王 III"。

性能解析

C-17 的货舱可并列停放 3 辆吉普车，2 辆卡车或 1 辆 M1A2 坦克，也可装运 3 架 AH-64 武装直升机。在执行空投任务时，可空投 27 215~49 895 千克货物，或 102 名全副武装的伞兵和 1 辆 M1 主战坦克。C-17 货舱门关闭时，舱门上还能承重 18 150 千克，相当于 C-130 全机的装载量。C-17 对起落环境的要求极低，最窄可在 18.3 米宽的跑道上起落，能在 90 米×132 米的停机坪上运动。

基本参数	
制造商	麦克唐纳·道格拉斯公司
机身长度	53.04 米
机身高度	16.79 米
翼展	51.81 米
机组乘员	3 人
空重	128 100 千克
最大起飞重量	285 750 千克
最大速度	830 千米/时
最大航程	11 600 千米
最大升限	13 700 米

机型特点

C-17 涵盖了过去的 C-5 运输机和运输机所具备的一切作战范围和功能，融合战略和战术空运能力于一身，是当今世界上唯一可以同时适应战略、战术任务的运输机。C-17 适应于快速将部队部署到主要军事基地或者直接运送到前方基地的战略运输，必要时该飞机也可胜任战术运输和空投任务。这种固有的灵活性和性能帮助美军大为提高了全球空运调动部队的能力。

美国 C-46 "突击队员" 运输机

C-46 "突击队员" 是由一款商用高空客机设计转变而来的运输机。

性能解析

C-46 使用功率更大的 1 471 千瓦 Pratt & Whitney R-2800Double Wasp 引擎代替了 Wright Twin Cyclone。同时还进行了一些小改动，如改进燃油系统及减少舷窗。军方型号为 R5C-1。军用型号装有 2 个货舱门、加强型地板、液压辅助绞车。由于主要用于货物运输，40 把折叠椅成为仅有的乘客招待设施。测试表明 C-46 有能力仅使用单引擎的情况下承载大量的货物。

基本参数	
制造商	柯蒂斯公司
机身长度	23.27 米
机身高度	6.63 米
翼展	32.92 米
空重	14 340 千克
总重	21 800 千克
最大速度	360 千米 / 时
最大航程	2 296 千米
最大升限	7 620 米

机型特点

C-46 是真正为美国陆军设计的军用货运机。它甚至能装下整辆吉普车、整架 L-19 联络机、整艘小型巡逻艇，当然也能运输人员和物资。尤其是运送不可拆卸的大型部件，如飞机发动机、发电机、医疗设备等。

美国 MV-22 "鱼鹰" 倾转旋翼机

MV-22 是贝尔公司和波音公司联合设计制造的倾转旋翼机，绰号"鱼鹰"，可作为运输机使用。

性能解析

MV-22 倾转旋翼机将直升机和固定翼飞机的特点和长处集于一体，实现了两者的完美结合。总的来说，倾转旋翼机具有速度快、噪声小、振动小、航程远、载重量大、耗油率低、运输成本低等优点，但也有技术难度高、研制周期长、气动特性复杂、可靠性及安全性低等缺陷。

基本参数	
制造商	贝尔 / 波音公司
机身长度	17.5 米
旋翼直径	11.6 米
翼展	14 米
机组乘员	4 人
空重	15 032 千克
最大起飞重量	27 400 千克
最大速度	565 千米 / 时
最大航程	1 627 千米
最大升限	7 620 米

机型特点

大部分 MV-22 的任务有超过 70% 时间以定翼机模式飞行，定翼机飞行模式有比直升机更高的飞行高度，让 MV-22 有更远的航程、更快的飞行速度，也方便了通信。MV-22 的机身呈矩形，从而加大了机舱内的容积，可运载 24 名全副武装的士兵或 12 副担架及医务人员，也可在机内装 9 072 千克和外挂载 6 804 千克货物。就其飞行速度和航程来说，远远超过了 CH-46 直升机。与某些军用运输机相比，MV-22 也占有优势。

乌克兰安 –12 "幼狐" 运输机

安 –12 是安东诺夫设计局研制的一款四发运输机，北约代号 "幼狐"。

性能解析

安 –12 有多种型别，其中安 –12BP 是标准军用型。安 –12 客货混合型，主要用于民航运输。安 –12 电子情报搜集机，机身下两侧增加 4 个泡形雷达整流罩。安 –12 电子对抗型，机头和垂尾内增加了电子设备舱。安 –12 北极运输型，主要适用于北极雪地和高寒地带，机身下装有雪上滑橇，载重性能与标准型一样。安 –12 系列的动力装置为 4 台伊夫钦科 AH–20K 发动机，单台功率为 3 000 千瓦。

基本参数	
制造商	安东诺夫设计局
机身长度	33.1 米
机身高度	10.53 米
翼展	38 米
机组乘员	5 人
空重	28 000 千克
最大起飞重量	61 000 千克
最大速度	777 千米 / 时
最大航程	5 700 千米
实用升限	10 200 米

机型特点

尽管安 –12 有一些特别的改型，但在苏联时期，特种用途飞机的研制主要由其他航空设计局负责。各种安 –12 改型是最基本的军事运输机，在其基础上，只生产了一种特种用途飞机，即无线电电子系统干扰机，这个改型不需要对运输机进行实质性的改动。

乌克兰安 –22 "雄鸡" 运输机

安 –22 是安东诺夫设计局研制的一款远程重型运输机，北约代号"雄鸡"。

性能解析

安 –22 采用 4 台库兹涅佐夫 HK–12MA 涡桨发动机，单台功率为 11 032.56 千瓦。该机具备在野战机场起降的能力，起落架轮胎气压可在飞行或停放时进行调节，以适应不同的跑道条件。安 –22 货舱容积为 640 立方米，可运载地空导弹、火箭发射车、导弹运输车、坦克等。驾驶舱内乘员为 5~6 人，驾驶舱后面有 1 个与主货舱隔开的机舱，可容纳 28~29 名乘客机舱。安 –22 主要用于运载重型军事装备，是世界上大的运输机之一，能在简易机场起落。

基本参数	
制造商	安东诺夫设计局
机身长度	57.9 米
机身高度	12.53 米
翼展	64.4 米
机组乘员	6 人
空重	114 000 千克
最大起飞重量	250 000 千克
最大速度	740 千米/时
最大航程	5 000 千米

乌克兰安-32"斜坡"运输机

安-32 是安东诺夫研制的双发中短程运输机，北约代号"斜坡"。

性能解析

　　安-32 的动力装置为 2 台伊伏琴科 AI-20D 发动机。舱内可载 39 名乘客或伞兵，或 24 名担架伤员和 1 名医护人员。主要机载设备包括 2 台甚高频无线电收发机、1 台高频收发机和机内通话设备、2 台自动测向器、无线电高度表、下滑航迹接收机、下滑坡度接收机、信标接收机、气象导航雷达、航向陀螺和飞行记录仪等。

机型特点

　　安-32 与安-26 两种机型没有太大差异，所不同的是加大了机身腹鳍；机翼的外翼弦长加大；水平尾翼加装了前缘缝翼；换装了 2 台伊伏琴柯 ANwe 20M 涡轮螺桨发动机，单台功率为 3 809 千瓦，比安-26 的单台功率多了 1 706 千瓦（安-26 发动机的单台功率为 2 103 千瓦），其功率增加将近 1 倍，而起飞总重只增加了 3 000 千瓦，而且发动机驱动的 4 叶螺旋桨直径比安-26 的长 0.8 米。

基本参数	
制造商	安东诺夫设计局
机身长度	23.78 米
机身高度	8.75 米
翼展	29.2 米
机组乘员	4 人
空重	16 800 千克
最大起飞重量	27 000 千克
最大速度	530 千米/时
最大航程	2 500 千米
最大升限	9 500 米

乌克兰安 –72 "运煤车" 运输机

安 –72 是安东诺夫设计局研制的一款双发短距离起落运输机，北约代号"运煤车"。

性能解析

安 –72 的动力装置为 2 台洛塔列夫 D–36 高涵道比涡扇发动机。座舱内有正、副驾驶员和飞行工程师，主货舱可运送 32 名乘客或 24 名伤员和 1 名护士。主要机载设备包括机头舱内装有导航和气象雷达，多普勒自动导航系统以及地图显示装置。

机型特点

安 –72 是用作代替安 –24，作短距离起

基本参数	
制造商	安东诺夫设计局
机身长度	28.07 米
机身高度	8.65 米
翼展	31.89 米
机组乘员	5 人
空重	19 050 千克
最大起飞重量	34 500 千克
最大速度	700 千米 / 时
最大航程	4 325 千米
最大升限	10 700 米

降的喷射机版本。安 –74 是安 –72 的变款，专门发展在极地使用。其他安 –72 的变款还有 72S（要人运输机），及 72P 海上巡逻机。

乌克兰安 –124 "秃鹰"运输机

安 –124 是安东诺夫设计局研制的一款 4 发远程运输机,北约代号"秃鹰"。

性能解析

安 –124 机腹贴近地面,机头机尾均设有全尺寸货舱门,方便装卸工作。其货舱分为上下两层。上层舱室较狭小,除 6 名机组人员和 1 名货物装卸员外,还可载 88 名乘客。下层主货舱容积为 1 013.76 立方米,载重可达150 吨。货舱顶部装有 2 个起重能力为 10 吨的吊车,地板上还另外有 2 部牵引力为 3 吨的绞盘车。安 –124 装有 4 台推力为 234 千牛的D–18T 涡扇发动机。

作为新一代大型运输机,安 –124 充分考虑了用于民航运输时的适航性,噪声特性符合国际民航组织的噪声标准。

基本参数	
制造商	安东诺夫设计局
机身长度	68.96 米
机身高度	20.78 米
翼展	73.3 米
机组乘员	6 人
空重	175 000 千克
最大起飞重量	405 000 千克
最大速度	865 千米 / 时
最大航程	5 200 千米
最大升限	12 000 米

乌克兰安－225"哥萨克"运输机

安－225 是安东诺夫设计局研制的一款 6 发重型运输机，目前仍是全世界最大的运输机与飞机，北约代号"哥萨克"。

性能解析

安－225 货舱内可装载 16 个集装箱，大型航空航天器部件和其他成套设备，或天然气、石油、采矿、能源等行业的大型成套设备和部件。机背能负载超长尺寸的货物，如直径为 7~10 米、长 20 米的精馏塔，俄罗斯的"能源"号航天器运载火箭和"暴风雪"号航天飞机。这样将大型器件从生产装配厂整运至使用场所既保证了产品质量，又缩短了运输周期。

基本参数	
制造商	安东诺夫设计局
机身长度	84 米
机身高度	18.1 米
翼展	88.4 米
乘员	6 人
空重	285 000 千克
最大起飞重量	640 000 千克
最大速度	850 千米/时
最大航程	15 400 千米
最大升限	11 000 米

机型特点

安－225 是截至 2014 年全世界承载重量最大的运输机与飞机，翼展宽度仅次于休斯力士运输机，也是翼展第二宽的飞行器，由乌克兰所拥有。苏联时期的安东诺夫设计局开发作为苏联太空计划的设备运输用途，运输机可以运送超大型货物，机舱的载重量可达到 250 吨，机身顶部的载重量可达到 200 吨。截至 2013 年，安－225 运输机只有一架在飞，另一架还在建造。

俄罗斯伊尔－76"耿直"运输机

伊尔－76 是伊留申设计局研制的一款 4 发中远程运输机，北约代号"耿直"。

性能解析

伊尔－76 在设计上十分重视满足军事要求，翼载低，展弦比大，有完善的增升装置，并装有起飞助推器，起落架支柱短粗而结实，采用多机轮和胎压调节装置。该机方便有效的随机装卸系统、全天候飞行设备、空勤人员配备齐全等，使飞机不依赖基地的维护支援，可以独立在野外执行任务。

伊尔－76 是世界上最为成功的一款重型运输机，至今已有超过 38 个国家使用过或正在使用伊尔－76，共有 850 多个营运者。

基本参数	
制造商	伊留申设计局
机身长度	46.59 米
机身高度	14.76 米
翼展	50.5 米
乘员	5 人
空重	92 500 千克
最大起飞重量	195 000 千克
最大速度	900 千米 / 时
最大航程	4 300 千米
最大升限	13 000 米

俄罗斯 / 乌克兰安 –70 运输机

安 –70 是安东诺夫设计局研制的宽体短距起落中型军用运输机。

性能解析

安 –70 在 3 800~6 600 千米的距离上能运载 25~35 吨货物，载重能力与美国 C–141 运输机相近。该机可执行各种高度的空投任务，如重达 20 吨的单件物品，也可以运载 300 名全副武装的士兵或 206 名伤病员。安 –70 能够在铺设层不厚的 180 米长的水泥跑道上起降，还可以在未经铺设的 600~900 米的跑道上起降。

安 –70 的稳定性和可操纵性、新型发动机节油高能的特性均表现优越。是代表 20 世纪末运输机高技术水平的机型之一。

基本参数	
制造商	安东诺夫设计局
机身长度	40.7 米
机身高度	16.38 米
翼展	44.06 米
乘员	3~5 人
空重	66 230 千克
最大起飞重量	145 000 千克
最大速度	780 千米 / 时
最大航程	6 600 千米
最大升限	12 000 米

西班牙 C-295 运输机

C-295 是由西班牙卡萨公司研制的多用途军用中型涡轮螺旋桨运输机。

性能解析

C-295 以老式的 CN-235 运输机为基础研制，其 85% 的部件都与后者相同。虽然 C-295 的货舱仅比 CN-235 货舱长出 3 米，但它的运载能力却比 CN-235 多 50%。此外，与 CN-235 相比，C-295 加固了机翼结构，在两翼下增加了 3 个外挂点，改进了机舱的增压系统和电子设备，并改用了推力更大的发动机。该机可以运送 73 名士兵，5 个标准平台或者 27 副为疏散伤员准备的担架。C-295 装备了 2 台 1 945 千瓦的 PW127G 发动机，净载重量为 9.7 吨。

基本参数	
制造商	卡萨公司
机身长度	24.45 米
机身高度	8.66 米
翼展	25.81 米
机组乘员	2 人
最大起飞重量	23 200 千克
最大速度	480 千米/时
最大航程	5 278 千米
实用升限	7 620 米
最大升限	12 000 米

机型特点

据报道，波兰与空客军机公司在 2012 年 6 月 29 日签订了一份 2.62 亿美元的订单，其中包括 5 架 C295 运输机、为期十年后勤支持、额外装备、技术数据以及飞行模拟机。前 3 架双色迷彩 C295 已按照 PO-03 标准制造完成，并于 2012 年年底完成交付。2013 年 11 月 2 日交付的最后 2 架 C295 是按照 PO-04 标准制造的，但之前的 3 架将会在 2014 年升级到 PO-04 标准。升级工作包括安装 1 套全方位防御辅助组件。

加拿大 DHC-5 "水牛" 运输机

DHC-5 是加拿大德·哈维兰公司研制的短距起落多用途运输机,绰号"水牛"。

性能解析

　　DHC-5 共有 5 种型别,除了首批生产型 DHC-5A 和主要生产型 DHC-5D 以外,还有 DHC-5B 和 -5C,分别安装了 CT64-P4C 和罗尔斯·罗伊斯 "达特" RDa.12 发动机,但未正式投产。DHC-5E 民用运输型,至今只生产 2 架。

　　DHC-5 采用上单翼、T 型尾翼。动力装置为两台通用电气 CT-82-4 涡轮螺旋桨发动机。

基本参数	
制造商	德·哈维兰公司
机身长度	24.08 米
机身高度	8.73 米
翼展	29.26 米
乘员	3 人
空重	11 412 千克
最大起飞重量	22 316 千克
最大速度	467 千米/时
最大航程	1 112 千米
最大升限	9 450 米

日本 C1 运输机

C-1 是日本川崎重工业公司研制的双发中型战术运输机，用于取代日本航空自卫队的 C-46 运输机。

性能解析

C-1 运输机是非常独特的中型战术运输机，世界上并没有同类产品。C-1 最大的特征是短距离着陆性能，在 1 200 米的跑道上就可以进行起落。货物的搭载量为 6~10 吨。从整体来看，C-1 就好像是美空军 C-141 大型运输机的缩小版。C-1 运输机存在很大的制约性，主要是续航能力差。

基本参数	
制造商	川崎重工业公司
机身长度	29 米
机身高度	9.99 米
翼展	30.6 米
空重	23 320 千克
最大起飞重量	45 000 千克
最大速度	806 千米 / 时
正常载重航程	1 300 千米
最大载重	11 900 千克

机型特点

C-1 的设计要求是具有在日本列岛内不中途加油飞到全国各地的续航能力，具有全天候性能和空投、空降和短距起落能力等。目前，C-1 已不能满足航空自卫队的要求。

美国 KB-29 空中加油机

KB-29 是以波音 B-29 轰炸机为基础改进而来的空中加油机。

性能解析

KB-29 在 20 世纪 40 年代末提高加油和受油效率改进过程中发挥了重要作用。该机采用 4 台怀特 R-3350 发动机，单台功率为 1 600 千瓦。1949 年 3 月 2 日，美国 B-50 轰炸机经 KB-29M 加油机的 4 次空中加油，实现了环球一周的不着陆飞行，标志着空中加油技术达到了一个新的水平。

机型特点

KB-29 主要有两种改进型 KB-29M 和 KB-29P。1952 年 7 月，KB-29 加油机支援了第

基本参数	
制造商	波音公司
机身长度	36.6 米
机身高度	9.02 米
翼展	43.05 米
乘员	4 人
空重	31 303 千克
最大起飞重量	62 823 千克
最大速度	644 千米 / 时
最大航程	3 701 千米
最大升限	11 582 米

31 战斗机护卫联队 58 架 F-84G 型战斗机从佐治亚州特纳空军基地到日本基地的部署行动。3 个月后，75 架 F-84G 从美国得克萨斯州的博格斯托姆空军基地飞往日本的空军基地 。

美国 KB-50 空中加油机

KB-50 是在波音 B-50 轰炸机的基础上改进而来的空中加油机。

性能解析

KB-50 是在 B-50 外翼下加装了 2 台通用电气的 J47 发动机,并安装必要加油设备改装而来的。J47 发动机使 KB-50 可以在更高的高度,携带更多的燃料,以更快的航速为飞机加油,并且有效减小了起飞距离,增大了爬升率。

机型特点

1957 年 11 月,战术空军的 KB-29 已经完全被 KB-50 取代。到该年年底,所有的指挥部下属的空中加油连队配备齐了 KB-50。战术空军对 KB-50 赞不绝口。

基本参数	
制造商	波音公司
机身长度	30.18 米
机身高度	9.96 米
翼展	43.05 米
乘员	8 人
空重	38 246 千克
最大起飞重量	78 471 千克
最大速度	634 千米 / 时
最大航程	12 472 千米
最大升限	11 247 米

美国 KC-97 "同温层油船" 空中加油机

KC-97 是波音公司研制的一款空中加油机，绰号"同温层油船"。

性能解析

　　KC-97 能够携带 24 040 千克燃油，可有效为 2 架 B-47 轰炸机加油。而 B-52 的"胃口"更大，航油的消耗率更高，这就意味着 1 架 B-52 需要更多的 KC-97 加油机来支援。此外，KC-97 是活塞发动机，B-52 为涡轮发动机，前者的飞行速度和高度都要落后于后者。在加油时，B-52 不得不先降低到 KC-97 的飞行高度，加油完成后再爬升到正常的巡航高度，这意味着更多的燃油消耗。

基本参数	
制造商	波音公司
机身长度	35.89 米
机身高度	11.68 米
翼展	43.05 米
乘员	6 人
空重	37 410 千克
最大起飞重量	79 450 千克
最大速度	643 千米 / 时
最大航程	3 700 千米
最大升限	9 144 米

机型特点

　　KC-97 配备了首见于 KB-29P 型加油机的硬式加油管，能携带大约 34 000 升航空煤油。多数 KC-97 由活塞式发动机驱动，巡航速度偏低，以致低速性能不佳的 B-47 在加油过程中随时处于失速的边缘。

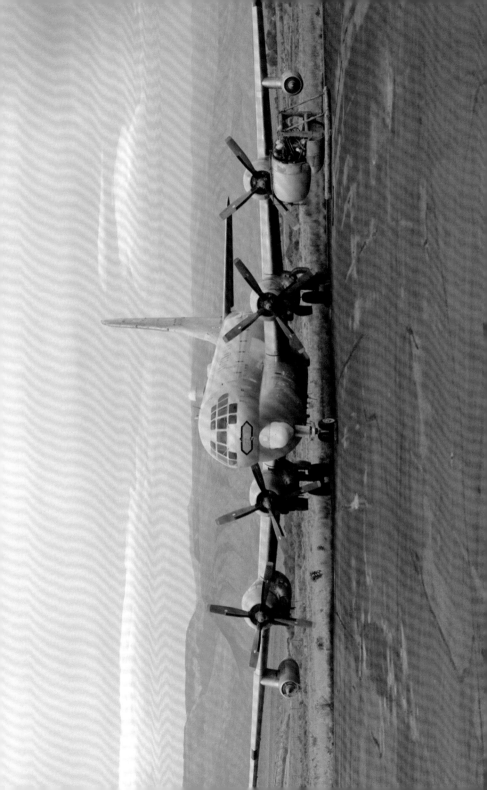

美国 KC-135 "同温层油船" 空中加油机

KC-135 是美国空军第一款喷气式加油机，绰号也是"同温层油船"。

性能解析

　　KC-135 的主翼后掠角为 35°，机翼下装有 4 台 J57-P-59W 涡轮喷气发动机，单台推力为 61 千牛。该机的机体可分为上下两个部分，上部分通常作为货舱使用，下半部分则是燃油舱。机身后面部分是加油作业区，可装载 90 吨燃油。KC-135 具备同时为多架飞机加油的能力，其伸缩套管式加油方式的输油率也很高。2002 年，美国空军启动了 KC-135 "灵巧加油机" 计划，改进后的 KC-135 加油机的性能更强，可使用不同的数据链在展区内进行通信联系，以便提高战区加油的效率。

基本参数	
制造商	波音公司
机身长度	41.53 米
机身高度	12.7 米
翼展	39.88 米
机组乘员	4~5 人
空重	90 700 千克
最大速度	933 千米/时
转场航程	17 766 千米
最大升限	15 200 米

机型特点

　　KC-135 加油机可以给各种性能不同的飞机加油。在加油时排除了让受油飞机降低高度及速度的麻烦，既提高了加油安全性，也提高了受油机的任务效率。它可以同时给几架战斗机加油。当它仅用 1 个油箱加油时，每分钟可以加油 400 加仑。前后油箱同时使用时，每分钟可以加油 800 加仑。

美国 KC-10 "延伸者" 空中加油机

　　KC-10 是麦克唐纳·道格拉斯公司研制的一款 3 发空中加油机，绰号"延伸者"。

性能解析

　　KC-10 加油机是在 DC-10 客机的基础上发展起来的，所以 KC-10 的系统 88% 和民用型 DC-10 是通用的。与 DC-10 不同的是，KC-10 配备了军用航空电子设备和卫星通信设备，以及麦道公司生产的先进空中加油飞桁、锥套软管加油系统，并增加了 1 个加油系统操作员和自用的空中加油受油管。KC-10 的最大载油量达 161 吨，接近 KC-135 的 2 倍。该机在机舱中所装载的 53 000 千克燃油和主燃油系统中的 108 000 千克燃油是相通的。

基本参数	
制造商	麦克唐纳·道格拉斯公司
机身长度	55.35 米
机身高度	17.7 米
翼展	47.34 米
机组乘员	4 人
空重	108 891 千克
最大起飞重量	267 620 千克
最大速度	982 千米 / 时
最大航程	11 112 千米
最大升限	11 490 米

机型特点

　　KC-10 加油机除用于空中加油外，还可用作战略运输机使用，可以在给战斗机加油的同时给海外部署基地运送士兵和所需物资。

美国 KC-767 空中加油机

KC-767 是一种战略运输机和空中加油机，衍生自波音 767 系列机型。

性能解析

　　KC-767 使用了包括石墨碳纤维、凯夫拉等新型材料，提高了飞机结构强度和寿命，降低了重量。该机采用美国空军通用的伸缩套管加油模式和"远距空中加油操作者"系统，具备一次为 8 架战斗机补充燃料的能力，能为目前所有的西方战斗机进行加油。KC-767 更突出的特点是采用了可变换货舱的结构设计，同时具有运输和加油机的功能。在保持加油能力的前提下，可以容纳 200 名乘客和 4 辆军用卡车。KC-767 比 KC-135 能多载 20% 的燃料，货物和人员运输能力更是 KC-135 的 3 倍。

　　KC-767 是在波音 767 宽体客机的基础上改装研制的空中加油机，在必要时也可成为战略运输机使用。

基本参数	
制造商	波音公司
机身长度	48.5 米
机身高度	15.8 米
翼展	47.6 米
机组乘员	3 人
空重	82 377 千克
最大起飞重量	186 880 千克
最大速度	915 千米 / 时
最大航程	12 200 千米
最大升限	12 200 米

俄罗斯伊尔 –78 "大富翁" 空中加油机

伊尔 –78 是伊留申设计局在伊尔 –76 运输机的基础上改良的空中加油机。

性能解析

伊尔 –78 在两翼和机尾处各装了 1 台 UPAZ–1 加油荚舱，每台吊舱的正常输油量约为 1 000 升 / 分。该机货舱内保留了货物处理设备，因此只要拆除货舱油箱，即可担任一般运输或空投任务。该机型机尾处并无武器装备，炮手位置由加油控制员取代。伊尔 –78 主要用于给前线和远程战斗飞机及军用运输机进行空中加油，还可以向飞机场紧急送运燃油。由于采用了三点式空中加油系统，伊尔 –78 可以同时为 3 架飞机加油。

基本参数	
制造商	伊留申设计局
机身长度	46.59 米
机身高度	14.76 米
翼展	50.5 米
机组乘员	6 人
空重	72 000 千克
最大起飞重量	210 000 千克
最大速度	850 千米 / 时
最大航程	7 300 千米
最大升限	12 000 米

机型特点

伊尔 –78 与有世界空中加油机 "王牌" 之称的美国 KC–135A 空中加油机相比，很有自己所长。它的最大起飞重量比 KC–135A 的 134.72 吨要重 30 多吨，最大可供油量比 KC–135A 的 46.8 吨要重 18 吨多，实用升限也要高许多。

欧洲 A310 MRTT 空中加油机

A310 MRTT 是在欧洲空中客车公司的 A310-300 客机基础上发展而来的空中加油机。

性能解析

A310 MRTT 的空中加油系统由机翼吊舱和控制设备组成。机翼两侧下方分别挂载了 1 个 Mk32B-907 加油吊舱，其内部装有 1 根 23 米长的加油软管和漏斗形接头，每分钟输送燃油 1 500 升，可以同时为 2 架装有受油管的作战飞机加油，实施加油操作过程中没有飞行包线限制。A310 MRTT 在飞行 5 550 千米航程期间，可以为作战飞机加注 33 吨燃油，或者在飞行 1 850 千米航程，在指定空域巡航 2 小时，可以为作战飞机加注 40 吨燃油。

基本参数	
制造商	空中客车公司
机身长度	47.4 米
机身高度	15.8 米
翼展	43.9 米
机组乘员	3~4 人
空重	113 999 千克
最大起飞重量	163 998 千克
最大速度	978 千米 / 时
最大航程	8 889 千米

机型特点

海量的储油能力，使 A310 MRTT 能完成长时间的空中加油任务。而作为运输机使用时，A310 MRTT 的最大运载量达到了 37 吨，可以运载 214 名士兵或 12 个集装箱和 54 名士兵。在充当空中医院的角色时，A310 MRTT 可以提供 6 个特别护理室和 56 副担架床位。在特别护理室，病人可以得到和地面特别护理室同样标准的医疗诊治与护理。

欧洲 A330 MRTT 加油运输机

A330 MRTT 是在 A330-200 客机基础上改进而来的空中加油机。

性能解析

由于飞机的尺寸大，A330 MRTT 机翼内油箱的最大载油量达到了 111 吨，比 KC-767A 加油机还多出 50% 以上，因此无须增加任何附加油箱，仅安装必要的管路系统和控制设备即可具备充足的空中加油能力。A330 MRTT 可以在飞行 4 000 千米期间，为 6 架战斗机空中加油，并运送 43 吨货物，或者可以在飞行 1 850 千米，预定空域巡航 2 小时期间，为作战飞机加注 68 吨燃油。

基本参数	
制造商	空中客车公司
机身长度	58.8 米
机身高度	17.4 米
翼展	60.3 米
机组乘员	3 人
空重	125 000 千克
最大起飞重量	233 000 千克
最大速度	880 千米 / 时
最大航程	14 800 千米
最大升限	13 000 米

机型特点

A330 MRTT 采用了目前所能应用的各种现代技术，总体性能更加先进，空中加油能力更加全面。A330 MRTT 在保持加油机构型情况下，有更突出的载客运货能力，最多可以运载 285 名乘客。

美国 E-2 "鹰眼"预警机

E-2 是诺斯罗普·格鲁曼公司研制的一款舰载预警机,绰号"鹰眼"。

性能解析

　　E-2 的背部有 1 个圆盘状雷达天线罩,这是大多数预警机的主要特征。由于该机是为美国海军研制的,所以机翼设计为可折叠,以方便在航空母舰上使用。该机采用的是悬臂式梯形上单翼结构,机翼前缘有充气防冰装置,为了方便维护发动机和飞机操纵系统,内侧机翼前缘还可以打开。E-2 的发动机为 2 台 T56-A-427 发动机,单台功率高达 3 803 千瓦,采用 4 叶直径 4.11 米的螺旋桨。

基本参数	
制造商	诺斯罗普·格鲁曼公司
机身长度	17.54 米
机身高度	5.58 米
翼展	24.56 米
雷达天线罩直径	7.3 米
空重	18 090 千克
最大起飞重量	23 850 千克
最大速度	626 千米 / 时
最大航程	3 000 千米
实用升限	10 000 米

机型特点

　　有美国政府背景的 SBIR 官网披露,美国本土公司 Nano Sonic, Inc. 和 Sensor MetriX 在美国海军的项目支持下,成功研发出雷达罩用超材料智能结构,并应用于美军新一代的 E-2 鹰眼预警机,大幅提高了其"蘑菇盘"雷达的探测能力,即增强了预警机的"眼睛"的"视力"。通过采用超材料的特殊设计,该项目提供了解决传统雷达罩支撑肋引起的雷达罩方向图畸变问题的完美方案。此外,这种超材料电磁结构质量轻,还能适应预警雷达罩对于电磁和物理环境的要求,同时又方便后期的改装和维护,极大提高了 E-2 鹰眼预警机的整体性能。

美国 E-3 "望楼" 预警机

E-3 是波音公司生产的全天候空中预警机，绰号"望楼"。

性能解析

E-3 是直接在波音 707 商用机的机身上，加上旋转雷达模组及陆空加油模组。雷达直径 9.1 米，中央厚度为 1.8 米，用 2 根 4.2 米的支撑架撑在机体上方。AN/APY-1/2 水平旋转雷达可以监控地面到同温层之间的空间。E-3 使用 4 台普惠 TF33-PW-100/100A 发动机，单台推力为 93.35 千牛。

机型特点

E-3 具有下视能力及在各种地形上空监视有人驾驶飞机和无人驾驶飞机的能力，E-3 的雷达和电脑子系统可以综合显示当下战场状态，资料随时收集随时更新。包含敌机敌船的持续追踪，资料可以传给后方指挥中心，紧急时还可以直接传给美国的国家指挥中心。

基本参数	
制造商	波音公司
机身长度	46.61 米
机身高度	12.6 米
翼展	44.42 米
机组乘员	4 人
空重	73 480 千克
最大起飞重量	156 000 千克
最大速度	855 千米 / 时
最大航程	7 400 千米
实用升限	9 000 米

美国 E-767 预警机

E-767 是以波音 767-200ER 客机为载体研制的一款空中预警与管制机。

性能解析

　　E-767 所配备的雷达、航空电子系统和电子战系统都是 E-3"望楼"所用设备的改进型。它采用的 AN/APY-2 型机载预警雷达是 E-3 所用的 AN/APY-1 型雷达的第二代产品，因而 E-767 的战术技术性能明显比 E-3 优越。E-767 在作战飞行高度上能探测 320 千米外的目标，对高空目标的探测距离达 600 千米，可同时跟踪数百个空中目标，并能自动引导和指挥 30 批飞机进行拦截作战。

基本参数	
制造商	波音公司
机身长度	48.5 米
机身高度	15.8 米
翼展	47.6 米
乘员	2 人
空重	85 595 千克
最大起飞重量	175 000 千克
巡航速度	851 千米 / 时
最大航程	10 370 千米
最大升限	12 200 米

机型特点

　　波音公司的 E-767 预警机是为日本专门研制的一种预警机，该机上装有与美国空军 E-3"望楼"预警机相同的雷达设备。2013 年 5 月 9 日，波音与日本航空自卫队签署了为日本 E-767 预警机更新任务电脑的合同，合同涉及金额为 800 万美元。

俄罗斯图-126 "苔藓" 预警机

图-126 是图波列夫设计局研制的一款预警机，北约代号"苔藓"。

性能解析

图-126 是以图-114 客机为基础改装而成的。机体与图-114 基本相同，但在机头加装了空中受油管，尾部有腹鳍，机身上部装有直径为 11 米的旋转雷达天线罩。动力装置为 4 台 NK-12MV 涡桨发动机，单台功率为 11 033 千瓦，各驱动 2 具直径 5.6 米共轴反转螺旋桨，机内载油量为 60 000 千克。机载电子设备除雷达外还有 SRO-2M 敌我识别器、SIRENA-3 护尾雷达、近距导航仪和远距惯性导航系统等。

基本参数	
制造商	图波列夫设计局
机身长度	56.5 米
机身高度	16.05 米
翼展	51.4 米
乘员	12 人
空重	103 000 千克
最大起飞重量	171 000 千克
最大速度	790 千米/时
最大航程	7 000 千米
最大升限	10 700 米

图-126 雷达作用距离约 370 千米，采用了延迟线固定目标对消技术，具有海上下视和有限陆上下视能力，可作为截击机或对地攻击机的空中导引指挥站。

俄罗斯 A-50 "支柱" 预警机

A-50 是以伊尔 -76 运输机为基础改进而来的预警机，北约代号 "支柱"。

性能解析

A-50 初期型装备的 "野蜂" 雷达为高重复频率脉冲多普勒雷达，采用了 S 波段的发射机，发射功率为 20 千瓦。后期的 A-50U 型装备了新型雷达系统 "熊蜂 -M"，可对敌方电子反制武器进行确定与跟踪，原来存在的强烈噪声和高频行踪问题也有所克服。另外还采用较低的垂直尾翼，提高了飞行稳定性。A-50U 型还加强了目标识别、处理速度、无线通信、精确导航等功能，探测目标距离和跟踪目标数量均有所增加。

基本参数	
制造商	伊留申设计局
机身长度	49.59 米
机身高度	14.76 米
翼展	50.5 米
乘员	15 人
空重	75 000 千克
最大起飞重量	170 000 千克
最大速度	900 千米 / 时
最大航程	6 400 千米
最大升限	12 000 米

机型特点

A50 虽然是一架预警机，但是预警能力并没有美国的 E3 优秀。主要原因是苏联轻工业和电子技术的落后。它使用的雷达虽然是脉冲多普勒雷达，但是扫描范围有限，并不能当作战略预警机使用。可是在当时，A50 仍然是世界上先进的预警机之一。

以色列"费尔康"预警机

"费尔康"是以色列航空工业有限公司研制的世界上第一种相控阵雷达预警机。

性能解析

"费尔康"预警机采用了先进的电扫描技术，具有重量轻、造价低、可靠性高的特点。该机的主要探测设备为 EL/M-2075 主动相控阵雷达，工作频率为 40~60 吉赫，介于 S 波段与 VHF 波段之间，对战斗机、攻击机的探测距离为 370 千米，对 5 平方米目标机的探测距离为 360 千米，对直升机的探测距离为 180 千米。此外，EL/M-2075 还具备发现隐形飞机和巡航导弹的能力。"费尔康"可同时跟踪至少 50 个目标，并引导数百架飞机进行空战，具有很强的持续跟踪能力和跟踪精度。"费尔康"预警机的空中预警能力基本上与美国 E-3 预警机相同，有些性能甚至超过 E-3，而且价格只是 E-3 的 1/3。

基本参数	
制造商	以色列航空工业有限公司
机身长度	48.41 米
机身高度	12.93 米
翼展	44.42 米
乘员	17 人
空重	80 000 千克
最大速度	880 千米 / 时
最大航程	8 500 千米
最大起飞重量	150 000 千克

美国 E-4 "守夜者" 空中指挥机

E-4 是由波音 747-200 客机改装而成的空中指挥机，绰号 "守夜者"。

性能解析

E-4 共有 3 层甲板 6 个工作区，上层为驾驶舱、休息室、通信控制中心、技术控制中心，下层为通信设备舱与维护工作间。机上有 13 套通信设备，其中包括卫星通信和超低频通信装置。机上共有 46 组通信天线，卫星通信天线装在背部的整流罩内，超低频通信天线可用绞盘收放，长 8 千米，能与在水下的潜艇通信。该机机组最多可乘人数达 114 人。

机型特点

一旦国家出现重大灾情，E-4 可以通过现代化的通信指挥能力，根据灾情处理的需要做到快速反应。为了给予美国国家指挥当局直接的支持，每天至少有 1 架 E-4B 在美军驻全球各大军事驻地上空盘旋警戒。

基本参数	
制造商	波音公司
机身长度	70.51 米
机身高度	19.33 米
翼展	59.64 米
机组乘员	114 人（最多）
空重	190 000 千克
最大起飞重量	374 850 千克
最大速度	969 千米/时
最大航程	11 000 千米
最大升限	14 000 米

美国 E-6 "水星" 通信中继机

E-6 是波音公司研制的一款通信中继机，绰号"水星"。

性能解析

E-6 的机体有 75% 与 E-3 预警机相同，主要区别是去掉旋转雷达天线罩，在翼尖有电子对抗吊舱。机舱分为 3 个区域，翼前区包括 4 人机组驾驶舱、食品储存间、厨房、就餐间、洗手间，以及有 8 个折叠床的休息间，以便搭乘轮班乘员。机翼段为 8 人值勤室，翼后区为设备舱。该机的收放式超低频天线长达 7 925 米，在通信时，飞机绕小圆圈轨道飞行，天线近似垂直下垂，能保证潜艇在水下用拖曳式天线接收。

基本参数	
制造商	波音公司
机身长度	46.61 米
机身高度	12.93 米
翼展	44.42 米
机组乘员	12~25 人
空重	78 378 千克
最大起飞重量	155 128 千克
最大速度	972 千米 / 时
最大航程	12 000 千米
最大续航时间	28.9 小时

机型特点

E-6 在美国海军中服役，用于在战争情况下，确保国家指挥当局能有效地与弹道导弹核潜艇、攻击核潜艇通信联络。E-6 衍生出了 E-6B 双重任务飞机。B 型于 1997 年服役,1998 年形成战斗力，所有 E-6A 在 2003 年前已改进为 B 型。B 型具有 A 型所有的作战能力，即对潜通信。B 型的改进之处在于加装了"空中发射控制系统"，能够控制陆基洲际弹道导弹发射的指令和通信，从而起到了美国核力量空中指挥所的作用。

美国 OV-1 "莫霍克"战场监视机

OV-1 是诺斯罗普·格鲁曼公司研制的一款战场监视机,绰号"莫霍克"。

性能解析

OV-1 的座舱盖凸起,机鼻下沉,提供了良好的视野。OV-1A 在出厂时装有复式操纵系统,2 名乘员都可以驾驶飞机。该机前机身两侧都有可伸缩的登机梯,2 名乘员都配备了带装甲板的马丁－贝克 Mk5 弹射座椅,冲破座舱顶部的玻璃进行弹射。OV-1A 的座舱地板采用 6.4 毫米厚的杜拉铝板制造,可抵御轻武器的射击。OV-1A 的机身中部照相舱内可安装 1 套以 KA-30 胶片相机为核心的 KS-61 侦察系统。

基本参数	
制造商	诺斯罗普·格鲁曼公司
机身长度	12.5 米
机身高度	3.86 米
翼展	14.63 米
乘员	2 人
空重	5 467 千克
最大起飞重量	8 214 千克
最大速度	491 千米 / 时
最大航程	1 520 千米
最大升限	7 620 米

机型特点

短场起降能力、机组装甲和在遭受小火力攻击后仍能继续飞行的系统冗余,证明 OV-1 是理想的观察平台。OV-1 可以安装复杂的传感器系统,所以非常适合进行电子情报侦察改装。

美国 E-8 "联合星" 战场监视机

E-8 是诺斯罗普·格鲁曼公司研制的一款战场监视机，绰号"联合星"。

性能解析

　　E-8 主要由载机、机载设备和地面站系统组成。载机是波音 707 客机。机载设备主要有雷达设备、天线、高速处理器以及各种相关软件等。地面站系统为移动式的，是一个可进行多种信息处理的中心。E-8 机身下装有 1 个 12 米长的雷达舱，利用舱内强劲的 AN/ APY-3 多模式侧视相控阵 I 波段电子扫描合成孔径雷达，E-8 可以发现机身任意一侧 50 000 平方千米地面上各种目标。

　　E-8 装备高性能雷达及其他先进设备，主要用于全天候下对地面静止或活动目标进行定位、探测与跟踪，其纵深距离有 250 千米左右。

基本参数	
制造商	诺斯罗普·格鲁曼公司
机身长度	46.61 米
机身高度	12.95 米
翼展	44.42 米
机组乘员	4 人
空重	77 564 千克
巡航速度	945 千米 / 时
续航时间	9 小时
实用升限	12 802 米

美国 U-2 "蛟龙夫人" 侦察机

U-2 是洛克希德·马丁公司研制的单发高空侦察机，绰号为"蛟龙夫人"。

性能解析

　　U-2 采用全金属悬臂中单翼，机鼻可以拆卸。U-2 装有高分辨率摄影组合系统，能在 4 小时内，15 000 米高空，拍下宽 200 千米、长 4 300 千米范围内地面景物的清晰图像，并能冲印出 4 000 张照片用于情报分析。

机型特点

　　U-2 机体为了减轻重量，机身全金属薄蒙皮结构，机身十分细长，也导致了 U-2 具

基本参数	
制造商	洛克希德·马丁公司
机身长度	19.1 米
机身高度	4.8 米
翼展	30.9 米
机组乘员	1 人
空重	6 800 千克
最大速度	821 千米/时
最大航程	5 633 千米
最大升限	27 430 米

有明显缺点。U-2 每 6 年或每飞行 4 000 小时就要进行一次定期基地级维修。这项维修工程需要拆掉飞机的机翼和尾部，拆掉所有内部设备，用塑料喷丸除掉油漆，检查机身是否腐蚀或存在结构损坏。

美国 RC-135 "铆接" 侦察机

RC-135 是波音公司研发的一款战略侦察机，绰号"铆接"。

性能解析

RC-135 的机身大小跟普通的波音 707 客机相当，安装了 4 台普惠 TF33-P-9 涡扇发动机，单台推力 71 千牛，最大航程可达 12 000 千米，飞行高度通常在 15 千米以上，巡航速度为 860 千米，续航时间可超过 12 小时，由于各种型号的 RC-135 都装有空中加油装置，因此实际上的飞行时间可以大大超过 12 小时，空中滞留时间最长可达 20 小时。

基本参数	
制造商	波音公司
机身长度	46.6 米
机身高度	12.95 米
翼展	44.4 米
机组乘员	27 人
空重	44 663 千克
最大起飞重量	146 000 千克
最大速度	933 千米/时
最大航程	12 000 千米
最大升限	15 200 米

机型特点

RC-135 能够对广泛频段的无线电信号进行识别和监听。RC-135 的主合同商是 L-3 通信公司，负责机身和电子设备的改造。RC-135V 和 RC-135W 重点收集的目标是电磁信号，任务是实时侦测空中各种电磁波信息，对目标进行定位、分析、记录和信息处理。其机载雷达可以收集预警、制导和引导雷达的频率等技术参数，并对其进行定位，世界上各种雷达参数都在其测量范围内。

美国 SR-71 "黑鸟" 侦察机

　　SR-71 是美国洛克希德·马丁公司研制的一款双座双发动机涡轮风扇式高空高速战略侦察机。

性能解析

　　SR-71 是第一种成功突破 "热障" 的实用型喷气式飞机。"热障" 是指飞机速度快到一定程度时，与空气摩擦产生大量热量，从而威胁到飞机结构安全的问题。为此机身采用低重量、高强度的钛合金作为结构材料；机翼等重要部位采用了能适应受热膨胀的设计，因为 SR-71 在高速飞行时，机体长度会因为热胀伸长 30 多厘米；油箱管道设计巧妙，采用了弹性的箱体，并利用油料的流动来带走高温部位的热量。

基本参数	
制造商	洛克希德·马丁公司
机身长度	32.74 米
机身高度	5.64 米
翼展	16.94 米
翼面积	170 平方米
空重	30 600 千克
最大起飞重量	78 000 千克
最大速度	4 062 千米/时
转场航程	4 800 千米
实用升限	24 285 米

机型特点

　　SR-71 保有两项纪录：速度最快的纪录，以及有人驾驶战机上升的最高距离。SR-71 有三种改型：A 型，战略侦察型，共生产 25 架；B 型，教练型，共生产 2 架；C 型，由 A 型改装的教练型。

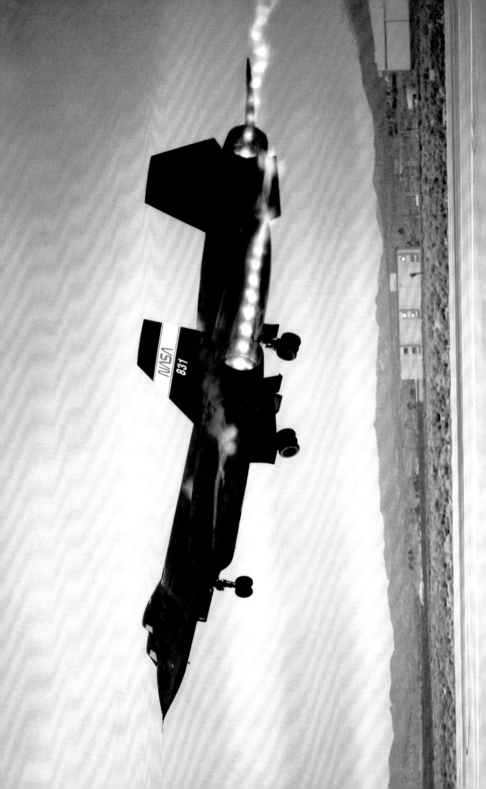

俄罗斯 M-55 侦察机

M-55 飞机是 20 世纪 80 年代末为俄罗斯国防部研制的一款高空战略侦察机。

性能解析

　　M-55 机上安装了 2 台涡扇发动机。目前，研制单位正设法增加飞机航程以满足空军需求。改进工作包括提高飞机飞行控制系统能力、在两侧机翼翼尖安装翼尖挡板。改进后飞机续航时间从 6.5 小时延长到至少 8 小时，有效载荷从 2 吨增加到 3 吨，从而可以搭载更多的侦察和目标定位设备。

机型特点

　　M-55 先进的电子设备，可以为其他飞机和地面武器系统提供及时的目标定位，还可以向指挥中心传递侦察数据，包括实时图像信息。对俄罗斯来说，使用 M-55 的经济性要比侦察卫星好得多，尽管由于航程限制，它不能用于对西方国家进行间谍侦察，但在局部地区冲突中已经足够。

基本参数	
制造商	米亚西舍夫公司
机身长度	22.87 米
机身高度	4.80 米
翼展	37.46 米
翼面积	131.6 平方米
空重	14 000 千克
最大起飞重量	23 800 千克
最大速度	750 千米 / 时
航程	4 965 千米
升限	20 000 米

美国 P-3 "猎户座" 反潜巡逻机

P-3 是洛克希德·马丁公司研制的一款海上巡逻和反潜飞机,绰号"猎户座"。

性能解析

P-3 采用悬臂式下单翼,传统铝合金结构机身,增压机舱。该机装有 4 台艾利逊公司的 T56-A-14 涡桨发动机,单台功率为 3 661 千瓦。P-3 翼前有 1 个 3.91 米长的弹舱,机翼下有 10 个挂架,可以携带鱼雷、深水炸弹、沉底水雷、火箭发射巢、反舰导弹、空对空导弹等,还可以携带各种声呐浮标、水上浮标和照明弹等。

基本参数	
制造商	洛克希德·马丁公司
机身长度	35.61 米
机身高度	10.27 米
翼展	30.37 米
乘员	10 人
空重	27 890 千克
最大起飞重量	64 410 千克
最大速度	761 千米 / 时
转场航程	8 945 千米
实用升限	8 625 米

机型特点

P-3 有多种型别,P-3A(CS)4 架改良过雷达的 P-3A,美国关税局使用。EP-3A 7 架为电子侦察测试修改的 P-3A。NP-3A 3 架为美国海军研究实验室修改的 P-3A。RP-3A 2 架为科学用途修改,由派突森海空站海洋学发展中队使用。TP-3A 12 架为训练任务修改的 P-3A,移除所有反潜作战设备。UP-3A 12 架作为多功能运输机的 P-3A,移除所有反潜作战设备。VP-3A 3 架 WP-3A 和 2 架 P-3A 改造成为 VIP 人员运输机。WP-3A 4 架改造成为气象侦测机的飞机。

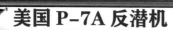
美国 P-7A 反潜机

P-7A 是洛克希德公司在 P-3C 反潜机的基础上改进的换代反潜机，过去曾用代号 P-3G。

性能解析

P-7A 采用下单翼，翼上 4 发动机短舱布局，与 P-3 相比，加长了机身、尾罩，去掉了磁异常信号探测器尾杆，蒙皮使用铝合金半硬壳抗破损安全结构，采用数字式电传操纵系统。动力装置为机翼上的发动机舱内 4 台通用电气公司的 TF407 涡桨发动机，单台功率 3 729 千瓦，驱动 15WF 型五叶复合材料螺旋桨。发动机采用全数字调节和红外信号抑制排气口，机内燃油 37 703 升，装有 GPCT133-7 辅助动力装置用以驱动控制系统和 150 千瓦发电机。

基本参数	
制造商	洛克希德公司
机身长度	34.37 米
机身高度	10 米
翼展	32.49 米
载重	17 411 千克
空重	33 520 千克
正常起飞重量	74 843 千克
最大载油量	30 096 千克
最大巡航高度	10 668 米
作战半径	3 500 千米

机型特点

P-7A 能在远离基地 2 900 千米处执行反潜、反舰、布雷、监视、侦察等任务并连续工作 4 小时，它的综合反潜系统将由美、英、德等三国共同开发，力求全面协调。

美国P-8 "波塞冬" 反潜巡逻机

P-8是波音公司研制的一款反潜巡逻机,绰号"波塞冬"。

性能解析

P-8 的设计源自波音 737 客机,比 P-3 "猎户座" 反潜巡逻机的螺旋桨动力有更大效能和巡航力,平均高出 25%~30%,用来接替冷战后的诸多海上巡逻机产物,并主打外销市场。它由 2 具喷射发动机推动,速度可与战斗机比拟,内部的大空间也能安装更多装备,翼下也能挂载更多武器。P-8 主要负责海上巡逻、侦察和反潜作战,需要加装大量电子设备对相关海域进行长时间、大范围的精细搜索。

基本参数	
制造商	波音公司
机身长度	39.47 米
机身高度	12.83 米
翼展	37.94 米
机组乘员	2 人
空重	62 730 千克
最大起飞重量	85 820 千克
最大速度	907 千米 / 时
最大航程	2 222 千米
最大升限	12 496 米

美国 S-2 "搜索者" 反潜机

S-2 是诺斯罗普·格鲁曼公司研制的一款舰载双发反潜机，绰号"搜索者"。

性能解析

　　S-2 是一种集搜索与攻击于一身的反潜飞机，可以挂载鱼雷与深水炸弹。该机使用 2 台 R-1820-82WA 发动机，反潜设备为 AN/APS-38 对海雷达与 AQS-10 磁异侦测器，雷达可侦测到 16~32 千米距离外的潜艇呼吸管，磁异侦测器则装在机尾一根可伸缩 4.8 米的长杆上，可以侦测到 300 米深的异常磁场信号。电子战设备为 AN/APA-69 干扰器，安装在驾驶舱上方。

基本参数	
制造商	诺斯罗普·格鲁曼公司
机身长度	13.26 米
机身高度	5.33 米
翼展	22.12 米
机组乘员	4 人
空重	8 310 千克
最大起飞重量	11 860 千克
最大速度	450 千米/时
最大航程	2 170 千米
最大升限	6 700 米

机型特点

　　阿根廷海军曾于福克兰战争时期，将 S-2 部署于"五月二十五日"号航空母舰（已除役）上；目前巴西海军航空兵使用的 S-2 反潜机为迄今常态性在航空母舰上操作的机型，并部署于"圣保罗"号航空母舰。

美国 S-3 "维京" 反潜机

S-3 是洛克希德·马丁公司生产的双发喷气式反潜机，绰号 "维京"。

性能解析

　　S-3 是针对当时的苏联核潜艇而研制的反潜机，为全世界首种喷气式反潜机，为了要长时间在海上搜索潜艇而要采用低耗油量的通用动力 TF34-GE-24 涡轮风扇发动机，而在机尾也有长长的磁异探测器帮助搜寻潜艇。S-3 的作战任务主要是对潜艇进行持续的搜索、监视和攻击，对己方的重要海军兵力进行反潜保护。该机的武器仓和翼下挂架可挂载常规炸弹、深水炸弹、空投水雷、鱼雷及火箭巢等武器。

基本参数	
制造商	洛克希德·马丁公司
机身长度	16.26 米
机身高度	6.93 米
翼展	20.93 米
机组乘员	4 人
空重	12 057 千克
最大起飞重量	23 831 千克
最大速度	795 千米 / 时
最大航程	5 121 千米
最大升限	12 465 米

机型特点

　　S-3 所担负的反潜巡逻任务对于美国航母战斗群的重要性几乎同 F-14 "雄猫" 所担负的远程截击任务同样重要，而作为一种有效的多用途平台 S-3 及其各种改型还执行着多种必不可少的任务，从根本上提高了美国航母战斗群的整体作战能力。

苏联 Be-6 "马奇" 反潜机

Be-6 是别里耶夫设计局研制的一款反潜机，北约代号 "马奇"。

性能解析

Be-6 配备 2 台 ASH-72 活塞发动机，功率为 1 765 千瓦，最大续航时间为 16 小时，防御武器为机鼻上的 1 门和背部炮塔的 2 门 20 毫米机炮，翼下 4 个挂架也可挂载鱼雷、水雷、深水炸弹和炸弹。该机的探测设备比较简单，主要探测设备是机身下部的 1 部对海搜索雷达。

机型特点

Be-6 机身如同船身，内部有水密隔舱以防机身入水，否则的话会令整架飞机在水上沉没；机尾有船舵，使机身可在水上转弯；机翼采用 "海鸥" 结构，方便将发动机抬高，避免海水影响其工作。

基本参数	
制造商	别里耶夫设计局
机身长度	23.5 米
机身高度	33 米
翼展	7.64 米
乘员	8 人
空重	18 827 千克
最大起飞重量	29 000 千克
最大速度	414 千米 / 时
最大航程	5 000 千米
最大升限	6 100 米

俄罗斯 Be-12 "海鸥" 反潜巡逻机

Be-12 是 Be-6 的后继机型，绰号"海鸥"。

性能解析

Be-12 沿用 Be-6 的海鸥翼，翼端有浮舟，机身也是船形，内有 10 个水密隔舱，机内备有救生艇，机头有小丑鼻形雷达罩，驾驶舱在其后方，正、副驾驶皆坐在弹射椅之上，驾驶舱下有观测窗的观测舱，机尾有磁异探测器，起落架是可伸缩式。该机装有 2 门 23 毫米防卫机炮，另可挂载 1 500 千克鱼雷和炸弹。动力装置为 2 台 AI-20D 涡轮轴发动机，单台功率为 3 861 千瓦。

基本参数	
制造商	别里耶夫设计局
机身长度	30.11 米
机身高度	7.94 米
翼展	29.84 米
机组乘员	4 人
空重	24 000 千克
最大起飞重量	36 000 千克
最大速度	530 千米 / 时
最大航程	3 300 千米
最大升限	8 000 米

机型特点

在 20 世纪 70 年代中期的最高峰，Be-12 总计装备了 4 个航空团和若干个独立飞行中队，后来这 4 个航空团中有部分换装伊尔 –38。

俄罗斯伊尔-38"山楂花"反潜机

伊尔-38"山楂花"是在伊尔-18客机基础上改进而来的一款反潜/巡逻机。

性能解析

　　伊尔-38机头下部有大型雷达罩,尾部安装了磁场异常探测器。机舱前部为3人驾驶舱,机身中部为作战舱,乘员10~12人。机翼前后的机身下部为前后2个武器舱,可携带声呐浮标和反潜武器。该机巡逻范围包括北极和冰岛等广大区域。伊尔-38升限为11 000米,在同类巡逻飞机中飞行高度最高。部分伊尔-38加装了电子侦察装置,可执行类似美国EP-3电子侦察机的任务。

基本参数	
制造商	伊留申设计局
机身长度	39.6 米
机身高度	10.16 米
翼展	37.42 米
机组乘员	3 人
空重	33 700 千克
最大起飞重量	63 500 千克
最大速度	724 千米 / 时
最大航程	9 500 千米
最大升限	11 000 米

机型特点

　　伊尔-38曾是苏联的主要岸基航空反潜兵力,2014年7月,完成改良升级的伊尔-38N反潜巡逻机投入俄罗斯海军航空兵部队使用。新升级版的伊尔-38N能监测到320千米内的舰船,此外该反潜机还装备了新型热传感器和先进的计算机设备,机上其他的传感器性能也大大增强。

俄罗斯图－142 "熊F" 反潜机

　　图－142 是图波列夫设计局在图－95 轰炸机基础上研制的反潜机，北约代号 "熊F"。

性能解析

　　图－142 是最早的生产型号，安装了 4台功率为 10 300 千瓦的涡桨发动机，装备有 "金雕－95" 搜索瞄准系统。改进型图－142M主要对电子设备进行了改进，换装了性能更好的 "鸢" 式搜索瞄准系统，发动机功率增加到 11 100 千瓦，提高了飞行性能和对潜艇的探测打击能力。性能最好的图－142M3 则增加了新型 "海龙" 对海搜索雷达、新型反潜声呐系统和反潜武器，加强了电子对抗设备及卫星通信导航系统，强化了对水面舰艇和潜艇的探测和打击能力。图－142 是一种远程反潜飞机，1993 年图－142M3 进入海军航空兵服役，是俄海军重要的岸基反潜力量。

基本参数	
制造商	图波列夫设计局
机身长度	53.08 米
机身高度	12.12 米
翼展	50 米
机组乘员	11~13 人
空重	90 000 千克
最大起飞重量	185 000 千克
最大速度	925 千米 / 时
最大航程	6 500 千米
最大升限	12 000 米

英国"塘鹅"反潜机

"塘鹅"是费尔雷公司研发的一款舰载反潜机。

性能解析

由于该机装备了大型发动机而导致机体肥胖臃肿，看起来颇像一只笨拙的大鹅，因此被定名为"塘鹅"，还有人说它堪称"世界上最丑陋的军用飞机"。该机的动力装置为 1 台阿姆斯特朗·西德利"双曼巴"100 发动机，输出功率为 2 199 千瓦。"塘鹅"弹舱中可携带 907 千克炸弹（或深水炸弹、水雷），或在翼下 2 个挂架携带同样重量的火箭弹。"塘鹅"有 2 个独立的动力单元（实际上是 1 台发动机，只不过有 2 个动力输出单元）驱动 2 对共轴螺旋桨。独特的动力布局是"塘鹅"成功的关键。

基本参数	
制造商	费尔雷公司
机身长度	13 米
机身高度	4.19 米
翼展	16.56 米
乘员	3 人
空重	6 835 千克
最大起飞重量	10 657 千克
最大速度	500 千米/时
最大航程	995 千米
最大升限	7 600 米

英国"猎迷"反潜巡逻机

　　"猎迷"反潜巡逻机是霍克·西德利公司（现已被英国宇航系统公司并购）在"彗星"客机基础上研制的一款反潜巡逻机。

性能解析

　　"猎迷" MR.1 型装有 ASV–21D 雷达、"黄门"电子对抗设备、ECKO290 气象设备、AN/ASN–119"旋转木马"惯性导航系统；"猎迷" MR.2 型拥有全新的电子设备和配套装备，更换了所有主要的传感系统和其他设备。它装有"搜水"雷达、马可尼 GEC 中央战术系统、AQS901 声学系统、AS470 无线电和加密系统；"猎迷" MRA.4 型安装了"搜水"2000MR 多模式对海搜索雷达、诺斯罗普·格鲁门公司的光学电视监视探测系统、史密斯公司的导航和飞行控制系统，以及雷达告警接收机、"埃尔塔"电子对抗系统、磁异常探测系统。

基本参数	
制造商	霍克·西德利公司
机身长度	38.65 米
机身高度	9.14 米
翼展	35 米
机组乘员	13 人
空重	39 009 千克
最大起飞重量	87 090 千克
最大速度	923 千米 / 时
最大航程	9 262 千米
最大升限	13 411 米

机型特点

　　与"彗星"客机相比，"猎迷"反潜巡逻机在尾翼后部的长尾梁上安装了磁异探测器，机鼻加装了搜索雷达，垂直尾翼上加装了电子支援系统的天线，右翼下加装了搜索探照灯。垂直尾翼面积略有增大。驾驶舱风挡、窗口加大。此外，还新设计了非增压的机腹武器舱和系统舱，这使得机身呈现明显的双泡形截面。

日本 P-1 反潜巡逻机

P-1 是日本川崎重工研发的一款反潜巡逻机。

性能解析

　　P-1 配备了 4 台涡扇发动机，其续航能力和飞行高度都大大超过美制 P-3C"猎户座"。P-1 还装备了先进的声呐系统，能监控大面积海域，捕捉敌方潜艇的踪迹。P-1 还能直接对敌方大型战舰和核潜艇发动攻击。该机机翼下方共有 8 个武器外挂点，可挂载各种反舰和反潜武器。其武器总载荷超过 9 吨，具备较强的攻击力。另外，P-1 还配有日本自主研发的光波探测器和红外深海探测器，能捕捉到藏在水下较深处的潜艇。

基本参数	
制造商	川崎重工
机身长度	38 米
机身高度	12.1 米
翼展	35.4 米
乘员	2 人
最大起飞重量	79 700 千克
最大速度	996 千米 / 时
最大航程	8 000 千米
最大升限	13 520 米

机型特点

　　作为现役 P-3C 的替代机型，P-1 相对于前者是全方位的进步。巡航速度和巡航高度的增加，使 P-1 执行反潜任务时的探测区域面积也大大增加，并且提高了发现潜艇的概率。

美国 EP-3 "白羊座" 电子战飞机

EP-3 "白羊座"是 P-3 "猎户座"海上巡逻机的电子战改型。

性能解析

EP-3 的机身设计取自同厂的 P-3 "猎户座"海上巡逻机，而 P-3 的设计则取自 L-188 型民航客机。EP-3 的主要任务为电子监听，其机载电子设备多由得克萨斯州 L-3 通信综合系统公司提供。该机采用 4 台艾里逊公司的 T56-A-14 涡桨发动机，单台功率为 3 450 千瓦。EP-3 的机组为 22 人，包括 7 名军官、3 名飞行员、1 名导航员、3 名战术程序员、1 名飞行工程师。其余为设备操作员、技术员、机械员等。

基本参数	
制造商	洛克希德·马丁公司
机身长度	35.57 米
机身高度	10.27 米
翼展	30.36 米
乘员	22 人
空重	35 000 千克
最大起飞重量	64 400 千克
最大速度	780 千米 / 时
最大航程	5 400 千米
实用升限	9 150 米

机型特点

EP-3 任务是通信情报采集，分析和通译。EP-3 能完成多种侦察监视任务，尤其在监听敌方无线电通信方面作用很大。EP-3 通常在敌国的领空之外飞行，收集敌国国土上各种无线电设备发射出的电子信号，如广播、无线电台、电报、对讲机、手机等。

美国 EA-6 "徘徊者" 电子战飞机

EA-6 是格鲁曼公司研制的一款舰载电子对抗飞机，绰号"徘徊者"。

性能解析

EA-6A 的前 6 架由双座 A-6A 攻击机改良而成，15 架为全新生产。EA-6B 大幅改进了之前的设计，加长了机身，机组成员由 2 名增加到 4 名，其中 1 名为飞行员，另外 3 名为电子对抗装备操作员。EA-6B 装有 2 台普惠 J52-P408 发动机，单台推力为 46.72 千牛。其垂尾翼尖上有 1 个较大的天线，里面有灵敏侦察接收机，能够探测远距离的雷达信号。该机还可以携带 AGM-88 "哈姆" 反辐射导弹，可用于攻击敌方地面雷达站。

基本参数	
制造商	格鲁曼公司
机身长度	17.7 米
机身高度	4.9 米
翼展	15.9 米
机组乘员	4 人
空重	15 450 千克
最大起飞重量	27 500 千克
最大速度	920 千米 / 时
最大升限	11 500 米
最大航程	3 861 千米

机型特点

EA-6B 是为了满足美国海军电子对抗护航飞机的要求而研制的，它能在执行攻击和监视任务期间破坏敌人雷达和通信装置而保护美国海军舰船和飞机。其次还包括电子监视、反舰导弹防御以及地面和空中雷达操作员电子反对抗训练。

美国 EF-111A "渡鸦" 电子战飞机

EF-111A "渡鸦" 是以 F-111A "土豚" 战斗轰炸机为基础研制的一款电子战飞机。

性能解析

EF-111A 的机体、发动机与 F-111A 基本相同，但加强垂尾，在垂尾翼尖上有电子对抗短舱。修改了武器舱，加装了机身腹下舱。电源系统改用 2 台 90 千伏安的发电机，改进了空调系统。EF-111A 的主要机械设备包括：战术干扰系统、终端威胁警告系统、敌我识别器、攻击雷达、地形跟踪雷达、惯性导航系统、仪表着陆系统、高频通信电台等。

基本参数	
制造商	通用动力公司
机身长度	23.17 米
机身高度	6.1 米
翼展	19.2 米
机组乘员	2 人
空重	25 072 千克
最大起飞重量	40 370 千克
最大速度	2 350 千米 / 时
最大升限	3 220 千米
最大航程	13 715 米

机型特点

EF-111 机体与 F-111 最明显的区别在于垂尾顶部装有设备舱，形状与 EA-6B 相同，似船头形反扣在垂尾顶端。海湾战争中，EF-111 参加了对伊军指挥、控制和通信系统进行干扰的 "白雪" 行动，与 EA-6B 一起行动，利用 AN/ALQ-99 战术干扰系统又对伊军实施强电磁干扰，取得很好的作战效果。

美国 EC-130H "罗盘呼叫" 电子战飞机

EC-130H "罗盘呼叫" 电子战飞机是美国空军装备的专用于干扰敌方通信的电子战飞机，自 1982 年服役至今。

性能解析

EC-130H 电子战飞机是洛克希德·马丁公司在 C-130 运输机的基础上发展起来的电子战飞机，可对敌方空军无线电通信和指挥系统以及导航设施进行干扰。该机的主要电子设备包括 AN/ ALQ-62 侦察告警系统、SPASM 干扰系统、AN/ APQ-122 多功能雷达、AN/ APN-147 多普勒雷达、AN/ AAQ-15 红外侦察系统、AN/ ARN-52 "塔康" 导航系统等。

基本参数	
制造商	洛克希德·马丁公司
机身长度	29.3 米
机身高度	11.4 米
翼展	39.7 米
乘员	13 人
空重	45 813 千克
最大起飞重量	69 750 千克
最大速度	637 千米/时
最大航程	3 694 千米
最大升限	7 600 米

机型特点

EC-130H 电子战飞机的干扰距离远，可在距目标区 120 千米以外对通信设备进行干扰，既能达到干扰目的，又可保证本机安全。另外，该机干扰频率宽、功率大，可一面接收敌方通信信号，一面对其无线电指挥通信和导航设备进行压制干扰。

俄罗斯伊尔-20"黑鸦"电子战飞机

伊尔-20是以伊尔-18民航客机为基础改进而来的电子战飞机，北约代号"黑鸦"。

性能解析

伊尔-20外形与伊尔-18相同，但加装了大量天线罩与天线，其中：在腹部装有长10.25米、高1.15米的雷达罩，内装侧视雷达天线；在前机身两侧各有1个长4.4米，厚0.88米的整流罩，内装各种传感器及照相机。该机的动力装置为4台AI-20M涡轮螺旋桨发动机，单台功率为3 169千瓦。机上装备侧视雷达、照明设备、RP5N-3N航空雷达、NAS-1多普勒导航系统、电子侦察与干扰设备等。

基本参数	
制造商	伊留申设计局
机身长度	35.9米
机身高度	10.17米
翼展	37.4米
机组乘员	9人
空重	35 000千克
最大起飞重量	64 000千克
最大速度	675千米/时
最大升限	11 800米
最大航程	6 500千米

机型特点

伊尔-20特别的设计是在靠近螺旋桨的发动机上方安装驾驶舱，除此之外，还有在飞机水平飞行时可以调整机炮角度，可以以23°的俯角向地面进行扫射射击等创新机制。

美国 T-34 "导师" 教练机

T-34 是比奇公司研制的单发螺旋桨军用教练机，绰号 "导师"。

性能解析

初始生产型 T-34A 使用 1 台欧陆 O-470-13 六缸风冷活塞发动机，功率为 165 千瓦。改进型 T-34C 则使用 1 台普惠加拿大 PT6A-25 涡轮螺旋桨发动机，功率为 533 千瓦。T-34 系列教练机有 4 个外挂点，可以携带 272 千克的各类武器，包括 SUU-11 机炮吊舱、AGM-22A 空对地导弹以及炸弹和火箭弹等。

机型特点

T-34 有多种改型。T-34B 是美国海军使用的改进型。在 T-34A 的基础上做了许多细小的改动，在 1954—1958 年共生产了 423 架。T-34C，美国海军使用的另一个改进型，于 20 世纪 70 年代后期开始研制。加强了机身结构强度，使用了惠普公司制造的涡轮螺旋桨发动机，单台功率可以达到 298 千瓦。在 1977—1984 年共生产了 334 架。AT-34C-1 是武装型，可以完成战术对地攻击任务。

基本参数	
制造商	比奇公司
机身长度	8.75 米
机身高度	2.92 米
翼展	10.16 米
乘员	2 人
空重	1 342 千克
最大起飞重量	1 950 千克
最大速度	518 千米 / 时
最大升限	9 145 米
最大航程	1 311 千米

美国 T-38 "禽爪" 教练机

T-38 是诺斯罗普公司研制的一款双发超音速中级教练机，绰号"禽爪"。

性能解析

T-38 教练机的动力装置为 2 台通用电气 J85-GB-5 涡轮喷气发动机，单台推力为 11.93 千牛，加力推力为 17.13 千牛。T-38 的设计性能良好，并且飞行安全可靠，至今仍然保持着美国空军超音速飞机的最好安全纪录。截至 1971 年，T-38 的事故率为 1.2/100 000 飞行小时。美国国家航空宇航局也用 T-38 来训练宇航员。

机型特点

T-38 是第一种全新设计的超音速教练机，它在美国空军中已度过了相当长的一段职

基本参数	
制造商	诺斯罗普公司
机身长度	14.14 米
机身高度	3.92 米
翼展	7.7 米
乘员	2 人
空重	3 270 千克
最大起飞重量	5 485 千克
最大速度	1 381 千米 / 时
最大升限	15 240 米
最大航程	1 835 千米

业生涯。根据 2001 年 T-38 教练机升级计划，波音公司正在升级超过 500 架美空军高级喷气式教练机，这些教练机飞机座舱视野广阔，具备多功能显示系统，包括电子工程设备显示系统和控制面板系统；该型机还综合一套全球定位系统 / 惯性导航系统，同时还拥有空中避免碰撞系统。

美国 T-45 "苍鹰" 教练机

T-45 是麦道公司在英国"鹰"式教练 / 攻击机基础上研制的高级教练机，绰号"苍鹰"。

性能解析

T-45 以"鹰"式教练 / 攻击机为基础设计，外表也相差无几，但为顾及美国海军的要求，机翼前缘加上了电动油压驱动的襟翼，以便在降落时伸出去产生更多升力，内部结构重新设计和强化。起落架重新设计以承受更大的冲击力，前起落架是双轮并加上拖杆。后机身两侧加上减速板，后机身下方加上尾钩并强化结构。

机型特点

T-45 "苍鹰"训练机是美海军"鹰"式重型训练机的派生型，"鹰"式飞机是波音系统公司生产的陆上起降型训练机。T-45 训练系统是唯一专门用于培训飞机在航母着陆的训练系统。已有 3000 多名海军和海军陆战队的飞行员在海军航空站接受了 T-45 系统的培训。

基本参数	
制造商	麦道公司
机身长度	11.99 米
机身高度	4.08 米
翼展	9.39 米
乘员	2 人
空重	4 460 千克
最大起飞重量	6 387 千克
最大速度	1 038 千米 / 时
最大升限	12 950 米
最大航程	1 288 千米

美韩 T-50 "金鹰" 教练机

T-50 是韩国和美国合作研发的超音速高级教练机，绰号"金鹰"。

性能解析

　　T-50 "金鹰" 教练机各方面的性能均非常优异。该机采用了可精确操纵飞行的数字电传控制系统、可用于提高机动能力的放宽静稳定度技术、可同时锁定多个目标的先进的自主攻击传感器以及分子筛机载制氧等。此外，T-50 是唯一装有 F404-GE-402 型喷射式燃烧器发动机的现代化教练机。因此，它具有飞行高度高、超音速和高度灵活的特点。

基本参数	
制造商	韩国航太工业公司
机身长度	13.14 米
机身高度	4.94 米
翼展	9.45 米
机组乘员	2 人
空重	6 470 千克
最大起飞重量	12 300 千克
最大速度	1 770 千米 / 时
最大升限	14 630 米
最大航程	1 851 千米

机型特点

　　T-50 "金鹰" 教练机的机动性高并拥有先进的电子设备，可作为如 F-22 那样的下一代战机的教练机使用。2005 年 11 月，T-50 教练机在阿联酋迪拜航展上亮相。KAI 总裁说，T-50 教练机在国外进行了验证飞行，尤其是在国际航展上给所有的人留下了深刻印象。T-50 超音速飞机的成功开发和顺利生产在韩国对许多人或组织来说都是重要的第一次。T-50 项目国际销售主管称，它的能力是无可匹敌的，该机的许多性能与世界上的先进战斗机相同。KAI 目前正在完成 2 架生产型飞机的飞行试验，这 2 架飞机将于年底交付韩国空军。韩国空军的飞行教练员目前正在接受培训。

俄罗斯雅克 –130 教练机

雅克 –130 是专门为俄罗斯空军设计研发的一款高级教练机。

性能解析

雅克 –130 能吊挂 4 枚 KAB–500 改进型音像制导和激光制导航空炸弹，最多可外挂 3 吨弹药。动力装置为俄罗斯与乌克兰联合研制的 AI–222–25 发动机，座舱使用装甲材料制成。就飞机性能而言，雅克 –130 超过了国外同类飞机，可以在现代战斗机所能遇到的所有飞行状态下飞行，利用这种教练机训练的飞行员可以驾驶多种战斗机。就装备系统而言，雅克 –130 可算作第五代原型机。鉴于该机优良的技术性能，可以预见其在国外军火市场上具有无可辩驳的出口竞争力。

基本参数	
制造商	雅克列夫设计局
机身长度	11.3 米
机身高度	4.8 米
翼展	10.4 米
乘员	2 人
空重	4 600 千克
最大起飞重量	9 000 千克
最大速度	1 060 千米 / 时
最大升限	12 000 米
最大航程	1 850 千米

意大利 M346 "导师" 高级教练机

M346 是阿莱尼亚·马基公司研制的一款教练机，绰号"导师"。

性能解析

M346 安装了 2 台 F124-GA-200 发动机，单台推力为 28 千牛。M346 机翼面积为 9.72 平方米，作战载荷 3 000 千克。M346 装备有先进的玻璃化座舱和新型的数字化飞行控制系统。该机在西方国家和装备西方系统的国家里都有非常好的系统兼容性。

基本参数	
制造商	阿莱尼亚·马基公司
机身长度	11.49 米
机身高度	4.76 米
翼展	9.72 米
机组乘员	2 人
空重	4 610 千克
最大起飞重量	9 500 千克
最大速度	1 059 千米 / 时
最大升限	13 716 米
最大航程	1 981 千米

机型特点

M346 技术上是最成熟的，而且它的设计理念也非常先进。该机目前被以色列和波兰选为采购装备的高级教练机。M346 也是国际市场上销售比较好的教练机，尽管它作为新研制的飞机，在销售上价格尚且比较高昂。

捷克斯洛伐克 L-29 "海豚" 教练机

L-29 是捷克斯洛伐克研制的一款军用喷气式教练机。

性能解析

L-29 的基本设计概念是简约、易于生产和操控。其简单和耐用的特性体现于全手动飞行操控、大的襟翼和机身两侧使飞机平滑、稳定地航行的穿孔气闸,这些特性使它获得了良好的安全飞行记录。L-29 能够从草地、沙地或无道面的机场跑道上起降。教练及学生的座椅都是弹射椅,采用串行式布置,后方的教练座椅略高于学员座椅。

机型特点

基本参数	
制造商	沃多霍迪公司
机身长度	10.81 米
机身高度	3.13 米
翼展	10.29 米
乘员	2 人
空重	2 280 千克
最大起飞重量	3 540 千克
最大速度	655 千米 / 时
最大升限	11 000 米
最大航程	894 千米

L-29 可用来进行基本、中级和带武器的训练。在进行武器训练时,可在飞机的硬点(外挂点)上挂载机枪、炸弹或火箭。在赎罪日战争中,埃及空军曾派遣多架武装 L-29 攻击以色列坦克。L-29 后来被较先进的 L-39 取代。

瑞士 PC-21 教练机

PC-21 是皮拉蒂斯公司于 20 世纪末、21 世纪初研制的一款初级教练机。

性能解析

PC-21 的玻璃座舱很别致，布局有些像瑞典 JAS 39"鹰狮"战斗机。座舱内安装了零高度、零建设弹射座椅，座椅注入了抗过载理念，设计了较明显的后倾角。飞行员前面仪表板简洁明快，有 3 个 150 毫米 ×200 毫米的主动式矩阵液晶显示器和座舱夜视系统，居中的液晶显示器主要显示有关的飞行参数，用于对飞行安全的评估。PC-21 的大多数航空电子设备都具有模仿一线战斗机的能力，使它与喷气式高级教练机能进行高效的教学衔接。PC-21 的飞行速度快、教学安全性好，比现役的任何涡轮螺桨基础教练机都要优秀，滚转效率还不亚于"台风"战斗机。

基本参数	
制造商	皮拉蒂斯公司
机身长度	11.23 米
机身高度	3.75 米
翼展	9.11 米
乘员	2 人
空重	2 270 千克
最大起飞重量	3 100 千克
最大速度	685 千米 / 时
最大升限	11 580 米
最大航程	1 333 千米

印度 HJT-16 "光线" 教练机

HJT-16 是印度斯坦航空公司研制的亚音速教练机，绰号"光线"。

性能解析

HJT-16 教练机采用并列式座舱，教员席在左边，所以有些供教员使用的控制仪表在左边。该机的动力装置为 1 台劳斯莱斯"蝮蛇"涡轮喷气发动机，推力为 11.12 千牛。由于服役时间较长，HJT-16 教练机已日渐老化，印度空军正在寻求替代机型。

机型特点

由于 HJT-16 教练机视野不太好，飞行表演编队左边位置的飞行员必须换到靠右的学员席上才能看见整个编队。

基本参数	
制造商	印度斯坦航空公司
机身长度	10.6 米
机身高度	3.64 米
翼展	10.7 米
乘员	2 人
空重	2 560 千克
最大起飞重量	4 235 千克
最大速度	695 千米/时
最大升限	9 150 米
最大航程	1 400 千米

Chapter 06

直升机

　　直升机的突出特点是可以做低空（离地面数米）、低速（从悬停开始）和机头方向不变的机动飞行，特别是可在小面积场地垂直起降。由于这些特点使其具有广阔的军事用途及发展前景。

美国 H-19 "契卡索人" 通用直升机

H-19 是西科斯基公司研发的通用直升机，绰号"契卡索人"。

性能解析

H-19 机身丰满而平滑，拥有蚌壳式的前舱门。该机的机身重量只占飞机全重的 17%，这项指标是当时所有现役飞行器中最低的。从 A 型到 C 型都使用单台普惠 R-1340-57 发动机，D 型改用 515 千瓦的怀特 R-1300-3D 发动机。得益于宽大的机舱和较远的航程，以及在山地的优良机动性和在恶劣气象条件下的起降能力，H-19 非常适合搜救和人员后撤。

基本参数	
制造商	西科斯基公司
机身长度	19.1 米
机身高度	4.07 米
旋翼直径	16.16 米
乘员	2 人
空重	2 177 千克
最大起飞重量	3 587 千克
最大速度	163 千米/时
最大升限	3 200 米
最大航程	652 千米

机型特点

H-19 拥有较大的航程，平稳的起落架设计，更容易控制操作，但是，由于其在低海拔飞行时机身颤动非常厉害，试飞员得出该机型不适合用于战术控制任务。

美国 H-21 "肖尼" 通用直升机

H-21 是皮亚塞基公司为美国陆军研制的一款通用直升机，绰号 "肖尼"。

性能解析

　　H-21 采用 2 具全铰接三叶反转旋翼，动力装置为 1 台柯蒂斯怀特 R1820-103 发动机。根据不同任务可装备机轮、滑橇或浮桶。其出色的低温性能使其还能够胜任极地营救工作。武装型 CH-21 的速度相对较慢，它的电缆和输油管线也比较容易被小口径武器打坏。武装改进型 CH-21B 换装了 1 048 千瓦的发动机，可运载 22 名全副武装的士兵，或在担任救护任务时搭载 12 副担架加 2 名医护人员。

基本参数	
制造商	皮亚塞基公司
机身长度	16.01 米
机身高度	4.8 米
旋翼直径	13.41 米
机组乘员	5 人
空重	4 058 千克
最大起飞重量	6 609 千克
最大速度	204 千米 / 时
最大升限	427 千米

机型特点

　　纵列双悬翼式直升机 H-21 是 20 世纪 50 年代用于美国陆军的运输直升机，用于充实一线运输直升机数量。H-21 Shawnee 是皮亚塞基设计的第 4 种纵列旋翼式直升机（其中就有 2 种被海军采用成为搜救直升机，分别为 PV-3/HRP-1、PV-17/HRP-2，另一种是 PD-22），是一种多用途直升机。

美国 H-43 "哈斯基" 搜救直升机

H-43 是卡曼公司研制的单发直升机，绰号"哈斯基"。

性能解析

"哈斯基"拥有圆形玻璃机鼻，交叉对转螺旋桨，双尾撑，轮式起落架，发动机部分外露。HH-43B 由于采用更紧凑的发动机（莱卡明 T53-L-1B，功率为 1 361 千瓦）并且是布置在机身上部而不是内部，因此其座舱空间更大更舒适。同时 HH-43B 的机身后部还安装了蚌壳式货门。H-43 是美国卡曼公司 20 世纪 50 年代为美国军队设计的双旋翼横向交叉布置的通用直升机。美国海军、海军陆战队编号为 HOK 和 HUI、美国空军编号为 H-43。

基本参数	
制造商	卡曼公司
机身长度	7.6 米
机身高度	5.18 米
旋翼直径	14.3 米
乘员	2 人
最大起飞重量	4 150 千克
最大速度	190 千米 / 时
最大升限	7 620 米
最大航程	298 千米
爬升率	610 米 / 分

美国 UH-1 "伊洛魁" 通用直升机

UH-1 是贝尔直升机公司研发的一款通用直升机,绰号"伊洛魁"。

性能解析

UH-1 采用单旋翼带尾桨的形式,扁圆截面的机身前部是 1 个座舱,可乘坐正副飞行员 (并列) 及乘客多人,后机身上部是 1 台莱卡明 T53 系列涡轮轴发动机及其减速传动箱,驱动直升机上方由 2 片桨叶组成的半刚性跷跷板式主旋翼。UH-1 的起落架是十分简洁的 2 根杆状滑橇,机身左右开有大尺寸舱门,便于人员及货物的上下。该机的常见武器为 2 挺 7.62 毫米 M60 机枪,加上 2 具 7 发(或 19 发) 91.67 毫米火箭吊舱。

基本参数	
制造商	贝尔直升机公司
机身长度	17.4 米
机身高度	4.4 米
旋翼直径	14.6 米
乘员	4 人
空重	2 365 千克
最大起飞重量	4 310 千克
最大速度	220 千米 / 时
最大升限	5 910 米
最大航程	510 千米

机型特点

UH-1 为多用途设计,其 U 代表通用,从运补作业到攻击任务皆宜,是美军批量装备的第一个搭载了涡轮轴发动机的直升机。UH-1 系列直升机至 20 世纪 70 年代末仍是美国陆军突击运输直升机队的主力,从 80 年代开始,其地位逐渐被 UH-60 直升机代替。

美国 SH-2 "海妖" 通用直升机

SH-2 是卡曼公司为美国海军研制的一款通用直升机，绰号 "海妖"。

性能解析

　　SH-2 的机身为全金属半硬壳式结构，具备防水功能。机头整流罩可以从中线分开向后折叠到两侧，以便减小直升机存放时所需要的机库空间。该机有 3 名机组人员，由驾驶员、副驾驶员/战术协调员和探测设备操作员组成。SH-2 可携带两枚 Mk46 或 Mk50 鱼雷。每侧舱门外可安装 1 挺 7.62 毫米机枪。动力装置为 2 台通用电气公司的 T700-GE-401 涡轮轴发动机，并列安装在旋翼塔座两侧，单台功率为 1 285 千瓦。

基本参数	
制造商	卡曼公司
机身长度	15.9 米
机身高度	4.5 米
旋翼直径	13.4 米
乘员	3 人
空重	4 170 千克
最大起飞重量	6 120 千克
最大速度	256 千米/时
最大升限	3 000 米
最大航程	1 000 千米

机型特点

　　SH-2 是一种全天候多用途舰载直升机，可用于执行搜索救援、观察和通用任务，现在主要是支援美国舰队在地中海、大西洋和太平洋执行反潜和反舰导弹防御任务。

美国 SH-3 "海王" 通用直升机

SH-3 是西科斯基公司研制的一款中型通用直升机，绰号"海王"。

性能解析

　　"海王"在机身的顶部并列安装了 2 台 919.38 千瓦的 T58-GE-8B 型涡轮轴发动机，旋翼和尾桨都为 5 片。机身为矩形截面，船身造型能够随时在海面降落。机身左右两侧各设 1 具浮筒以增加横侧稳定性，后三点式起落架能够收入浮筒及机身尾部。舱内可以放搜索设备或人员物资，机身侧面设有大型舱门方便装载，外吊挂能力高达 3 630 千克。"海王"的任务装备非常广泛，典型的有 4 枚鱼雷、4 枚水雷或 2 枚"海鹰"反舰导弹。

基本参数	
制造商	西科斯基公司
机身长度	16.7 米
机身高度	5.13 米
旋翼直径	19 米
乘员	4 人
空重	5 382 千克
最大起飞重量	10 000 千克
最大速度	267 千米/时
最大升限	4 481 米
最大航程	1 000 千米

机型特点

　　航空母舰通常使用"海王"担任第一架起飞和最后一架降落的护航机，用于弥补定翼机的反潜不足之处，第一个用于准航母的 SH-3A，是 1971 年 2 月 14 日担任"纽奥良"号两栖攻击舰的救援任务机。有许多国家用"海王"于反潜功能。但是所有美国海军的"海王"都已经转用于后勤、支援、搜索救援、测试、专机等。

美国 CH-34 "乔克托人" 运输直升机

CH-34 是西科斯基公司研发的一款运输直升机，绰号 "乔克托人"。

性能解析

　　CH-34 装有 4 叶旋翼和 4 叶金属尾翼，主要承担通用运输直升机的任务，可搭载 2 人机组和 16~18 名士兵，在执行搜救任务时可容纳 8 副担架和 1 名医生。

　　CH-34 可以加装外部吊索增大运输能力，而且还有自动稳定装置。CH-34 也作为重要人物的专机，编号为 VH-34A。

基本参数	
制造商	西科斯基公司
机身长度	17.28 米
机身高度	4.85 米
旋翼直径	17.07 米
机组乘员	2 人
空重	3 583 千克
最大起飞重量	6 350 千克
最大速度	198 千米 / 时
最大升限	1 495 米
最大航程	293 千米

美国 AH-1 "眼镜蛇" 武装直升机

AH-1 是由贝尔直升机公司研制的美国第一代武装直升机,绰号"眼镜蛇"。

性能解析

AH-1 机身为窄体细长流线型,座舱为纵列双座布局,射手在前,驾驶员在后。AH-1 的座椅、驾驶舱两侧及重要部位都有装甲保护,自密封油箱能耐受 23 毫米机炮射击。AH-1 的主要武器为 1 门 20 毫米 M197 三管机炮(备弹 750 发),4 个武器挂载点可按不同配置方案选挂 BGM-71 "拖"式、AIM-9 "响尾蛇"和 AGM-114 "地狱火"等导弹,以及不同规格的火箭发射巢和机枪吊舱等。

基本参数	
制造商	贝尔直升机公司
机身长度	13.6 米
机身高度	4.1 米
旋翼直径	14.63 米
乘员	2 人
空重	2 993 千克
最大起飞重量	4 500 千克
最大速度	277 千米 / 时
最大升限	3 720 米
最大航程	510 千米

机型特点

AH-1 直升机飞行与作战性能好、火力强,是 20 世纪 60 年代世界上第一种反坦克直升机。AH-1 的主要任务是在白天、夜间及恶劣气候条件下提供近距离火力支援和协调火力支援。它还可执行为突击运输直升机武装护航、指示目标、反装甲作战、反直升机作战、对付有威胁的固定翼飞机(实施重点防空和有限区域防空)、侦察等任务。

美国 AH-6 "小鸟" 武装直升机

AH-6 是休斯直升机公司研制的一款武装直升机,绰号"小鸟"。

性能解析

作为一款轻型攻击平台,AH-6 机身左侧安装有 XM27E/ M134 "加特林" 机枪,机身右侧装有 M260 七管 69.85 毫米折叠式尾翼空射火箭舱。AH-6 全身以无光黑色涂料涂装,方便借着黑夜的掩护执行特战任务。为了便于运输,AH-6 的尾梁可折叠。在机舱内可选装油箱,容量为 110 升或 236 升。AH-6 系列的发动机有多种不同型号,如 AH-6C 的 308.91 千瓦 "埃尔森" T63-A-720 发动机、AH-6M 的 478.08 千瓦 250-C30R/ 3M 发动机。

基本参数	
制造商	休斯直升机公司
机身长度	9.94 米
机身高度	2.48 米
旋翼直径	8.3 米
机组乘员	2 人
空重	722 千克
最大起飞重量	1 610 千克
最大速度	282 千米 / 时
最大升限	5 700 米
最大航程	430 千米

机型特点

AH-6 可执行如训练、指挥和控制、侦察、轻型攻击、反潜、运兵和后勤支援等任务,空中救护型可载 2 名空勤人员、2 副担架和 2 名医护人员。该机能运载包括驾驶员在内的 7 名人员,速度也不慢,对特种部队来说,是一种十分理想的运载工具和支援武器。

美国 CH-46 "海骑士" 运输直升机

CH-46 是波音公司研制的双发运输直升机，绰号"海骑士"。

性能解析

CH-46 "海骑士"是美国海军装备过的直升机中体形较大的一种，独特的前后纵列式螺旋桨设计极大改善了该机的飞行性能，在各方向上的可操控性均较以往机型优秀。另外，这项设计也提高了 CH-46 的安全性能。CH-46 安装了 2 台通用电气 T58-GE-16 发动机，每台功率为 1 400 千瓦。该机的任务是将作战部队、支援设备和补给品迅速由两栖攻击登陆舰和已建成的机场运送到简易的前方基地。

CH-46 "海骑士"主要担任运输物资人员等任务。虽然并非特种作战飞机，却经常执行一些特种行动，是美国海军陆战队主要的战斗攻击直升机之一。

基本参数	
制造商	波音公司
机身长度	13.66 米
机身高度	5.09 米
旋翼直径	15.24 米
机组乘员	5 人
空重	5 255 千克
最大起飞重量	11 000 千克
最大速度	267 千米/时
最大升限	5 180 米
最大航程	1 020 千米

美国 CH-47 "支奴干" 运输直升机

CH-47 是波音公司研制的双发中型运输直升机，绰号"支奴干"。

性能解析

CH-47 具有全天候飞行能力，可在恶劣的高温、高原气候条件下完成任务。可进行空中加油，具有远程支援能力。部分型号机身上半部分为水密隔舱式，可在水上起降。该机运输能力强，可运载 33~35 名武装士兵，或运载 1 个炮兵排，还可吊运火炮等大型装备。CH-47 的玻璃钢桨叶即使被 23 毫米穿甲燃烧弹和高爆燃烧弹射中后，仍能安全返回基地。

机型特点

基本参数	
制造商	波音公司
机身长度	30.1 米
机身高度	5.7 米
旋翼直径	18.3 米
机组乘员	3 人
空重	10 185 千克
最大起飞重量	22 680 千克
最大速度	315 千米 / 时
最大升限	5 640 米
最大航程	741 千米

CH-47 的首要任务是从部队运输到炮台战场补给。CH-47 已经被销往 16 个国家，最大的消费者是美军和英国的皇家空军。越南战争中，美国大量运用 CH-47 实施兵力机动、火炮吊运和物资输送等任务，对美军广泛实施的机降作战起到了重要作用。

美国 CH-53 "海上种马" 运输直升机

CH-53 是西科斯基公司研制的重型突击运输直升机,绰号"海上种马"。

性能解析

　　CH-53 采用 2 台通用电气 T64-GE-413 涡轴发动机,单台推力为 28.68 千牛。单一主旋翼加尾桨的普通布局,机舱呈长立方体形状,剖面为方形,有多个侧门和 1 个大型防盗尾门,方便装卸工作。旋翼有 6 片全铰接式铝合金桨叶,可以折叠,尾桨由 4 片铝合金桨叶组成。驾驶舱可容纳 3 名空勤人员,座舱可容纳 37 名全副武装士兵或 24 副担架,外加 4 名医务人员。CH-53 是美军少数能在低能见度条件下借助机上设备在标准军用基地自行起降的直升机之一。

基本参数	
制造商	西科斯基公司
机身长度	26.97 米
机身高度	7.6 米
旋翼直径	22.01 米
机组乘员	2 人
空重	10 740 千克
最大起飞重量	19 100 千克
最大速度	315 千米 / 时
最大升限	5 106 米
最大航程	1 000 千米

机型特点

　　CH-53A 的机舱与 CH-53C 相似,但载重量却提高了。当运载军用物资时,可一次运载 2 辆吉普车或 2 枚"霍克"地对空导弹及发射架或 1 门 105 毫米榴弹炮加拖车。有水上漂浮能力,可全天候作战,并带辅助动力装置,可在野外或敌后自行提供各种动力源(气、电)。

美国 CH-54 "塔赫" 起重直升机

CH-54 是西科斯基公司研制的双发起重直升机，绰号"塔赫"。

性能解析

　　CH-54 采用全铰接式 6 片铝合金桨叶旋翼，尾桨由 4 片铝合金叶桨组成，机身为铝合金和钢制成的半硬壳吊舱尾梁式结构。机身在驾驶舱后面部分沿用可卸吊舱形式。CH-54 采用不可收放的前三点式起落架。为装卸货物方便，起落架可通过液压操纵伸长或缩短。前驾驶舱内有 2 个并排的正副驾驶员的座椅，后座舱内有操纵货物装卸的第三个驾驶员的座椅。CH-54B 型采用 2 台普惠 JFD-12-5A 涡轴发动机，单台功率为 3 580 千瓦。

基本参数	
制造商	西科斯基公司
机身长度	26.97 米
机身高度	7.75 米
旋翼直径	21.95 米
机组乘员	3 人
空重	8 980 千克
最大起飞重量	21 000 千克
最大速度	240 千米/时
最大升限	5 600 米
最大航程	370 千米

机型特点

　　CH-54 用来运输战斗人员、装甲车辆、大型设备和用于回收那些因为过于沉重而使得 CH-47 不能运载的飞机。它也用于从船上向岸上卸货。CH-54 还被用于投掷重达 4 536 千克的巨型炸弹，以在浓密的丛林中开辟直升机着陆场。

美国 OH-58 "奇欧瓦" 轻型直升机

OH-58 是贝尔直升机公司研制的轻型直升机，绰号"奇欧瓦"。

性能解析

OH-58 装有滑橇式起落架，舱内有加温和通风设备。OH-58D 改用了 4 叶复合材料主旋翼，机动性有所增强，振动减小，可操控性提高。OH-58D 可以同时搭载下列 4 种武器中的 2 种：2 发 AGM-114 导弹、2 发 AIM-92 导弹、70 毫米 Hydra70 火箭、12.7 毫米 M2 重机枪。此外，OH-58D 机身两侧还有全球直升机通用挂架，并装有枪顶瞄准具，能提供非常好的视界。

基本参数	
制造商	贝尔直升机公司
机身长度	12.39 米
机身高度	2.29 米
旋翼直径	10.67 米
机组乘员	2 人
空重	1 490 千克
最大起飞重量	2 358 千克
最大速度	222 千米 / 时
最大升限	6 250 米
最大航程	556 千米

贝尔 OH-58 是一种直升机家族，单引擎单旋翼，可以有观测和部分攻击能力。最新机型是 OH-58D " 奇欧瓦战士"，主要是担任陆军支援的侦察角色。

美国 UH-60 "黑鹰" 通用直升机

UH-60 是西科斯基公司研制的通用直升机，绰号"黑鹰"。

性能解析

　　与 UH-1 相比，UH-60 大幅提升了部队人员数量和货物运送能力。在大部分天气情况下，3 名机组成员中的任何一个都可以操纵，能运送全副武装的 11 人步兵班。拆除 8 个座位后，可以运送 4 个担架。此外，还有 1 个货运挂钩可以执行外部吊运任务。UH-60 通常装有 2 挺机枪，1 具 19 联装 70 毫米火箭发射巢，还可发射 AGM-119 "企鹅"反舰导弹和 AGM-114 "地狱火"空对地导弹。

基本参数	
制造商	西科斯基公司
机身长度	19.76 米
机身高度	5.13 米
旋翼直径	16.36 米
机组乘员	3 人
空重	4 819 千克
最大起飞重量	11 113 千克
最大速度	357 千米 / 时
最大航程	2 220 千米

机型特点

　　UH-60 作为突击运输直升机在执行低飞作战任务时，极易遭受地面火力攻击，故该机在提高生存力方面采取了很多措施。例如，其矶身及旋翼在制造上大量使用各类防弹材料，驾驶舱和发动机的关键部件均设有装甲；2 台发动机由机身隔开，相距较远，若有一台被击中损坏，另一台仍可继续工作。

美国 SH-60 "海鹰" 中型直升机

SH-60 是西科斯基公司研制的中型舰载直升机, 绰号 "海鹰"。

性能解析

　　SH-60 与 UH-60 有 83% 的零部件是通用的。由于海上作战的特殊性, "海鹰" 的改进比较大, 机身蒙皮经过特殊处理, 以适应海水的腐蚀。此外, 还增加了旋翼刹车系统和旋翼自动折叠系统, 直升机尾部的水平尾翼也可以折叠。"海鹰" 的主要反潜武器为 2 枚 MK46 声自导鱼雷, 但在执行搜索任务时, 可以将这 2 枚鱼雷换成 2 个容量为 455 升的副油箱。该机使用 T700-GE-401 发动机, 后期又换装了新型 T700-GE-401C 发动机。SH-

基本参数	
制造商	西科斯基公司
机身长度	19.75 米
机身高度	5.2 米
旋翼直径	16.35 米
机组乘员	4 人
空重	6 895 千克
最大起飞重量	9 927 千克
最大速度	333 千米 / 时
最大航程	834 千米
最大升限	3 580 米

60B 是最初生产型, 主要任务是扩大美国海军的反潜和反舰能力, 补充现有陆基和舰载固定翼飞机的不足 ; 次要任务是搜索救生、撤退伤员和垂直补给等。

美国 AH-64 "阿帕奇" 武装直升机

AH-64 是休斯直升机公司研发的一款武装直升机，绰号"阿帕奇"。

性能解析

AH-64 采用半硬壳结构机身，前方为纵列式座舱，副驾驶员/炮手在前座，驾驶员在后座。该机的主要武器为 1 门 30 毫米 M230 "大毒蛇"链式机关炮，另有 4 个武器挂载点可挂载 AGM-114、AIM-92、AGM-122、AIM-9、BGM-71 导弹，以及火箭弹等武器。AH-64 旋翼的任何部分都可抵御 12.7 毫米子弹，机身表面的大部分位置在被 1 发 23 毫米炮弹击中后，仍能保证继续飞行 30 分钟。AH-64 采用 2 台通用动力 T700-GE-701 发动机，单台功率为 1 265 千瓦。

基本参数	
制造商	休斯直升机公司
机身长度	17.73 米
机身高度	3.87 米
旋翼直径	14.63 米
机组乘员	2 人
空重	5 165 千克
最大起飞重量	10 433 千克
最大速度	293 千米/时
最大航程	1 900 千米
最大升限	6 400 米

机型特点

AH-64 生存能力非常强，其旋翼采用了玻璃钢增强的多梁式不锈钢前段和敷以玻璃钢蒙皮的蜂窝夹芯后段设计，经实弹射击证明，这种旋翼桨叶任何一点被 12.7 毫米子弹击中后，一般不会造成结构性破坏，完全可以继续执行任务。提高直升机的生存能力，等于是提高了直升机的作战效率和部队的战斗力。

美国 RAH-66 "科曼奇" 武装直升机

　　RAH-66 是由波音公司与西科斯基公司合作开发的一款武装直升机，绰号"科曼奇"。

性能解析

　　RAH-66 最突出的优点是采用了直升机中前所未有的全面隐身设计，如机身采用了多面体圆滑边角设计，减少直角反射面。RAH-66 装有 20 毫米 XM301 双管机炮，短翼能用不同的组合方式携带重量为 864 千克的武器载荷。RAH-66 能够承受 23 毫米炮弹直接命中，并能承受 12.8 米/秒的速度垂直坠地。该机采用 2 台 T800-LHT-800 涡轮轴发动机，每台最大功率为 1 149 千瓦。

基本参数	
制造商	波音/西科斯基公司
机身长度	14.28 米
机身高度	3.37 米
旋翼直径	11.9 米
机组乘员	2 人
空重	3 942 千克
最大起飞重量	7 790 千克
最大速度	324 千米/时
最大航程	485 千米
最大升限	4 566 米

机型特点

　　RAH-66 直升机还可加装雷达干扰机，可迷惑探测雷达。其工作原理是，它能将入射雷达波变为脉冲信号，同时测出直升机在该条件下的反射数据，并发射出假回波，从而达到使探测雷达失灵的目的。RAH-66 的雷达反射特征信号低，使用低功率干扰机即可，这就减轻了干扰机的重量及费用。

美国 ARH-70 "阿拉帕霍" 武装侦察直升机

ARH-70 是贝尔直升机公司研制的一款武装侦察直升机，绰号"阿拉帕霍"。

性能解析

ARH-70 采用了单旋翼带尾桨式布局，旋翼采用 4 片全复合材料桨叶，尾桨位于尾梁末端左侧，采用了 2 片桨叶。ARH-70 装有 1 挺 7.62 毫米 GAU-17 机枪或 12.7 毫米 GAU-19 机枪，机身两侧各安装了 1 个悬臂式武器挂架，可以根据作战需要挂载各种轻型武器，如 7 联装 70 毫米火箭发射巢，双联装"海尔法"导弹发射架，双联装"毒刺"导弹发射架等。ARH-70 安装了 1 台霍尼韦尔HTS900 涡轮轴发动机，功率为 723 千瓦。

基本参数	
制造商	贝尔直升机公司
机身长度	10.57 米
机身高度	3.56 米
旋翼直径	10.67 米
机组乘员	2 人
空重	1 178 千克
最大起飞重量	2 268 千克
最大速度	259 千米 / 时
最大航程	362 千米
最大升限	6 096 米

机型特点

作为替代 OH-58D 直升机的后继机种，ARH-70 不仅要实现探测跟踪目标，还应该能够在面对威胁时主动攻击。为此，ARH-70 将配备各种空对地和空对空武器。ARH-70 可执行武装侦察、对地攻击、单机特种作战等多种任务。可以预见，当美国陆军装备 ARH-70 后，其整体作战能力将得到极大提升。

美国 MH-68A 近程武装拦阻直升机

MH-68A 是阿古斯塔公司为美国海岸警卫队研发的近程武装拦阻直升机。

性能解析

MH-68A 直升机装有先进的雷达和前视红外探测器，以及可透视暗夜的夜视仪。武器装备包括用于警告射击和自卫的 M16 步枪和 7.62 毫米 M240 机枪，用于使疑似目标船只失去动力的 12.7 毫米精准机枪。12.7 毫米精准机枪装有 RC50 激光瞄具。该直升机配备 2 台 P&W 加拿大 PW206C 发动机，单台最大功率为 588 千瓦。

MH-68A 直升机是美国军队的最新型号，其巡航速度可达 140 节。该机没有官方绰号，美国海警直升机中队的人称其为"鲨鱼"。自从使用 MH-68A 直升机以来，美国海警直升机中队已经拦截了价值达 15 亿美元的走私毒品。

基本参数	
制造商	阿古斯塔公司
机身长度	13.5 米
机身高度	3.3 米
旋翼直径	11 米
机组乘员	3 人
空重	1 415 千克
最大起飞重量	3 000 千克
最大速度	305 千米 / 时
最大航程	565 千米

美国 UH-72 "勒科塔" 通用直升机

UH-72 是欧洲直升机公司研制的通用直升机，绰号"勒科塔"。

性能解析

　　UH-72 具有优异的高海拔、高温性能，机舱布局也比较合理。在执行医疗救护任务时，机舱内可同时容纳 2 张担架和 2 名医疗人员，由于舱门较大，躺着伤员的北约标准担架可以方便进出机舱。在执行人员运输任务时，机舱内可容纳不少于 6 名全副武装的士兵。另外，机载无线电也是 UH-72 的一大突出优势。该机机载无线电设备工作频带，不仅涵盖国际民航组织规定的通信频率，与各国民航部门进行通信，还能够与军事、执法、消防和护林等单位进行联系。

基本参数	
制造商	欧洲直升机公司
机身长度	13.03 米
机身高度	3.45 米
旋翼直径	11 米
机组乘员	2 人
空重	1 792 千克
最大起飞重量	3 585 千克
最大速度	269 千米 / 时
最大航程	685 千米
最大升限	5 791 米

机型特点

　　据英国《飞行国际》2012 年 11 月 15 日报道，美国陆军已向 EADS 公司给出一份 1.82 亿美元的采购合同，再次采购 34 架 UH-72A"勒科塔"直升机。UH-72A 是欧直公司 EC145 的军用型改型。EADS 目前已向美国陆军和国民警卫队交付了共计 243 架 UH-72，这批直升机主要用于在和平时期替代更昂贵的 UH-60 和 OH-58 承担运输任务，而 UH-60 和 OH-58 则更多地用于阿富汗地区的任务中。UH-72 目前没有被批准用于作战任务，而是用于在一些任务上替换如 UH-60 等作战直升机，如和平时期的医疗后送任务，以及轻型运输任务等。

美国 S-97 "侵袭者" 武装直升机

S-97 "侵袭者" 是西科斯基公司研制的新型武装直升机。

性能解析

S-97 最大限度地保留了直升机的优点，还弥补了直升机的先天性缺陷，在飞行速度、安静性等方面大幅超越了传统的军用直升机，并具备火力打击和运兵双重能力。S-97 采用共轴对转双螺旋桨加尾部推进桨的全新设计，能以超过 370 千米 / 时的速度巡航，执行突击任务时其速度能进一步提升到 400 千米 / 时以上。S-97 另类的尾桨设计能够确保直升机具备非常出色的静音性，打破以往直升机无法进行有效偷袭行动的局面。

基本参数	
制造商	西科斯基公司
机身长度	11 米
机组乘员	2 人
最大起飞重量	4 990 千克
最大速度	444 千米 / 时
最大航程	570 千米
最大升限	3 048 米

机型特点

西科斯基公司网站 2014 年 10 月 2 日发布了 S-97 "侵袭者" 高速直升机原型机。西科斯基公司认为 S-97 项目将作为未来高速直升机的雏形，也引领着旋翼机领域的发展。尤其是刚性旋翼加尾螺旋桨推进器的气动布局，承载了西科斯基对 21 世纪上半叶高速直升机发展的思路。

美国 VH-71 "茶隼" 总统直升机

VH-71 "茶隼" 是 21 世纪初期研制的新一代美国总统专机。

性能解析

VH-71 采用了各种无可比拟的"空中办公室"技术，确保美国总统可以在直升机上随时与世界各地保持联系。作为总统短途旅行的"空中白宫"，客舱环境的宽敞舒适自不必说。考虑到美国总统处于危险情况下生死攸关，VH-71 还具备更加安全的机舱环境，如防撞的自密封油箱连接、分散连接的电缆等可以避免坠毁时产生火花，同时机身可以屏蔽电磁脉冲，起落架可以吸收垂直冲击。VH-71 还装备了曳光诱饵投放器、导弹告警接收机、红外干扰机等设备。

基本参数	
制造商	阿古斯塔·韦斯特兰公司
机身长度	22.81 米
机身高度	6.65 米
旋翼直径	18.59 米
机组乘员	4 人
空重	10 500 千克
最大起飞重量	15 600 千克
最大速度	309 千米 / 时
最大航程	1 389 千米
最大升限	4 575 米

机型特点

2009 年 4 月 6 日，美国公布了 2010 财年国防预算案，大批造价高昂的武器项目被削减和叫停。根据这份预算案，总耗资 130 亿美元的 VH-71 总统直升机项目和空军的 C-17 新型运输机项目等被完全叫停。

俄罗斯米 –8 "河马"运输直升机

米 –8 "河马"是苏联米里设计局研制的中型直升机。

性能解析

　　米 –8 采用传统的全金属截面半硬壳短舱加尾梁式结构，机身前部为驾驶舱，驾驶舱可容纳正、副驾驶员和机械师。座舱内装有承载能力为 200 千克的绞车和滑轮组，以装卸货物和车辆。座舱外部装有吊挂系统，可以用来运输大型货物。米 –8 武装型一般在机身两侧加挂火箭弹发射器，机头加装 12.7 毫米口径机枪，并可在挂架上加挂反坦克导弹。

机型特点

基本参数	
制造商	米里设计局
机身长度	18.17 米
机身高度	5.65 米
旋翼直径	21.29 米
机组乘员	3 人
空重	7 260 千克
最大起飞重量	12 000 千克
最大速度	260 千米 / 时
最大航程	450 千米
最大升限	4 500 米

　　米 –8 最初作为一种十二三吨的运输直升机而设计，但在使用过程中设计局对它进行了深度的改装，可加装 6 个武器挂架，携带火箭巢，后期型号甚至可使用反坦克导弹，变身成一种突击运输直升机，还有电子战、指挥、布雷等特种改型，连著名的米 –24 系列武装直升机也是改自米 –8 的基础设计。

俄罗斯米–17"河马"运输直升机

米–17直升机是苏联米里设计局研制的单旋翼带尾桨中型运输直升机。

性能解析

从外表上看，米–17的发动机短舱较短，只是座舱前左侧舱门中点上方的进气口靠前了，重新设计了每侧喷管前的小喷嘴。米–17装2台TV3–117MT涡轮轴发动机，单台起飞功率为1 454千瓦。与米–8相比，性能有了很大的提高。2台发动机的输出是同步的，可自动保持旋翼的转速。若一台发动机功率有损失，则另一台发动机输出增加，自动补偿。若一台发动机停止工作时，另一台发动机功率输出增加到应急功率1 640千瓦，从而保持直升机能继续飞行。米–17的飞行性能比不上"黑鹰"，主要部件工作寿命较短，但该机技术成熟、性价比很高，经济实用性好，机舱空间大、运载能力强。

基本参数	
制造商	米里设计局
机身长度	18.424 米
机身高度	4.757 米
机身宽度	2.5 米
正常起飞重量	11 100 千克
空重	7 100 千克
最大起飞重量	13 000 千克
最大速度	240 千米 / 时
最大航程	950 千米
实用升限	5 000 米

俄罗斯米–24"雌鹿"武装直升机

米–24"雌鹿"是米里设计局研制的苏联第一代专用武装直升机。

性能解析

　　米–24 机身为全金属半硬壳式结构，驾驶舱为纵列式布局。后座比前座高，驾驶员视野较好。主舱设有 8 个可折叠座椅，或 4 个长椅，可容纳 8 名全副武装的士兵。该机的主要武器为 1 挺 12.7 毫米"加特林"四管机枪，另有 4 个武器挂载点可挂载 4 枚 AT–2"蝇拍"反坦克导弹或 128 枚 57 毫米火箭弹。此外，还可挂载 1 500 千克化学或常规炸弹，以及其他武器。米–24 的机身装甲很强，可以抵抗 12.7 毫米子弹攻击。

基本参数	
制造商	米里设计局
机身长度	17.5 米
机身高度	6.5 米
旋翼直径	17.3 米
机组乘员	3 人
空重	8 500 千克
最大起飞重量	12 000 千克
最大速度	335 千米 / 时
最大航程	450 千米
最大升限	4 500 米

机型特点

　　米–24 属于中型多用途武装直升机。主要用于为己方坦克部队开辟前进通道，清除防空火力和各种障碍；担负为米–8 和米–17 机群护航任务。米–24 不但具有强大的攻击火力，而且还有一定的运输能力。

俄罗斯米 –26 "光环"通用直升机

米 –26 是米里设计局研制的重型运输直升机，北约代号"光环"。

性能解析

　　米 –26 是第一架旋翼叶片达 8 片的重型直升机，有 2 台发动机并实施载荷共享。它的质量只比米 –6 略重一点，却能吊运 20 吨的货物。米 –26 货舱空间巨大，如用于人员运输可容纳 80 名全副武装的士兵或 60 张担架床及四五名医护人员。货舱顶部装有导轨并配有 2 个电动绞车，起吊质量为 5 吨。米 –26 具备全天候飞行能力，往往需要远离基地到完全没有地勤和导航保障条件的地区独立作业。

　　米 –26 是一款双发多用途重型运输直升机，也是当今世界上仍在服役的最重、最大的直升机，除作为军事用途之外，其民用功能也相当出色，如森林消防、自然灾害救援等。

基本参数	
制造商	米里设计局
机身长度	40.03 米
机身高度	8.15 米
旋翼直径	32 米
机组乘员	5 人
空重	28 200 千克
最大起飞重量	56 000 千克
最大速度	295 千米 / 时
最大航程	1 920 千米
最大升限	4 600 米

俄罗斯米-28"浩劫"武装直升机

米-28"浩劫"是米里设计局研制的一款单旋翼带尾桨全天候专用武装直升机。

性能解析

　　米-28是世界上唯一的全装甲直升机，特别强调飞行人员的存活率。机身为全金属半硬壳式结构，驾驶舱为纵列式布局，四周配有完备的钛合金装甲。前驾驶舱为领航员或射手，后面为驾驶员。座椅可调高低，能吸收撞击能量。旋翼系统采用半刚性铰接式结构，桨叶为5片。米-28的主要武器为1门30毫米机炮，另有4个武器挂载点可挂载16枚AT-6反坦克导弹，或40枚火箭弹（2个火箭巢）。动力装置为2台克里莫夫设计局研制TV3-117发动机，单台功率为1 640千瓦。

基本参数	
制造商	米里设计局
机身长度	17.01 米
机身高度	3.82 米
旋翼直径	17.20 米
乘员	2 人
空重	8 100 千克
最大起飞重量	11 500 千克
最大速度	325 千米/时
最大航程	1 100 千米
最大升限	5 800 米

机型特点

　　米-28放弃了米-24许多独特的设计，例如，能装载8名步兵的运兵舱、气泡形风挡等。它的结构布局、作战特点都与西方流行的设计，尤其与AH-64相似，因此被西方戏称为"阿帕奇斯基"。

俄罗斯米–35"雌鹿E"武装直升机

米–35是俄罗斯米里设计局研制的中型武装直升机，北约代号"雌鹿E"。

性能解析

米–35采用5片矩形桨叶旋翼，垂尾式尾斜梁，尾桨为3片桨叶。米–35可执行多种任务，突出特点是有1个可容纳8名人员的货舱，最大起飞重量超出米–8武装型一倍。武器系统包括超音速反坦克导弹、23毫米机炮以及火箭弹、机枪和枪榴弹等。米–35M改装了米–28的旋翼、尾桨和传动系统，全机重量减轻300千克，发动机输出推力增大300千克。

基本参数	
制造商	米里设计局
机身长度	18.8米
机身高度	6.5米
旋翼直径	17.1米
乘员	2人
空重	8 200千克
最大起飞重量	11 500千克
最大速度	330千米/时
最大航程	500千米
最大升限	4 500米

机型特点

米–35是米–24的改良型，把原先米–24的机体翻新，把其结构寿命延长了4 000小时。米–35可挂载16枚9M120反坦克导弹，9M120采用抗干扰的无线电指令导引，可以击穿850毫米厚装甲的坦克，米–35直升机也可挂载针–B空对空导弹从而作为低空战斗机去打直升机空战。

俄罗斯卡-25"激素"反潜直升机

卡-25是卡莫夫设计局研制的反潜直升机，北约代号"激素"。

性能解析

卡-25采用1副共轴反转三片桨叶旋翼，桨叶可自动折叠，采用吊舱加尾梁式机体。不可收放四点式起落架。机轮周围可安装充气浮囊，可提供水上漂浮能力。驾驶舱内有正、副驾驶员座椅。反潜时机舱载两三名系统操作员，载客时容纳12个折叠座椅。动力装置（后期型）为2台TTA-3BM涡轴发动机，并排装在舱顶旋翼主轴前方，单台功率为738千瓦。

卡-25主要任务为探测敌方的核潜艇，北大西洋公约组织给予绰号"激素"。1961年7月，该机的原型机在苏联航空节上进行了首次飞行表演。

基本参数	
制造商	卡莫夫设计局
机身长度	9.75 米
机身高度	5.37 米
旋翼直径	15.7 米
机组乘员	4 人
空重	4 765 千克
最大起飞重量	7 500 千克
最大速度	209 千米/时
最大航程	400 千米
最大升限	3 350 米

俄罗斯卡 –27 "蜗牛" 反潜直升机

卡 –27 是卡莫夫设计局为俄罗斯海军设计的反潜直升机，北约代号 "蜗牛"。

性能解析

卡 –27 机身采用传统的半硬壳式结构，机身两侧带有充气浮筒，紧急情况下可在水上降落。为适应在海上使用，机身材料采用抗腐蚀性金属。由于共轴双旋翼的先进性能，卡 –27 的升重比高，总体尺寸小，机动性好，易于操纵。此外，卡 –27 的零件要比传统设计的直升机少 1/4，且大多数与俄罗斯陆基直升机相同。卡 –27 安装了 1 枚 406 毫米自导鱼雷、1 枚火箭弹、10 枚 PLAB 250–120 炸弹和 2 枚 OMAB 炸弹。该机的动力装置为 2 台 TV3–117V 涡轮轴发动机，单台功率为 1 660 千瓦。

基本参数	
制造商	卡莫夫设计局
机身长度	11.3 米
机身高度	5.5 米
旋翼直径	15.8 米
机组乘员	3 人
空重	6 500 千克
最大起飞重量	12 000 千克
最大速度	270 千米 / 时
最大航程	980 千米
最大升限	5 000 米

机型特点

卡 –27 是 1 种共轴反转双旋翼直升机，也是 1 种双发动机多用途军用直升机。卡 –27PL 是基本反潜型，一般成双使用，1 架追踪敌方潜艇，另 1 架投放深水炸弹。俄罗斯海军航空兵现仍使用 100 多架。卡 –27PS 是搜索救援和警戒型，类似于卡 –27PL 型，但去掉了一些作战设备。

俄罗斯卡–29 "蜗牛B" 通用直升机

卡–29是卡莫夫设计局研制的双发突击运输及电子战直升机，北约代号"蜗牛B"。

性能解析

卡–29为共轴双旋翼，旋翼直径较小，非常适合进驻空间较小的舰艇。由于不需要平衡用的尾桨，全机尺寸也大大缩短。共轴双旋翼还可使运动时所引起的振动互相抵消，其振动水平很低，对瞄准和准确射击十分有利，并可延长机体和设备的寿命。该机装有先进和完备的观察通信及火控设备，可在昼夜复杂的气象条件下活动。卡–29还配有强力装甲，能保证其在作战中有足够的生存能力。

基本参数	
制造商	卡莫夫设计局
机身长度	15.9 米
机身高度	5.4 米
旋翼直径	15.5 米
乘员	2 人
空重	5 520 千克
最大起飞重量	12 600 千克
最大速度	280 千米／时
最大航程	440 千米
最大升限	3 700 米

机型特点

卡–29是改进自卡–27的海军武装运输直升机，用于将海军陆战队步兵和装备从舰艇上运送到地面作战区域，提供火力支援。卡–29是离岛登陆作战中使用的，海军舰只是用于实施对地攻击和武装运输的一款利器。

俄罗斯卡 –50 "黑鲨" 武装直升机

卡 –50 "黑鲨" 是卡莫夫设计局研制的一款单座武装直升机。

性能解析

卡 –50 是世界上第一架采用单人座舱、同轴反转旋翼、弹射救生座椅的武装直升机。2 具同轴反向旋翼装在机身中部,每具 3 片旋翼。卡 –50 的主要武器为 1 门 30 毫米 2A42 型航炮,另有 4 个武器挂载点可挂载 16 枚 AT–9 反坦克导弹或 80 枚 80 毫米 S8 型空对地火箭。卡 –50 是第一架像战斗机一样配备了弹射座椅的直升机,飞行员利用此装置逃生只需要 2.5 秒。动力装置为 2 台 TB3–117 涡轮轴发动机,每台功率为 1 640 千瓦。

基本参数	
制造商	卡莫夫设计局
机身长度	13.5 米
机身高度	5.4 米
旋翼直径	14.5 米
乘员	1 人
空重	7 800 千克
最大起飞重量	10 800 千克
最大速度	350 千米 / 时
最大航程	1 160 千米
最大升限	5 500 米

机型特点

卡 –50 除能完成反坦克任务外,还可用来执行反舰 / 反潜、搜索和救援、电子侦察等任务。为提高生存能力,卡 –50 采用了红外抑制技术、红外诱饵撒布装置和装甲。

俄罗斯卡-52"短吻鳄"武装直升机

卡-52"短吻鳄"是卡莫夫设计局在卡-50基础上改进而来的武装直升机。

性能解析

卡-52最显著的特点是采用并列双座布局的驾驶舱,而非传统的串列双座。卡-52有85%的零部件与已经批量生产的卡-50直升机通用。卡-52安装了1门不可移动的23毫米机炮,短翼下的4个武器挂架可挂载12枚超音速反坦克导弹,也可安装4个火箭发射巢。为消灭远距离目标,卡-52还可挂X-25MJI空对地导弹或P-73空对空导弹等。该机的动力装置为2台TB3-117BMA涡轴发动机,单台功率为1618千瓦。

基本参数	
制造商	卡莫夫设计局
机身长度	15.96 米
机身高度	4.93 米
旋翼直径	14.43 米
乘员	2 人
空重	8 300 千克
最大起飞重量	10 400 千克
最大速度	310 千米 / 时
最大航程	1 100 千米
最大升限	5 500 米

机型特点

卡-52武装直升机的主要任务是对战场实施空中侦察,使突击直升机群能更隐蔽地采取突袭行动,可大大降低突袭风险。攻击和消灭敌方坦克、装甲车辆及地面机械化部队。也可同敌人的低速空中目标作战。卡-52被称作"智能"型直升机,它具有最新的自动目标指示仪和独特的高度程序,能为战斗直升机群进行目标分配,以充分发挥卡-50战斗直升机的作用和协调其机群的战斗行动,也用于飞行员训练。

俄罗斯卡 –60 "逆戟鲸" 直升机

卡 –60 "逆戟鲸" 是卡莫夫设计局研制的一款多用途直升机。

性能解析

卡 –60 采用 4 片桨叶旋翼和涵道式尾桨布局，可收放式起落架。驾驶舱内有 2 名驾驶员。座舱可搭载 12~14 名乘客，要人专机布局时安装 5 个座椅。该机早期型号的动力装置为 2 台诺维科夫设计局 TVD–1500 涡轮轴发动机，单台功率为 970 千瓦。后期的卡 –60R 改装 2 台劳斯莱斯 RTM322 涡轴发动机，单台功率为 1 395 千瓦。

机型特点

卡 –60 直升机可以负担攻击、巡逻、搜索、救援行动、医疗后送、训练，伞兵空投和空中侦察等多种任务，卡 –60 具有完美的空气动力外形，每侧机身都开有大号舱门，尾桨有 11 片桨叶。座舱内的座椅具有吸收撞击能量的能力。

基本参数	
制造商	卡莫夫设计局
机身长度	15.6 米
机身高度	4.6 米
旋翼直径	13.5 米
机组乘员	2 人
正常起飞重量	6 000 千克
最大起飞重量	6 500 千克
最大速度	300 千米 / 时
最大航程	615 千米
最大升限	5 150 米
爬升率	10.4 米

欧洲 "虎" 式武装直升机

"虎"式是由欧洲直升机公司研制的一款武装直升机。

性能解析

　　"虎"式机身较短、大梁短粗。座舱为纵列双座,驾驶员在前座,炮手在后座。机体广泛采用复合材料,隐身性能较佳。该机采用全复合材料轴承的 4 桨叶无铰旋翼系统,尾桨为 3 叶。"虎"式直升机装有 1 门 30 毫米机炮,另可搭载 8 枚 "霍特 2" 或新型 PARS-LR 反坦克导弹、4 枚 "毒刺" 或 "西北风" 红外寻的空对空导弹。此外,还有 2 具 22 发火箭吊舱。动力装置为 2 台劳斯莱斯 MTU MTR390 涡轴发动机,每台功率为 873 千瓦。

基本参数	
制造商	欧洲直升机公司
机身长度	14.08 米
机身高度	3.83 米
旋翼直径	13 米
机组乘员	2 人
空重	3 060 千克
最大起飞重量	6 000 千克
最大速度	315 千米 / 时
最大航程	800 千米
最大升限	4 000 米

机型特点

　　"虎"式直升机的空中机动性能、续航力、机炮射击精确度均优于 AH-64 等美制武装直升机,适合进行直升机空战,整体武器筹载虽然不如美制武装直升机,也仍足以胜任一般的反坦克、猎杀软性目标或密接支援等任务;而在后勤维持成本上,"虎"式直升机相较于 AH-64、AH-1 系列则拥有较大的优势。

欧洲 NH90 通用直升机

NH90 是法国、德国、意大利和荷兰共同研制的中型通用直升机。

性能解析

　　NH90 的机身由全复合材料制成，隐形性好，抗冲击能力较强。4 片桨叶旋翼和无铰尾桨也由复合材料制成，可抵御 23 毫米口径炮弹攻击。机体有足够的空间装载各种海军设备，或安排 20 名全副武装士兵的座椅。通过尾舱门跳板还可运载 2 吨级战术运输车辆。该机的动力装置为 2 台 RTM322-01/9 涡轮轴发动机，单台功率为 1 600 千瓦。NFH90 还可携带反舰导弹执行反舰任务，或为其他平台发射的反舰导弹实施导引或中继。

基本参数	
制造商	北约直升机工业公司
机身长度	19.56 米
机身高度	5.44 米
旋翼直径	16.00 米
机组乘员	3 人
空重	5 400 千克
最大起飞重量	10 000 千克
最大速度	310 千米 / 时
最大航程	1 204 千米
最大升限	6 000 米

机型特点

　　NH90 战术运输型直升机 TTH 主要用于人员与物资的战术性运输。它可运载 14~20 人以及 2.5 吨的物资。后舱可搭载一辆轻型运输车辆。此外，战术运输型直升机还可执行医疗救护、电子战、飞行训练、要员运输等任务，并能作为空中指挥所使用。

欧洲 EH 101 "灰背隼" 通用直升机

EH 101 "灰背隼" 是英国、意大利联合研制的通用直升机。

性能解析

"灰背隼" 的机身结构由传统和复合材料构成，设计上尽可能采用多重结构式设计，主要部件在受损后仍能起作用。该机具有全天候作战能力，可用于运输、反潜、护航、搜索救援、空中预警和电子对抗等。各型 "灰背隼" 的机身结构、发动机、基本系统和航空电子系统基本相同，主要的不同在于执行不同任务时所需的特殊设备。执行运输任务时，"灰背隼" 可装载 2 名飞行员和 35 名全副武装的士兵，或者 16 副担架加 1 支医疗队。

基本参数	
制造商	韦斯特兰 / 阿古斯塔公司
机身长度	22.81 米
机身高度	6.65 米
旋翼直径	18.59 米
机组乘员	3~4 人
空重	10 500 千克
最大起飞重量	14 600 千克
最大速度	309 千米 / 时
最大航程	833 千米
最大升限	4 575 米

机型特点

EH 101 "灰背隼" 除了基本的反潜作战外，还要担负舰艇警戒、反舰攻击、两栖作战、搜索、空中预警、垂直补给、电子干扰等任务。若谈其先进性，有一件事最能证明其性能——在美国总统直升机的选型上，EH 101 力压包括美国本土的西科斯基公司在内的多国公司研制生产的 S-92 通用直升机而胜出。

欧洲 AS 555 "小狐" 轻型直升机

AS 555 "小狐" 是欧洲直升机公司研发的一款舰载轻型直升机。

性能解析

"小狐" 机身使用轻型合成金属材料，采用了热力塑型技术。主旋翼中央叶毂相同径向三叶片对称配置螺旋桨也采用了合成材料，以便减轻机体重量，同时增加防护力。该机可以装备多种武器系统，以满足多种地域和地形对军事活动的需求，如法国军队中服役的 AS 555AN 系列配有 20 毫米 M621 机炮、轻型自动寻的鱼雷和 "西北风" 导弹，还能配备 "派龙" 挂架安装火箭。该机的动力装置为 2 台法国产 1A 涡轮轴发动机，持续输出功率达 302 千瓦。

基本参数	
制造商	欧洲直升机公司
机身长度	12.94 米
机身高度	3.34 米
旋翼直径	10.69 米
机组乘员	2 人
空重	1 220 千克
最大起飞重量	2 250 千克
最大速度	246 千米 / 时
最大航程	648 千米
最大升限	5 280 米

机型特点

"小狐" 直升机在南美享有良好口碑，目前在巴西、哥伦比亚和阿根廷三国海军中均可以见到它的身影。2001 年 10 月，马来西亚空军曾订购了 6 架 AS 555SN 系列直升机，2003 年该机交付并投入现役，主要用于训练、侦察和捕捉超视距目标。

英法 SA 341/342 "小羚羊" 武装直升机

SA 341/ 342 "小羚羊" 是由原法国宇航公司和英国韦斯特兰公司共同研制的一款轻型直升机。

性能解析

"小羚羊" 机体大量使用了夹芯板结构，座舱框架为轻合金焊接结构，安装在普通半硬壳底部机构上。采用三片半铰接式旋翼，可人工折叠。采用钢管滑橇式起落架，可加装机轮、浮筒和雪橇等。"小羚羊" 的主要武器包括 1 门 20 毫米机炮或 2 挺 7.62 毫米机枪，可带 4 枚 "霍特" 反坦克导弹或 2 个 70 毫米或 68 毫米火箭吊舱。"小羚羊" 的动力装置为 1 台 "阿斯泰阻" XIVM 涡轮轴发动机，功率为 640 千瓦。

基本参数	
制造商	宇航/ 韦斯特兰公司
机身长度	11.97 米
机身高度	3.19 米
旋翼直径	10.5 米
机组乘员	2 人
空重	991 千克
最大起飞重量	1 900 千克
最大速度	260 千米 / 时
最大航程	710 千米
最大升限	4 100 米

机型特点

1971 年 5 月 13 日和 14 日，SA 341-01 号在伊斯特尔创造了三项 E1C 级世界纪录：在 3 千米直线航段上飞行速度达 310 千米 / 时；在 15/ 25 千米直线航段上飞行速度达 312 千米 / 时；在 100 千米闭合航线上飞行速度达 296 千米 / 时，可见 "小羚羊" 在 20 世纪 70—80 年代是一种非常优秀的直升机。

英法“山猫”通用直升机

“山猫”是英、法合作研制的一款通用直升机，有陆军型和海军型。

性能解析

　　“山猫”的座舱为并列双座结构，采用 4 片桨叶半刚性旋翼和 4 片桨叶尾桨，旋翼桨叶可以人工折叠，海军型的尾斜梁也可人工折叠。座舱可容纳 1 名驾驶员和 10 名武装士兵。舱内可载货物 907 千克，外挂能力为 1 360 千克。“山猫”执行武装护航、反坦克和空对地攻击任务时，可以携带 20 毫米机炮，7.62 毫米机枪，68 毫米、70 毫米或 80 毫米火箭弹和各种反坦克导弹。海军型可携带鱼雷、深水炸弹或空对舰导弹。

基本参数	
制造商	法国航宇公司
机身长度	15.16 米
机身高度	3.66 米
旋翼直径	12.8 米
机组乘员	2 人
空重	2 787 千克
最大起飞重量	4 535 千克
最大速度	289 千米 / 时
最大航程	630 千米
最大升限	3 230 米

机型特点

　　“山猫”速度快、机动灵活、易于操纵和控制，可执行多种任务。可用于执行战术部队运输、后勤支援、护航、反坦克、搜索和救援、伤员撤退、侦察和指挥等任务。海军型还可用于反潜、对水面舰只搜索和攻击、垂直补给等。

英法"超级山猫"通用直升机

"超级山猫"双发通用直升机是"山猫"的后续发展机型。

性能解析

最新的"超级山猫"300型装有"宝石"42型发动机，座舱内装备有6个电子飞行仪表系统显示屏以及新型导航系统和姿态航向基准系统，同时改进了通信设备。该直升机可容纳11名人员（包括2名机组成员），外部载重可达1.36吨。它装备了1套红外监视系统，用于对目标进行识别。此外，该型直升机还可装备4枚"海上大鸥"或2枚"企鹅"反舰导弹。

基本参数	
制造商	英国韦斯特兰公司
机身长度	15.24 米
机身高度	3.67 米
旋翼直径	12.8 米
机组乘员	2 人
空重	3 291 千克
最大起飞重量	5 125 千克
最大速度	289 千米 / 时
最大航程	630 千米
最大升限	3 230 米

机型特点

"超级山猫"直升机是一种杰出的对地面攻击作战平台和性能优良的火箭发射器，可以发射多种激光制导和有线制导的导弹，其中包括全自动的预警系统加上精巧的目标搜索系统，使这种直升机可以在首次攻击时占据很大的优势。

英国 AW 159 "野猫" 武装直升机

AW 159 "野猫" 是韦斯特兰公司在 "山猫" 基础上研制的新型武装直升机。

性能解析

  "野猫" 大多数零部件是新设计的,仅有 5% 的零部件可与 "山猫" 通用。在外形方面,"野猫" 的尾桨经过重新设计,耐用性更强,隐身性能也更好。"野猫" 采用 2 台 LHTEC CTS800 涡轮轴发动机,单台功率为 1 016 千瓦。该直升机的主要武器为 FN MAG 机枪 (陆军版)、CRV7 制导火箭弹和泰利斯公司的轻型多用途导弹。海军版装有勃朗宁 M2 机枪,还可搭载深水炸弹和鱼雷。

基本参数	
制造商	韦斯特兰公司
机身长度	15.24 米
机身高度	3.73 米
旋翼直径	12.8 米
机组乘员	2 人
最大起飞重量	6 000 千克
最大速度	291 千米 / 时
最大航程	777 千米

机型特点

  2012 年 1 月 12 日,英国国防部宣布,奥古斯塔 – 韦斯特兰公司制造的 AW159 "野猫" 直升机已经在 "铁公爵" 号护卫舰上完成了海上着舰试验,从而启动了历时一个月的系列海试。

英国 WAH-64 "长弓阿帕奇" 武装直升机

WAH-64 是英国特许生产的 AH-64D "长弓阿帕奇" 武装直升机。

性能解析

WAH-64 和 AH-64D 的区别主要包括劳斯莱斯发动机，1 个新的电子防御套件和折叠机叶，并允许英国式操作。与美国和荷兰不同，英国为其装备的 WAH-64 直升机选装了 RTM322 Mk250 型发动机，该型发动机可以与 EH 101 "灰背隼" 直升机通用，其功率达到 1 662 千瓦，比同属 "阿帕奇" 系列的其他直升机所装备的 GET701C 发动机功率要高 19%（GET701C 发动机功率为 1 390 千瓦）。

基本参数	
制造商	韦斯特兰公司
机身长度	17.73 米
机身高度	3.87 米
旋翼直径	14.63 米
机组乘员	2 人
空重	5 165 千克
最大起飞重量	10 433 千克
最大速度	293 千米/时
最大航程	1 900 千米
最大升限	6 400 米

机型特点

WAH-64 的强大火力与重装甲，使它像是一辆在战场上空飞行的重坦克。不管白天或黑夜，也不管天气有多恶劣，它都能够随心所欲地找出敌人并摧毁敌人，而且几乎完全无惧于敌人的任何武器。它与 "阿帕奇" 最大的区别是加装了长弓雷达，故名 "长弓阿帕奇"。阿帕奇系列被誉为 "坦克克星"。

法国 SA 316/319 "云雀" III 通用直升机

SA 316/ 319 "云雀" III 是法国宇航公司研制的轻型通用直升机。

性能解析

"云雀" III 直升机的军用型可以安装 7.62 毫米机枪或 20 毫米机炮，还能外挂 4 枚 AS11 或 2 枚 AS12 有线制导导弹，可以攻击坦克和小型舰艇。"云雀" III 的反潜型安装了鱼雷和磁场异常探测仪，有的还安装了能起吊 175 千克重量的救生绞车。

SA 319 安装的是 "阿斯泰勒" XIV 涡轴发动机，增加了发动机的效率，减少了耗油量。

基本参数	
制造商	法国宇航公司
机身长度	12.84 米
机身高度	3 米
旋翼直径	11.02 米
机组乘员	1 人
空重	1 134 千克
最大起飞重量	2 200 千克
最大速度	220 千米 / 时
最大航程	605 千米
最大升限	4 000 米

法国 SA 321 "超黄蜂" 通用直升机

SA 321 是法国宇航公司研制的一款通用直升机，绰号"超黄蜂"。

性能解析

"超黄蜂"采用普通全金属半硬壳式机身，船形机腹由水密隔舱构成。该机有 6 片桨叶旋翼，可液压操纵自动折叠。尾桨有 5 片金属桨叶，与旋翼桨叶结构相似。"超黄蜂"驾驶舱内有正、副驾驶员座椅，具有复式操纵机构和先进的全天候设备。G 型有 5 名乘员，有反潜探测、攻击、拖曳、扫雷和执行其他任务用的各种设备。H 型可运送 27 ~ 30 名士兵，内载或外挂 5 000 千克货物，或者携带 15 副担架和 2 名医护人员。

基本参数	
制造商	法国宇航公司
机身长度	23.03 米
机身高度	6.66 米
旋翼直径	18.9 米
机组乘员	2 人
空重	6 702 千克
最大起飞重量	13 000 千克
最大速度	275 千米 / 时
最大航程	1 020 千米
实用升限	3 150 米

机型特点

"超黄蜂"直升机能执行多种任务，如运输、后撤伤员、搜索、救援、海岸警戒、反潜、扫雷、布雷等。SA.321G 反潜型是"超黄蜂"系列中首先投入生产的型别，装有侧向稳定浮筒、海上飞行和反潜用的导航、探测和定位装置以及反潜武器。

法国 SA 330 "美洲豹" 通用直升机

SA 330 是法国宇航公司研制的一款中型通用直升机,绰号"美洲豹"。

性能解析

SA 330 采用前三点式固定起落架,旋翼为4 叶,尾桨为 5 叶。该机可视要求搭载导弹、火箭,或在机身侧面与机头分别装备 20 毫米机炮及 7.62 毫米机枪。机身背部并列安装 2 台透博梅卡"透默"IVC 型涡轮轴发动机,最大功率为1177 千瓦。机头为驾驶舱,飞行员 1~2 名,主机舱开有侧门,可装载 16 名武装士兵或 8 副担架加 8 名轻伤员,也可运载货物,机外吊挂能力为 3 200 千克。

基本参数	
制造商	法国宇航公司
机身长度	19.5 米
机身高度	5.14 米
旋翼直径	15 米
机组乘员	2 人
空重	3 615 千克
最大起飞重量	7 500 千克
最大速度	271 千米 / 时
最大航程	572 千米
实用升限	6 000 米

机型特点

SA 330 是在许多国家得到使用的性能良好的运输型直升机。1978 年 9 月13 日,其发展型 SA 332 首飞,别名"超级美洲豹"。特点是载重更大、抗坠性好、战场生存性强,舱内噪声降低。机头(下部鼻部)加长,轮距加大,采用单轮主起落架,并可"下跪"以减少舰上收容空间。

法国 SA 360/361/365 "海豚"通用直升机

"海豚"是法国宇航公司研制的一款通用直升机。

性能解析

　　"海豚"系列各型号之间差异较大。以 SA 365N 型为例，可载 13 名乘客，可吊挂 1600 千克重物，也可安装全套反潜反舰武器，包括全向雷达及鱼雷 2 枚。而 SA 365F 是从 SA 365N 发展而来的反舰型和反潜型，在机头下悬挂有圆板状的 Agrion15 雷达，机身两侧挂架下可挂载 4 枚 AS.15TT 导弹，也可挂载 2 枚 AM39 飞鱼反舰导弹，可攻击 15 千米外的敌舰。反潜型则带有磁探仪、声呐浮标及 2 枚自导鱼雷。座舱中可容 10 人。

基本参数	
制造商	法国宇航公司
机身长度	13.2 米
机身高度	3.5 米
旋翼直径	11.5 米
机组乘员	2 人
空重	1 580 千克
最大起飞重量	3 000 千克
最大速度	315 千米 / 时
最大航程	675 千米
最大升限	4 600 米

机型特点

　　"海豚"有多种型号。SA 360 是初始的单发机型。SA 365 C 是双发涡轮轴机型。SA 365 N 属于改进型。采用了 90 个新元件。SA 365 N1 换装了透博梅卡·阿赫耶 1 发动机，增大了功率储备。AS 365 N2 作了进一步改进。SA 365 N3 换装了带 FADEC 的透博梅卡·阿赫耶 2 发动机，改进了高温高原性能。SA 565 "黑豹"是军用型。

法国 AS 532 "美洲狮" 通用直升机

AS 532 是法国宇航公司研制的一款双发通用直升机，绰号"美洲狮"。

性能解析

AS 532 的旋翼为 4 片全铰接桨叶，尾桨叶也是 4 片。该机的机载设备可根据不同的需要灵活调整。AS 532 陆 / 空型可安装 2 挺 20 毫米或 7.62 毫米机枪，海军型可安装 2 枚 AM39 "飞鱼" 反舰导弹或 2 枚轻型鱼雷。该机的动力装置为 2 台透博梅卡"马基拉"1A1 涡轴发动机，单台最大应急功率为 1 400 千瓦，其进气道口装有格栅，可防止冰、雪等异物进入。

基本参数	
制造商	法国宇航公司
机身长度	18.7 米
机身高度	4.92 米
旋翼直径	15.6 米
机组乘员	2 人
空重	4 330 千克
最大起飞重量	9 000 千克
最大速度	278 千米 / 时
最大航程	870 千米
最大升限	4 100 米

机型特点

AS 532 有多种改型，现有型别除 AS 332 "超美洲豹" 标准民用型外，还有军用 MKI 短机身非武装通用型 AS 532UC；军用 MKI 长机身非武装通用型 AS 532UL；AS 532UC 的武装型 AS 532AC；AS 532UL 的武装型 AS 532AL；MKI 短机身海军型 AS 532SC；军用 MKII 非武装通用运输型 AS 532U2/A2 等近十种改型。

法国 AS 565 "黑豹" 通用直升机

　　AS 565 是法国宇航公司在"海豚"II 的基础上发展而来的一款通用直升机，绰号"黑豹"。

▌▌▌★ 性能解析

　　AS 565 整个机体可经受以 7 米 / 秒的垂直下降速度碰撞，燃油系统能经受 14 米 / 秒坠落速度的碰撞。为降低红外辐射信号，机体涂以低红外反射的涂料。为使座舱适应贴地飞行，采用了夜视目镜。该机装有 2 台透博梅卡 TM333–1M 涡轮轴发动机，每台功率为 680 千瓦。机身两侧的外挂架可携带 44 枚 68 毫米火箭，2 个 20 毫米机炮吊舱，或 8 枚"马特拉"空对空导弹。反坦克型 AS 565CA 还可搭载"霍特"导弹和舱顶瞄准具。AS 565 于 1991 年在法国巴黎航空展览会上首次公开露面。主要型别有武装型、反坦克型、高速运输型、反舰反潜型。

基本参数	
制造商	法国宇航公司
机身长度	13.7 米
机身高度	4.1 米
旋翼直径	11.9 米
机组乘员	2 人
空重	2 255 千克
最大起飞重量	4 250 千克
最大速度	296 千米 / 时
最大航程	875 千米
悬停高度	2 600 米

德国 BO 105 武装直升机

BO 105 是德国伯尔科夫公司研制的一款双发多用途武装直升机。

▌▌▌▷ 性能解析

　　BO 105 的机身为普通半硬壳式结构，座舱前排为正、副驾驶员座椅。后排长椅可坐 3~4 人，长椅拆除后可装 2 副担架或货物。座椅后和发动机下方的整个后机身都可用于装载货物和行李。该机使用普通的滑橇式起落架，舰载使用时可以改装成轮式起落架。BO 105 可携带"霍特"或"陶"式反坦克导弹，还可选用 7.62 毫米机枪、20 毫米 RH202 机炮以及无控火箭弹等。空战时，还可使用 R550"魔术"空对空导弹。

基本参数	
制造商	伯尔科夫公司
机身长度	11.86 米
机身高度	3 米
旋翼直径	9.84 米
机组乘员	2 人
空重	1 276 千克
最大起飞重量	2 500 千克
最大速度	270 千米 / 时
最大航程	575 千米
最大升限	5 180 米

▌▌▌▷ 机型特点

　　BO 105 军事上可用于侦察、反坦克及联络，商业上可用于邮政快递、资源勘探、电视电台报道及森林防火。机动性比一般直升机有所改善；机身内部空间能安装 2 副标准的担架并搭载 1 名护士；维护要求低，无油脂润滑，润滑油及其滑油量指示表数量最少。

意大利 A129 "猫鼬" 武装直升机

A129 是意大利阿古斯塔公司研制的一款武装直升机，绰号"猫鼬"。

性能解析

A129 采用常规半硬壳式结构机身，纵列串列式座舱。该机有着完善的全昼夜作战能力，装有 2 台计算机控制的综合多功能火控系统，以及霍尼韦尔公司的前视红外探测系统。A129 在 4 个外挂点上可携带 1 200 千克外挂物，通常携带 8 枚"陶"反坦克导弹、2 挺机枪（机炮）或 81 毫米火箭发射舱。另外，A129 也有携带"毒刺"空对空导弹的能力。A129 采用 2 台劳斯莱斯 Gem 2 Mk 1004D 发动机，每台额定功率为 772 千瓦。

基本参数	
制造商	阿古斯塔公司
机身长度	12.28 米
机身高度	3.35 米
旋翼直径	11.90 米
机组乘员	2 人
空重	2 530 千克
最大起飞重量	4 600 千克
最大速度	278 千米 / 时
最大航程	1 000 千米
最大升限	4 725 米

机型特点

A129 是欧洲自主设计的第一种武装直升机，也是第一种经历过实战考验的欧洲国家的武装直升机。A129 有着完善的全昼夜作战能力，这来源于由 2 台计算机控制的综合多功能火控系统。为了夜间执行反坦克任务，前视红外探测系统可以增强"陶"式导弹的目标截获和制导能力。这种探测系统也可在白天使用。

印度 LCH 武装直升机

LCH 是由印度斯坦航空公司研制的一款轻型武装直升机。

性能解析

　　LCH 采用纵列阶梯式布局，在机体结构上采用较大比例的复合材料。LCH 的武器包括 20 毫米 M621 型机炮、"九头蛇" 70 毫米机载火箭发射器、"西北风"空对空导弹、高爆炸弹、反辐射导弹和反坦克导弹等。多种武器装备拓展了 LCH 的作战任务，除传统反坦克和火力压制任务外，LCH 还能攻击敌方的无人机和直升机，并且适用于执行掩护特种部队机降任务。LCH 的动力装置为透博梅卡"阿蒂丹"1H 发动机，最大应急功率达到 1 000 千瓦。

基本参数	
制造商	斯坦航空公司
机身长度	15.8 米
机身高度	4.7 米
旋翼直径	13.3 米
机组乘员	2 人
空重	2 250 千克
最大起飞重量	5 800 千克
最大速度	330 千米 / 时
最大航程	700 千米
最大升限	6 500 米

机型特点

　　LCH 能够在复杂气候和天气条件使用现代化武器执行作战任务，该机可以装备火箭吊舱、机关炮以及空空导弹，能够击落无人机和低速运动的飞行器、护送在特种作战中运输兵员的直升机、摧毁敌方防空、在城市环境中飞行以及炸毁坦克和其他车辆。

印度"楼陀罗"武装直升机

　　"楼陀罗"是印度斯坦航空公司在"北极星"通用直升机的基础上发展而来的另一款改进型。

性能解析

　　"楼陀罗"的机体采用了装甲防护和流行的隐身技术，起落架和机体下部都经过了强化设计。该机主要用于打击坦克装甲目标及地面有生力量，具备压制敌方防空系统、掩护特种作战等能力。"楼陀罗"装有1门20毫米M6-21型自动塔炮，还可挂载70毫米火箭弹发射器以及反坦克导弹（最多8枚）和"西北风"空对空导弹（最多4枚）。在执行反潜和对海攻击任务时，其还可挂载深水炸弹和鱼雷（2枚）。该机的动力装置为2台883千瓦的"力量"型发动机。

基本参数	
制造商	斯坦航空公司
机身长度	15.87 米
机身高度	4.98 米
旋翼直径	13.2 米
机组乘员	2 人
空重	2 502 千克
最大起飞重量	5 500 千克
最大速度	290 千米 / 时
最大航程	827 千米
最大升限	6 096 米

　　"楼陀罗"直升机的防护性能良好，既可执行反坦克、反潜和打击敌方直升机的任务，也可用于运送物资或是疏散伤员。

南非 CSH-2 "石茶隼" 武装直升机

CSH-2 是由南非阿特拉斯公司研制的一款武装直升机，绰号"石茶隼"。

性能解析

"石茶隼"的座舱和武器系统布局与美国"阿帕奇"直升机很相似，机组为飞行员、射击员2个人。纵列阶梯式驾驶舱使机身细长。后三点跪式起落架使直升机能在斜坡上着陆，增强了耐坠毁能力。2台涡轮轴发动机安装在机身肩部，可提高抗弹性。采用了两侧短翼来携带外挂的火箭、导弹等武器，前视红外、激光测距等探测设备位于机头下方的转塔内，前机身下安装有外露的机炮。与"阿帕奇"不同的是，"石茶隼"的炮塔安装在机头下前方，而不是在机身正下方。这个位置使得机炮向上射击的空间不受机头遮挡，射击范围比"阿帕奇"大得多。

基本参数	
制造商	阿特拉斯公司
机身长度	18.73 米
机身高度	5.19 米
旋翼直径	15.58 米
机组乘员	2 人
空重	5 730 千克
最大载重	7 500 千克
最大速度	309 千米 / 时
最大航程	1 200 千米
最大升限	6 100 米

机型特点

"石茶隼"的雷达反射截面积较小、隐身性较好。"石茶隼"利用地形、地物隐蔽作低空快速飞行来破坏对方实施的音响探测。它的内藏式进气道、红外抑制排气等措施也大大降低了噪声。"石茶隼"的噪声大约只有"云雀"III直升机噪声的一半。

伊朗"风暴"武装直升机

"风暴"是伊朗以美国 AH-1J "海眼镜蛇"直升机为基础发展而来的武装直升机。

性能解析

"风暴"武装直升机的 A/A49E 型炮塔内装有 1 门 20 毫米"加特林"转膛机炮,另可挂载 70 毫米火箭发射巢和 2 具反坦克导弹发射器,使之具备了较为完善的对地压制能力。该直升机的座舱整合了 GPS 系统,机尾加装了警告雷达,另外还装有多功能屏幕显示器和先进的通信系统。由于螺旋桨应用了新式复合材料,直升机的使用寿命也大为增加。

基本参数	
机身长度	14 米
机身高度	4 米
旋翼直径	15 米
机组乘员	2 人
空重	3 000 千克
最大起飞重量	4 500 千克
最大速度	280 千米 / 时
最大航程	550 千米
最大升限	3 800 米

机型特点

伊朗认为,一旦同美国或以色列爆发冲突,如能控制波斯湾就可掌握战场主动权。由于在战机和水面舰艇方面落后太多,伊朗一直希望凭借"非对称战术"加以弥补,但用快艇突袭先进战舰有很大难度,而武装直升机在速度和突防能力方面更有优势,在实战中可控制大面积海域。伊朗将"风暴"直升机装备海军可能就是出于这种考虑。

日本 OH-1 "忍者" 武装侦察直升机

OH-1 是日本川崎重工研发的一款轻型武装侦察直升机，绰号"忍者"。

性能解析

OH-1 使用了大量复合材料，采用日本航空工业的 4 片碳纤维复合材料桨叶 / 桨毂、无轴承 / 弹性容限旋翼和涵道尾桨等最新技术。纵列式座舱内装有其他武装直升机少有的平视显示器。尾桨 8 片桨叶采用非对称布置，降低了噪声，减少震动。OH-1 装有 20 毫米 M197 型 3 管"加特林"机炮，短翼下可挂载 4 枚东芝 -91 型空对空导弹，或 2 吨重的其他武器，如"陶"式重型反坦克导弹和 70 毫米火箭发射器等。该机的动力装置为 2 台三菱 XTS1-10 涡轮轴发动机，功率为 660 千瓦。

基本参数	
制造商	川崎重工
机身长度	12 米
机身高度	3.8 米
旋翼直径	11.6 米
乘员	2 人
空重	2 450 千克
最大起飞重量	4 000 千克
最大速度	278 千米 / 时
最大航程	540 千米
最大升限	4 880 米

日本防卫省将 OH-1 定义为"纯粹观测直升机、武装仅限于自卫、不包含攻击机能"，因此 OH-1 也成为全世界第一种只以空对空导弹为武装的军用直升机。

日本 BK117 直升机

1977年2月25日原德国MBB公司和日本川崎重工公司签订了一项协议，联合研制一种叫作BK117的8～12座多用途直升机。

性能解析

BK117具有典型的舱式布局，由驾驶舱、座舱、货舱和发动机甲板构成。完全按联邦航空条例29部要求设计的结构基本与BO 105相似，主构件是带有单曲率板和粘接铝合金层板的半硬壳式铆接铝合金结构。次结构是带有夹层板和凯夫拉蒙皮的复合曲率壳体。地板在同一平面上延伸到驾驶舱、座舱和货舱。发动机甲板构成货舱的顶棚，并与发动机舱相接。发动机甲板由钛合金制成，作为防火墙使用。

基本参数	
制造商	川崎重工/MBB公司
机身长度	13米
机身高度	3.85米
旋翼直径	11米
航程	706千米
最大起飞重量	3 500千克
最大速度	248千米/时
最大爬升率	10.9米/秒
最大升限	5 480米

锥形半硬壳式尾梁，前端与发动机甲板连接成一整体，后端可以拆卸。

机型特点

BK117有多个型别。BK117B-1装有LTS101-750-1发动机，在国际标准大气下，比BK117A-4无地效悬停高度高427米，此时有效载荷比BK117A-4多140千克；在相同的有效载荷情况下，在国际标准大气条件下有效悬停高度增加457米；在国际标准大气+20℃条件下，悬停高度增加549米。

韩国 KUH-1 "雄鹰" 通用直升机

KUH-1 是韩国航天工业公司以法国 AS 332 "超美洲豹" 为基础发展而来的通用直升机，绰号 "雄鹰"。

性能解析

KUH-1 配备了全球定位系统、惯性导航系统、雷达预警系统等现代化电子设备，可以自动驾驶、在恶劣天气及夜间环境执行作战任务以及有效应对敌人防空武器的威胁。该机驾驶员的综合头盔能够在护目镜上显示各种信息，状态监视装置能够监测并预告直升机的部件故障，机舱门口的旋转枪架上装有 7.62 毫米 SK13 通用机枪，配有大容量弹箱，确保火力的持续水平。KUH-1 续航能力在 2 小时以上，可搭载 2 名驾驶员和 11 名全副武装的士兵。

基本参数	
制造商	航天工业公司
机身长度	19 米
机身高度	4.5 米
旋翼直径	15.8 米
机组乘员	2 人
空重	4 973 千克
最大起飞重量	8 709 千克
巡航速度	259 千米 / 时
最大航程	480 千米
最大升限	3 000 米

机型特点

KUH-1 的研制成功使韩国继成为世界上第 12 个开发出超音速飞机的国家后，又成为在世界上第 11 个开发出直升机的国家。对于多山的韩国来说，在半岛的任何地区，KUH-1 都可以进行攻守、救援和搜索任务。

Chapter 07

无人机

与载人飞机相比，无人机具有体积小、造价低、使用方便、对作战环境要求低、战场生存能力较强等优点，备受世界各国军队的青睐。无人机的战场运用，揭开了以远距离攻击型智能化武器、信息化武器为主导的"非接触性战争"的新篇章。

美国 MQ-1 "捕食者" 无人机

MQ-1 是美国通用原子技术公司研制的一款无人攻击机，绰号"捕食者"。

性能解析

MQ-1 可在粗略准备的地面上起飞升空，起降距离约为 670 米，起飞过程由遥控飞行员进行视距内控制。在回收方面，MQ-1 可以采用软式着陆和降落伞紧急回收两种方式。MQ-1 可以在目标上空逗留 24 小时，对目标进行充分的监视，最大续航时间高达 60 小时。该机的侦察设备在 4 000 米高处的分辨率为 0.3 米，对目标定位精度达到极为精确的 0.25 米。

基本参数	
制造商	通用原子技术公司
机身长度	8.22 米
机身高度	2.1 米
翼展	14.8 米
空重	512 千克
最大起飞重量	1 020 千克
最大速度	217 千米/时
最大航程	3 704 千米
实用升限	7 620 米

机型特点

卫星传输可以让 MQ-1 的领航员在美国就可以操纵在中东战斗的武器化了的无人机。一项保守的预测显示这种新的作战方式节省了国防部的时间、费用和精力，不需将大约 1 000 位人员以及他们所有的装备从美国运输到战区。但是 MQ-1 的体积小缺乏整体结构力量，这使 MQ-1 只可以携带 1 枚小于 175 磅的导弹。因而"地狱火"导弹几乎成为唯一的选择。

美国 RQ-3 "暗星" 无人机

RQ-3 是美国波音公司和洛克希德·马丁公司研制的无人侦察机,绰号"暗星"。

性能解析

　　RQ-3 无人机采用了无尾翼身融合体设计,外形奇特,机翼的平面形状基本为矩形。发动机为 FJ44 涡轮风扇发动机,进气口在机头上方,后机身下部是尾喷口。RQ-3 具备自主起飞、自动巡航、脱离和着陆的能力,能够在飞行中改变飞行程序,从而执行新的任务。RQ-3 装备的侦察设备包括合成孔径雷达和电光探测器,具有探测范围大和通用性好的特点。该机的续航能力为 8 小时,其监视覆盖面积高达 48 000 平方千米。

　　RQ-3 无人机的特点是:隐形、生存能力强、活动范围大和续航时间长。RQ-3 主要用来执行高威胁区域上空的侦察任务。

基本参数	
制造商	波音 / 洛克希德·马丁公司
机身长度	4.6 米
机身高度	1.1 米
翼展	21.3 米
空重	1 980 千克
最大起飞重量	3 860 千克
巡航速度	464 千米 / 时
最大航程	925 千米
实用升限	13 500 米

美国 RQ-4 "全球鹰" 无人机

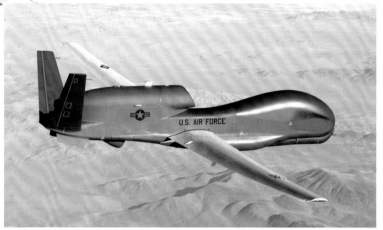

RQ-4 是美国诺斯洛普·格鲁曼公司研制的无人侦察机，绰号"全球鹰"。

性能解析

RQ-4 无人机可以提供后方指挥官综观战场或是细部目标监视的能力。它装备了高分辨率合成孔径雷达，可以看穿云层和风沙，还有光电红外线模组提供长程远时间全区域动态监视。白天监视区域超过 100 000 平方千米。例如，要监视洛杉矶一样大的城市，可以从缅因州遥控 RQ-4，拍摄 370 千米 ×370 千米区域的洛杉矶市区 24 小时，然后悠闲地飞回家。RQ-4 还可以进行波谱分析的谍报工作，提前发现全球各地的危机和冲突。也能帮忙导引空军的导弹轰炸，使误击率降低。

基本参数	
制造商	诺斯洛普·格鲁曼公司
机身长度	13.5 米
机身高度	4.6 米
翼展	35.4 米
空重	3 850 千克
最大速度	650 千米 / 时
最大航程	14 001 千米
实用升限	20 000 米

机型特点

RQ-4 飞行控制系统采用 GPS 全球定位系统和惯性导航系统，可自动完成从起飞到着陆的整个飞行过程。通过使用 1 个卫星链路，自动将无人机的飞行状态数据发送到任务控制单元。

美国MQ-5 "猎人"无人机

MQ-5是美国陆军现役的无人侦察机,绰号"猎人"。

性能解析

"猎人"无人机搭载的侦察设备主要为 IAI 开发的多功能光电设备,其设备包括了电视和前视红外,具备昼夜侦察能力。在马其顿使用的美国陆军"猎人"无人机装备的是为白昼电视摄像机配备弹着观察器和第三代前视红外。此外,该无人机还装备了 1 具激光指向器和多种通信系统,以及诺斯罗普·格鲁曼公司研制的通信干扰、通信告警接收机和雷达干扰机等电子对抗设备。

"猎人"无人机系统的主要功能包括搜集实时图像情报、炮兵调整、战场损失估计、侦察和监视、搜寻目标、战场观察等。

基本参数	
制造商	TRW、IAI
机身长度	6.89 米
机身高度	1.7 米
翼展	8.9 米
最大载油量	136 千克
最大起飞重量	727 千克
最大速度	203.5 千米 / 时
续航时间	12 小时
实用升限	4 600 米

美国 RQ-7 "影子" 无人机

RQ-7 是美军装备的无人侦察机，绰号"影子"。

性能解析

　　RQ-7 无人机具有体积小、重量轻的特点，整套系统可通过 C-130 运输机快速部署到战区的任何一个地方。该无人机的探测能力较强，可探测到距离陆军旅战术作战中心约 125 千米外的目标，并可在 2 438 米的高空全天候侦察到 3.5 千米倾斜距离内的地面战术车辆。RQ-7 是"影子"系列当中最新的无人机系统，享有"陆军的眼睛"之美称，可以让陆军指挥官在作战中"第一发现，第一了解，第一行动"。

基本参数	
制造商	AAI
机身长度	3.4 米
机身高度	1 米
翼展	4.3 米
空重	84 千克
最大起飞重量	170 千克
最大速度	204 千米 / 时
使用范围	109 千米
实用升限	4 572 米

美国 MQ-8B "火力侦察兵" 无人机

MQ-8B 美国是诺斯罗普·格鲁曼公司研制的垂直起降无人机，绰号"火力侦察兵"。

性能解析

MQ-8B 可在战时迅速转变角色，执行包括情报、侦察、监视、通信中继等在内的多项任务。同时，这种做法还可为今后进行升级改造预留充足的载荷空间。MQ-8B 无人机还具备挂载"蝰蛇打击"智能反装甲滑翔弹和"九头蛇"低成本精确杀伤火箭的能力，将来可能还会使用"地狱火"导弹和以色列拉斐尔公司的"长钉"导弹。

基本参数	
制造商	诺斯罗普·格鲁曼公司
机身长度	7.3 米
机身高度	2.9 米
翼展	8.4 米
空重	940 千克
最大起飞重量	1 430 千克
最大速度	213 千米 / 时
使用范围	203 千米
实用升限	6 100 米

MQ-8B 提供侦察，态势感知，精确定位的支持；已被美陆军选作"未来作战系统"的一个组成部分，将成为旅级部队装备的战术无人机。

美国 MQ-9 "收割者" 无人机

　　MQ-9 是美国通用原子技术公司研发的长程作战无人机,绰号"收割者"。

性能解析

　　MQ-9 无人机被设计成主要为地面部队提供近距空中支援的攻击型无人机,此外还可以在危险地区执行持久监视和侦察任务。装备有先进的红外设备、电子光学设备以及微光电视和合成孔径雷达,拥有不俗的对地攻击能力,并拥有卓越的续航能力,可在战区上空停留数小时之久。此外,MQ-9 无人机还可以为空中作战中心和地面部队收集战区情报,对战场进行监控,并根据实际情况开火。相比 MQ-1,MQ-9 无人机的动力更强,飞行速度可达 MQ-1 的三倍,而且拥有更大的载弹量。

基本参数	
制造商	通用原子技术公司
机身长度	11 米
机身高度	3.8 米
翼展	20 米
空重	2 223 千克
最大起飞重量	4 760 千克
最大速度	482 千米 / 时
使用范围	5 926 千米
实用升限	15 000 米

机型特点

　　2014 年 2 月 5 日,美国空军授予通用原子航空系统公司价值 1.172 亿美元的合同,即到 2016 年 7 月为其提供 38 架配备多个油箱的 MQ-9 无人机。根据增程型的生产合同,公司将改进新生产的可悬挂油箱的机身。此外,公司还在开发一种更先进的机翼,可延长该机的航程,其携带的油箱将在机翼内部,这样就可去掉外部油箱。

美国 RQ-11A "大乌鸦" 无人机

RQ-11A 是美国航宇环境公司研制的无人侦察机,绰号"大乌鸦"。

性能解析

"大乌鸦"很大程度上延伸了美军基本单位的视界,使他们具有了超地平线的情报监视和侦察能力。在使用时,仅需 1 名士兵抛射即可起飞。改进型采用"凯夫拉"纤维增强复合材料制造,结构更加坚固。该机静音性良好,在 90 米高度以上飞行时,地面人员基本上听不到电动马达的声音,再加上其较小的体积,所以很少遭受敌方地面火力的攻击。

基本参数	
制造商	航宇环境公司
机身长度	1.09 米
翼展	1.3 米
空重	1.9 千克
巡航速度	56 千米 / 时
续航时间	1~1.5 小时
使用范围	10 千米

机型特点

"大乌鸦"可以从地面站进行遥控,也可以使用 GPS 航途基准点导航从而完全自动执行任务。无人机可以通过 1 个按键马上自动返回出发点。"大乌鸦"用于战地侦察,士兵直接用手投掷起飞。

美国RQ-14 "龙眼" 无人机

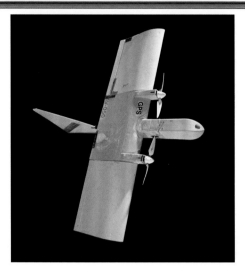

RQ-14是美国海军陆战队装备的小型侦察无人机系统,绰号"龙眼"。

性能解析

"龙眼"无人机能飞到距离操作员10千米的区域侦察敌情。该机由锌–空气电池驱动,通过手持发射,可重复使用。它的电子发动机噪声信号低,不易被发现。"龙眼"由螺旋桨推进,装有1台摄像机,摄像机由美国海军陆战队作战实验室开发,可分成5个部分,便于携带。海军使用1套包括计算机处理器和地图显示器的可穿戴地面控制站对其控制,将计算机处理器和地图显示器安装在作战人员前臂或防护衣上,通过点击地图显示器,告知无人机飞行的高度、目的地及返回时间。

基本参数	
制造商	航宇环境公司
机身长度	0.9 米
翼展	1.1 米
空重	2.7 千克
巡航速度	65 千米/时
最大航程	10 千米
飞行高度	91~152 米
实用升限	150 米

机型特点

"龙眼"无人机装备的可以拆换的载荷、自动驾驶仪和推进系统都来自商用现货。地面控制站使用1台加固的商用现货膝上电脑。每个"龙眼"系统包括3架无人机和1个地面控制站。

美国 RQ-170 "哨兵" 无人机

RQ-170 是美国洛克希德·马丁公司研制的隐形无人机，绰号"哨兵"。

性能解析

RQ-170 无人机沿用了"无尾飞翼式"的设计理念，外形与 B-2 隐形轰炸机相似，如同一支回旋镖。与 F-117A 隐形战斗机和 B-2 隐形轰炸机不同的是，RQ-170 的机翼并没有遮蔽排气装置，这样做的目的可能是避免敏感部件进入飞机平台后遭遇操作损失，并最终导致这样的技术误入他人之手。

基本参数	
制造商	洛克希德·马丁公司
制造数量	20 架以上
生产年限	2007 年至今
机身长度	4.5 米
机身高度	2 米
翼展	20 米
最大起飞重量	3 856 千克
最大升限	15 240 米

机型特点

2011 年 5 月 1 日，美军在巴基斯坦击毙拉登，RQ-170 无人机便负责监视任务。2011 年 12 月，伊朗称击落 1 架美军 RQ-170 无人侦察机。但美国对此进行否认。

美国 X-37B 太空无人机

X-37B 是波音公司研制的世界上第一架既能在地球轨道上飞行，又能进入大气层的无人航空器。

性能解析

X-37B 的发射方式多样，它不但能够被装在"宇宙神"火箭的发射罩内发射，也可从佛罗里达的卡纳维拉尔角起飞。X-37B 战机在绕地球飞行之后，能够自行在美国加利福尼亚州降落，它可以使用范登堡空军基地长 4 600 米、宽 61 米的跑道着陆，该基地也是航天飞机的紧急着陆场。另外，它还可以在爱德华兹空军基地着陆。

基本参数	
制造商	波音公司
机身长度	8.9 米
机身高度	2.9 米
翼展	4.5 米
空重	35 000 千克
最大载量	4 990 千克
轨道速度	28 044 千米/时

机型特点

X-37B 能够实施空天侦察、监控。X-37B 的飞行轨道符合成像侦察载荷的特征，运行规律与成像侦察卫星的运行规律极其接近。与传统侦察卫星相比，X-37B 的机动侦察性能更强。不仅能按既定的设计侦察相关区域，而且能够根据需要改变飞行轨迹，灵活机动至传统侦察卫星的覆盖盲区，从而增大侦察和监视的面积。还可有针对性地飞临目标上空，实现对敏感地区的及时、重点侦察和监视。这种灵活的变轨机动能力，将使敌方很难发现其轨迹行踪，从而达到隐蔽生存的目的。同时，还能够有效躲避各类反卫星导弹或武器的攻击，从而显著增大了自我防卫能力，提高了自身的安全性。

美国 X-45 无人机

X-45 无人机是美国国防部高级研究计划局和美国空军联合提出的一项先期概念演示计划，2002 年首次试飞。

性能解析

X-45 无人机具有低探测、维护方便、执行任务费效比高等诸多优点。该机的飞行寿命为 10 年，爬升时加速度可达 20G（载人战斗机通常只能达到 8G），最大飞行速度可达 15 马赫。整架无人机能够装入一个长方形容器内，一架 C-5 "银河"运输机可以装运 12 个容器。X-45 无人机配备了包括合成孔径雷达和卫星通信设备在内的所有当代最先进的航空电子设备，并在机身下装有 2 个挂架，能够挂载炸弹、诱饵弹、精确制导和智能武器等，总载弹量为 1 360 千克。

基本参数	
制造商	波音公司
机身长度	8.08 米
机身高度	2.14 米
翼展	10.3 米
乘员	0 人
空重	3 630 千克
最大起飞重量	4 990 千克
最大速度	919 千米 / 小时
最大航程	2 405 千米
最大升限	13 200 米

机型特点

X-45 无人机的主要任务是用来验证无人作战飞机的技术可行性，以更快、更高效地应对 21 世纪的全球突发性事件。无论是先发制人式的进攻，还是对敌先发动进攻的反击作战，X-45 无人机能成功突防，飞越战区，摧毁敌防空设施。

美国 X-47B 无人机

X-47B 是由美国诺斯洛普·格鲁曼公司研制的试验型无人战斗机，由 X-47A "飞马" 改进而来。

性能解析

X-47B 无人机被设计为高度的空战系统，能够执行全天候作战任务，该机的设计非常注重隐身性能和战场生存能力，并能携带各种传感设备和内部武器装备载荷，能够满足联合作战和网络作战的需求。X-47B 有无人驾驶、滞空时间长和作战半径大的特点，可使航母战斗群位于更安全的位置，也能深入内陆执行打击任务。不过，X-47B 最大的优势却是其卓越的隐身性能和突防能力，它拥有非常优异的雷达和红外线低可探测性，能够保证其突破敌方防空圈，从而为后续的有人驾驶战机打开通路。

基本参数	
制造商	诺斯洛普·格鲁曼公司
机身长度	8.5 米
机身高度	1.86 米
翼展	8.465 米
空重	1 740 千克
最大起飞重量	2 678 千克
最大速度	1 103 千米/时
最大航程	2 778 千米
实用升限	12 192 米

机型特点

X-47B 无人战斗机能够进行空中加油，以提高战场覆盖能力和进行远程飞行。X-47B 无人机的手持式遥控装置，其设计十分奇特，主体部分可以捆绑在人的小臂上，前端是一个方便于手持的传动装置，后端有一条数据传输线，连接到背在操控员身后的信号发射器上。

美国 BQM-74 "石鸡" 靶机

BQM-74 是美国诺斯洛普·格鲁曼公司研制的亚音速无人机，绰号"石鸡"。

性能解析

BQM-74 无人机装有威廉姆斯国际公司的 WR-24-8 涡轮喷气发动机，额定推力为 110 千克。该机的速度在 370~1 000 千米/时，海平面最大速度可达 990 千米/时，飞行高度为 3~12 000 米，最大射程可达 963 千米，射程延长型更可达 1 185 千米。BQM-74 的滞空时间为 1 小时 18 分钟。

基本参数	
制造商	诺斯洛普·格鲁曼公司
机身长度	3.94 米
机身高度	0.71 米
翼展	1.76 米
空重	123 千克
最大起飞重量	249 千克
最大速度	972 千米/时
续航时间	1 小时 8 分钟
实用升限	12 000 米

机型特点

诺斯洛普·格鲁曼公司于 2005 年 8 月 29 日在美国海军位于加利福尼亚州的空战中心武器分部海上试验场，和美国海军成功完成了 BQM-74F 型亚音速无人机的首次飞行。BQM-74F 是美国海军的最新型无人机，速度、航程、航时和机动性均有所提高，可更好地模拟空中反舰威胁。

美国"复仇者"无人机

"复仇者"是美国通用原子技术公司研制的隐身无人战斗机。

性能解析

"复仇者"体积庞大，可搭载 1.36 吨的有效载荷，发动机为推力高达 2 177 千克的普惠 PW545B 喷气发动机。该发动机可让"复仇者"的飞行速度达到"捕食者"无人机的 3 倍以上。"复仇者"有 1 个长达 3 米的武器舱，可携带 227 千克级炸弹，包括 GBU–38 型制导炸弹、制导组件和激光制导组件。另外还可以将武器舱拆掉，安装 1 个半埋式广域监视吊舱。在执行非隐身任务时，可在无人机的机身和机翼下挂装武器和其他任务载荷，包括附加油箱。

基本参数	
制造商	通用原子技术公司
机身长度	13.2 米
翼展	20.1 米
最大起飞重量	9 000 千克
最大速度	740 千米 / 时
续航时间	20 小时
最大升限	18 288 米

机型特点

通用原子公司内部透露"复仇者"在试验中的速度相当高，该机也有着减少红外的设计（如 S 形进气道），其任务飞行高度通常在 18 千米。为适应美国海军航母舰载飞机的搭载要求，"复仇者"无人机将会采用折叠外翼。

美国"扫描鹰"无人机

"扫描鹰"是美国波音公司和因西图公司联合研制的无人侦察机。

性能解析

"扫描鹰"全系统包括2架无人机、1个地面或舰上控制工作站、通信系统、弹射起飞装置、空中阻拦钩回收装置和运输贮藏箱。无人机可以将机翼折叠后放入贮藏箱，从而降低了运输的难度。机上的数字摄像机可以180°自由转动，具有全景、倾角和放大摄录功能，也可装载红外摄像机进行夜间侦察或集成其他传感器。"扫描鹰"通过气动弹射发射架发射升空，既可按预定路线飞行，也可由地面控制人员遥控飞行。

基本参数	
制造商	波音 / 因西图公司
机身长度	1.19 米
翼展	3.1 米
空重	15 千克
最大速度	80 千米 / 时
续航时间	20 小时以上
最大升限	4 876 米

机型特点

"扫描鹰"无人机十分小巧，但它的续航能力不错，能在目标区上空盘旋15小时以上，是一种理想的无人侦察机。"扫描鹰"机头装备1台光电或红外摄像机，可将图像实时传回地面控制站。

英国"守望者"无人机

"守望者"是英国第一架无人机。

性能解析

"守望者"无人机以以色列埃尔比特公司的"赫姆斯"450为基础进行研制，采用了可收放的前机轮，改进了主起落架，机翼同上部机身融合，并配备除冰设备，加装敌我识别装置、数据链，增加自动起降功能。它的最大起飞重量超过450千克，续航时间为17小时。1套完整的"守望者"无人机系统能够由1架C-130"大力神"运输机部署到战区。

基本参数	
制造商	泰利斯公司
机身长度	6.1 米
翼展	10.51 米
最大起飞重量	450 千克
最大升限	5 500 米

机型特点

英国"守望者"无人机计划将加速无人机与其他武器系统在作战网络中的融合，并进一步发挥更大的作用。英国国防部采用的全英军通用的开发思想，真正打破由各兵种分别开发无人机的互通性差、研制周期长和效率低下的不足。在众多国家重视和采购无人机的热潮中，英国"守望者"无人机计划将受到更广泛的关注。

英国"不死鸟"无人机

"不死鸟"主要用于为炮兵提供定位和识别服务，也可用于侦察。

性能解析

　　"不死鸟"无人机采用卡车运输，并且使用车上的弹射器进行发射。降落方式为伞降，并装有缓冲装置。该机的腹部通过 1 个稳定的旋转臂装有 1 个双轴稳定传感器吊舱，吊舱中有热成像通用模块。该设备可昼夜照相，视场为 60°×40°。"不死鸟"无人机还能为灵巧炸弹和远程探雷装置指示目标。另外，由于其地面站采用改进的数据调制解调器，所以具备直接将图像信息传送给英国陆军 WAH-64 直升机的能力。"不死鸟"无人机的隐身性能好，具有较高的生存力，在战场上易于维修和运输。

基本参数	
制造商	马可尼公司
翼展	5.6 米
总重	175 千克
载荷重量	50 千克
最大速度	166 千米/时
续航时间	5 小时
实用升限	2 800 米

英国"雷神"无人战斗机

"雷神"无人机是英国宇航系统公司研制的无人战斗机,于 2013 年首次试飞。

性能解析

"雷神"无人机采用了大后掠前缘的翼身融合体布局,机身和机翼的后缘分别对应平行于前缘,可以有效地提供升力,实现更大的续航能力,从而确保具有跨大洲攻击的威力。该机大量应用了低可侦测性复合材料,而且制造精度非常高。发动机进气道的后部管道采用了先进的纤维铺设技术,可有效躲避雷达的探测。由于计划的保密性,目前,仅知晓"雷神"无人机可以使用 4 枚"地狱火"空对地导弹、2 枚"铺路"激光制导炸弹和 2 枚 900 千克炸弹的武器配置。

基本参数	
制造商	英国宇航系统公司
机身长度	12.43 米
机身高度	4 米
翼展	10 米
空重	5 500 千克
最大起飞重量	8 000 千克
最大速度	1 235 千米 / 时
最大航程	8 000 千米
最大升限	12 000 米

机型特点

在英国军方看来,"雷神"无人机扮演着"突入袭击"的角色。与目前所知的中空长航时无人机(如美国"捕食者"无人机)相比,"雷神"无人机能够在复杂的防空系统中以超音速飞行。

俄罗斯卡–137 无人机

基本参数	
制造商	卡莫夫设计局
机身直径	1.3 米
机身高度	2.3 米
旋翼直径	5.3 米
空重	200 千克
最大起飞重量	280 千克
最大速度	175 千米/时
最大航程	530 千米
悬停升限	2 900 米
最大升限	5 000 米

卡–137 是俄罗斯卡莫夫设计局研制的多用途无人驾驶直升机。

性能解析

卡–137 的球形机体堪称世界无人机中的一怪。它的球形机体分上、下两个功能部分。上部装有 1 台 Hirth2706R05 活塞式发动机，功率 48.5 千瓦，还有燃油、控制系统及测高仪和卫星导航系统。下半部装置任务系统，根据用途和任务放置有效载荷和各种传感器，如电视或红外摄像系统、无线电定位装置和信号传送装置等。它总共可携带 80 千克有效载荷。它可舰船操作，可完全自主飞行，自动导航在 60 米精度之内，适用于执行边防巡逻、战地侦察、生态监测、森林防火和渔场监护等多种任务。

机型特点

卡–137 无人机和 PPU–137 地面机动控制站及运载车构成了 MBVK–137（MBVK 是多用途旋翼无人机系统的缩写）无人机系统。机体具有电磁屏蔽和防腐蚀功能，又能防高强度辐射，也是卡–137 的特点。

俄罗斯"鳐鱼"无人攻击机

"鳐鱼"无人机是俄罗斯米格航空集团研制的一款隐身无人攻击机，不仅能够对水面目标和地面目标发起攻击，还能执行压制敌方地面防空系统的任务。

性能解析

"鳐鱼"无人机采用"无尾飞翼"布局，十分强调隐身性能，其机翼前、后缘和机身边缘采用平行设计，将高强度雷达反射波集中到与机身前、后缘垂直的 4 个方向上；进气道位于机身上方接近机头部位，采用单进气口"叉式"进气，2 个分叉的进气道由 1 个垂直隔膜分开，防止入射雷达波直接照射发动机风扇的迎风面后形成强反射源；另外，机腹武器舱门和机身所有口盖边缘也被设计成锯齿状。

基本参数	
制造商	米格航空集团
机身长度	10.25 米
机身高度	2.7 米
翼展	11.5 米
空重	6 000 千克
最大起飞重量	10 000 千克
最大速度	800 千米/时
最大航程	2 000 千米
最大升限	15 000 米

机型特点

"鳐鱼"无人机拥有 2 个内置武器弹舱，能够携带像 Kh-31 反舰导弹（弹体长度达 4.7 米）这样的大型精确打击武器以及 KAB-500 精确制导炸弹和 Kh-31P 反辐射导弹等武器。

法国"雀鹰"无人机

"雀鹰"是法国萨基姆公司研制的一款战术无人机，可执行战术监视、观察和瞄准任务。

性能解析

"雀鹰 A"能够自动弹射，并在没有事先做准备的地点通过降落伞降落。该无人机系统配有高效的光电昼 / 夜用传感器和一系列其他传感器，可进行全面的任务制定和监视，能够将目标图像发回地面指挥控制中心。"雀鹰 B"为无人攻击机，机翼更大也更坚固，能够携带更多的有效载荷，而且续航力和航程也得到加强，武器为以色列研制的"长钉"远程多用途空地导弹。

基本参数	
制造商	萨基姆公司
机身长度	3.5 米
机身高度	1.3 米
翼展	4.2 米
空重	275 千克
最大起飞重量	330 千克
最大速度	240 千米 / 时
最大航程	180 千米
最大升限	3 800 米

机型特点

"雀鹰 B"无人机系统是在"雀鹰 A"无人机的基础上改进而来的。与 A 型相比 B 型突击攻击能力且机翼更大且更坚固，续航力可达到 12 小时。最重要一点是"雀鹰 B"可以携带制导武器对敌进行攻击。

法国"神经元"无人战斗机

"神经元"无人机是由法国达索飞机制造公司主导的隐身无人战斗机项目，另有多个欧洲国家参与研发计划。

性能解析

"神经元"无人机可以在不接受任何指令的情况下独立完成飞行，并在复杂飞行环境中进行自我校正。它在战区的飞行速度超过现有一切侦察机。"神经元"无人机能在其他无人侦察机的配合下，反复在敌方核生化制造和储存地区进行巡逻、侦察和监视，一旦发现目标便可根据指令摧毁这些目标。该机也可在前方空中控制员的指挥下，与地面力量密切配合，执行由武装直升机和攻击机完成的近距空中支援任务。

基本参数	
制造商	达索飞机制造公司
机身长度	9.5 米
机身高度	4 米
翼展	12.5 米
乘员	0 人
空重	4 900 千克
最大起飞重量	7 000 千克
最大速度	980 千米 / 时
最大航程	8 000 千米
最大升限	14 000 米

机型特点

"神经元"无人机借鉴了美国 B-2 "幽灵"隐身轰炸机的设计，采用了无尾布局和翼身完美融合的外形设计，其 W 形尾部、直掠三角机翼以及锯齿状进气口遮板几乎就是 B-2 轰炸机的缩小版。

德国"阿拉丁"无人机

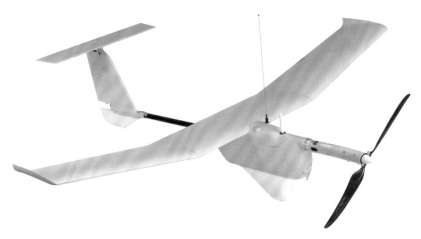

"阿拉丁"是德国 EMT 公司研制的小型无人侦察机。

性能解析

一个完整的"阿拉丁"无人机系统主要由 1 架无人机和 1 个地面控制站组成，操作人员为 1~2 名。该无人机通常与"非洲小孤"侦察车配合使用，以执行近距离侦察任务。在不使用时，"阿拉丁"通常被拆解并装在箱子里，方便携带。如果要使用"阿拉丁"无人机，操作人员可在数分钟内完成无人机的组装，然后采用手抛或弹射索发射升空。

基本参数	
制造商	EMT 公司
机身长度	1.53 米
机身高度	0.36 米
翼展	1.46 米
空重	3.2 千克
最大速度	90 千米 / 时
续航时间	30~60 分钟

"阿拉丁"是一种单兵手持发射、口袋回收、自主飞行的微型无人机，折叠后可装入储运箱，其微型地面站仅手提箱大小，因此可迅速投入使用。

德国"月神"X-2000 无人机

"月神"X-2000 是德国研制的无人侦察机，主要装备德国陆军。

性能解析

　　"月神"X-2000 无人机的发射方式非常简单，可利用橡皮筋弹射器弹射起飞，回收方式为伞降回收。该无人机装备有大功率摄像机，能向地面工作人员传输实时图像。

机型特点

　　"月神"X-2000 无人机型基本上是 1 架无人的动力滑翔机。它在飞近或飞越目标时可以关掉发动机，一旦飞到听不到的距离上则再次起动。该机于 1998 年 5 月首次在柏林航展上展示，但在展示前的 1997 年 10 月德国陆军已订购 10 架，其中 4 架用于最终用户试验。

基本参数	
制造商	EMT 公司
机身长度	2.36 米
翼展	4.17 米
最大起飞重量	40 千克
最大速度	70 千米 / 时
续航时间	6 小时
使用范围	100 千米
最大升限	3 500 米

德国 / 法国 / 加拿大 CL-289 无人机

CL-289 无人机是德国、法国和加拿大联合研制的一款主要用于侦察的无人机，大量装备法国和德国军队。

性能解析

起飞方式为从移动卡车的零长射架上发射起飞，发射后不久助推火箭自动分离。回收方式为降落伞回收，无人机先由锥形伞减速，然后主伞打开，并使无人机的背部向下，随后前后充气囊充气，在着陆时起到缓冲作用。

CL-289 无人机的主要侦察设备为照相和红外扫描探测设备，能够执行昼夜战场情报收集任务。

基本参数	
机身长度	3.61 米
翼展	1.32 米
空重	127 千克
最大起飞重量	240 千克
续航速度	740 千米/时
使用范围	200 千米
最大升限	3 000 米

德国 / 西班牙 "梭鱼" 无人战斗机

"梭鱼" 无人机是欧洲宇航防务集团研制的无人战斗机, 主要用户为德国和西班牙。

性能解析

与欧洲其他无人机相比, "梭鱼" 无人机具有出色的气动布局和外形设计。该机采用 V 形尾翼, 发动机进气道位于机背。几乎所有的边缘和折角都沿一个方向设计, 这样可以最大限度地降低机身的雷达反射, 从而降低无人机被雷达发现的概率。"梭鱼" 无人机的这种气动外形先后在法国、瑞典、德国进行了多次风洞测试, 结果显示其飞行性能完全能够满足设计需要。

基本参数	
制造商	欧洲宇航防务集团
机身长度	8.25 米
机身高度	4.2 米
翼展	7.22 米
空重	2 300 千克
最大起飞重量	3 250 千克
最大速度	1 041 千米 / 时
最大航程	200 千米
最大升限	6 100 米

机型特点

"梭鱼" 无人机的机载电子设备系统都采用模块化设计, 可以根据任务需要将任务模块组合到机身上。该机的飞行控制系统、目标电子设备、导航系统都要采用双冗余度设计。

以色列"先锋"无人机

"先锋"是以色列航空工业公司研制的微型无人机。

性能解析

　　"先锋"无人机可利用气动滑轨弹射和液体火箭助推器发射起飞，回收时则采用舰上垂直网回收。该无人机的机身大部分采用复合材料制成，其雷达反射面积很小，不易被地方雷达发现。"先锋"无人机的负载可根据环境和任务进行选择，通常白天携带1架微光电视摄像机，夜间换为红外夜视仪。这两种设备均配有变焦镜头，并由飞机自动控制。

基本参数	
制造商	航空工业公司
机身长度	4米
机身高度	1米
翼展	5.2米
空重	205千克
燃料容量	47升
最大速度	200千米/时
最大航程	925千米
实用升限	4 600米

机型特点

　　据悉，美国海军陆战队的"先锋"无人机在伊拉克冲突中飞行的时间比该无人机平时一年飞行的总时间还长。此外，以色列航空工业公司早已经完成对其研制的通用型自动回收系统的试飞和着舰回收试验，这种自动回收系统能使"先锋"无人机进行全自主着舰操作。

以色列"哈比"无人机

"哈比"是以色列航空工业公司研制的一款主要用于反雷达的无人攻击机。

性能解析

"哈比"无人机有航程远、续航时间长、机动灵活、反雷达频段宽、智能程度高、生存能力强和可以全天候使用等特点。它采用三角形机翼、活塞推动、火箭加力。机上配有计算机系统、红外制导弹头和全球定位系统等,并用软件对打击目标进行了排序。它可以从卡车上发射,并沿着预先设定的轨道飞向目标所在地,然后发动攻击并返回基地。如果发现了陌生的雷达,"哈比"会撞向目标,与之同归于尽,其搭载的 32 千克高爆炸药可有效地摧毁雷达。

基本参数	
制造商	航空工业公司
机身长度	2.7 米
机身高度	0.36 米
翼展	2.1 米
空重	135 千克
最大速度	185 千米 / 时
最大航程	500 千米
实用升限	3 000 米

机型特点

"哈比"无人机是可对雷达系统进行自主攻击的无人机。"哈比"的设计目标是攻击雷达系统。"哈比"无人机配备有反雷达感应器和 1 枚炸弹,接收到敌人雷达探测时,可以自主对雷达进行攻击,因此被称为"空中女妖"和"雷达杀手"。

以色列"搜索者"Mk2 无人机

"搜索者"是以色列研制的一款性能先进的无人侦察机，改进型为"搜索者"Mk2。

性能解析

"搜索者"Mk2 采用后掠机翼，发动机、通信系统和导航系统也较最初型号有了改进，具有良好的空气动力学性能，滞空时间长，操作起来也非常方便。飞行高度可达 6 000 米以上，续航时间 18 小时，可携带 1 200 毫米彩色 CCD 视频摄像机用于昼间使用和 FLIR 用于夜间观察。主要用途为监视、侦察、目标捕获及火炮校准，能够自动起飞和降落。

基本参数	
制造商	航空工业公司
机身长度	5.85 米
机身高度	1.25 米
翼展	8.54 米
空重	500 千克
有效载荷	68 千克
最大速度	200 千米 / 时
续航时间	18 小时
实用升限	6 100 米

机型特点

"搜索者"Mk2 具有极好的发动机和空气动力学性能，优异的部署和操作品质和 1 个新的先进通用无人机任务地面管制中心与所有的马拉特系统兼容。

以色列 "苍鹭" 无人机

"苍鹭" 是以色列空军目前最大的无人机，由以色列航空工业公司研制。

性能解析

"苍鹭" 无人机的设计用途为实时监视、电子侦察和干扰、通信中继和海上巡逻等。可携带光电 / 红外等侦察设备进行搜索、识别和监控，而且还能用于地质测量、环境监控和森林防火等。

"苍鹭" 无人机的设计特点是，采用复合材料结构、整体油箱机翼、先进的气动力设计（L/D > 20）、可收放式起落架、大型机舱、电源系统功率大、传感器视野好等。

基本参数	
制造商	航空工业公司
机身长度	8.5 米
翼展	16.6 米
有效载荷	250 千克
最大起飞重量	1 150 千克
最大速度	207 千米 / 时
续航时间	52 小时
实用升限	10 000 米
爬升率	150 米 / 分

以色列"侦察兵"无人机

"侦察兵"是以色列航空工业公司研制的无人侦察机。

性能解析

"侦察兵"无人机可以利用起落架起落,也可弹射起飞,用拦阻索着陆。制导和控制采用预储程序和地面遥控组合的形式。搭载的机载设备包括塔曼电视摄像机、激光指示/测距仪、全景照相机和热成像照相机等。

机型特点

"侦察兵"的机体大量采用复合材料制造,在 1 600 米上空盘旋时,地面人员无法通过肉眼发现,该机还有噪声处理装置,再加上飞行速度也较快,所以隐蔽性非常优秀。

基本参数	
制造商	航空工业公司
机身长度	3.68 米
翼展	4.96 米
有效载荷	38 千克
最大起飞重量	159 千克
最大速度	176 千米/时
续航时间	7 小时
使用范围	100 千米
实用升限	4 575 米

以色列"赫尔姆斯 450"无人机

　　"赫尔姆斯"系列无人系统由以色列埃尔比特公司开发，该公司是以色列首屈一指的防务电子企业。

性能解析

　　"赫尔姆斯 450"无人机常被视作重型的长航时战术无人飞行器，而不是战略用途的中空长航时飞行器。2007 年 9 月，埃尔比特公司称全球各国军方装备的"赫尔姆斯 450"无人机已累计飞行了 6.5 万小时，采用该飞行器的国家包括克罗地亚、格鲁吉亚、墨西哥、新加坡（2007年采购 1 套系统 12 架飞行器）、英国（在其"守望者"无人系统开发项目下采购了 54 架"赫尔姆斯 450B"型飞行器）。

基本参数	
制造商	埃尔比特公司
机身长度	6.8 米
翼展	10.5 米
续航时间	20 小时以上
负载	150~200 千克
全重	450~580 千克
实用升限	5 500 米
巡航速度	175 千米 / 时

机型特点

　　与"赫尔姆斯 450"型无人机相比，"赫尔姆斯 450B"型无人机（于 2007年公布）加装了带有除冰装置的肩翼、可收回的机鼻着陆架，动力也改为功率更大的英国产引擎。由于性能较好，该飞行器亦被授权给英国生产。

意大利"天空"X 无人攻击机

"天空"X 无人机是意大利阿莱尼亚航空公司研制的无人攻击机，2005 年首次试飞。

▌▌▌▌▷ 性能解析

2005 年 5 月 29 日，"天空"X 无人机在瑞典的维德斯尔空军基地进行了持续 20 分钟的首次试飞。它以 225 千米 / 时的速度起飞，以 198 千米 / 时的速度顺利着陆，验证了它的发动机性能和飞控系统，展示了它的飞行性能和可操纵性。根据阿莱尼亚航空公司公布的数据，"天空"X 无人机的最大过载超过 5G。从飞行性能看，"天空"X 无人机与美国"捕食者"无人机相比也极具优势。

基本参数	
制造商	阿莱尼亚航空公司
机身长度	7.8 米
机身高度	1.86 米
翼展	5.94 米
乘员	0 人
空重	1 000 千克
最大起飞重量	1 450 千克
最大速度	800 千米 / 时
最大航程	200 千米
最大升限	7 260 米

▌▌▌▌▷ 机型特点

"天空"X 无人机有一个腹部模块化弹舱，用于放置弹药，其有效载荷为 200 千克。该机使用 1 台 TR160-5/628 型涡轮发动机，动力强劲，可使"天空"X 无人机的最高速度达到 800 千米 / 时，巡航速度达到 468 千米 / 时。

印度"尼尚特"无人机

"尼尚特"是印度斯坦航空公司制造的无人机。

性能解析

"尼尚特"利用火箭助推器发射起飞,采用伞降系统着陆。机上装有昼间电视摄像机、全景微型摄像机、激光测距仪、目标指示器、无线电电子侦察设备、通信系统侦察设备和 2 个从以色列进口的红外传感器。该机的发动机为印度国产的"汪克尔"旋转式发动机。

基本参数	
制造商	斯坦航空公司
机身长度	4.63 米
翼展	6.57 米
空重	380 千克
有效载荷	45 千克
最大速度	185 千米 / 时
使用范围	160 千米
实用升限	3 600 米

机型特点

"尼尚特"无人机配备有 AR801 型发动机,功率 40.45 千瓦,在 3 960 米的高度上续航时间为 5 小时,利用火箭助推器发射,采用伞降系统着陆,无人机的使用由 10 人组成的专家组来保障。

印度"奥拉"无人战斗机

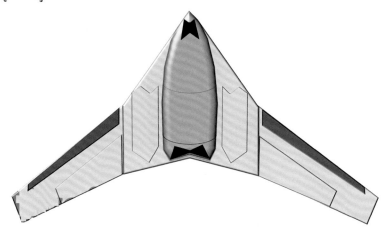

"奥拉"无人机是印度国防研究与开发组织正在研制的无人战斗航空载具，主要用户为印度空军和印度海军。

性能解析

根据印度航空发展局的描述，"奥拉"无人机是一种具有武器发射能力的自卫、高速、侦察无人机。该机采用"无尾飞翼"布局和隐身外形设计，运用隐身材料和涂层，采用弯曲进气道。"奥拉"无人机能够在9 100米的高空中飞行，装备了先进的任务传感器，内置弹舱可搭载滑轨发射式导弹和"铺路"精确制导炸弹。

机型特点

基本参数	
制造商	国防研究与开发组织
机身长度	未公开
机身高度	未公开
翼展	未公开
乘员	0人
空重	未公开
最大起飞重量	15 000千克
最大速度	未公开
最大航程	未公开
最大升限	9 100米

"奥拉"无人机与欧洲"神经元"无人机相似，采用无尾飞翼布局和隐身外形设计，运用隐身材料和涂层，采用弯曲进气道，配装先进的任务传感器，在内埋弹舱中搭载武器。

南非"秃鹰"无人机

　　"秃鹰"是南非先进技术与工程公司研制的主要为炮兵提供侦察和瞄准的无人机系统。

性能解析

　　"秃鹰"无人机系统包括地面控制站、无人机气压弹射发射器和回收系统，其中无人机气压弹射发射器包括 2 架无人机。三大系统都有自己的电力和液压能源，完全独立于运载卡车，需要时可拆换。它配置在 3 辆南非陆军制式 10 吨级卡车上，机动灵活，可快速部署，行军到战斗之间的转换时间仅需 30 分钟即可完成。`

基本参数	
制造商	先进技术与工程公司
机身长度	3.4 米
翼展	5.2 米
最大起飞重量	135 千克
巡航速度	120 千米 / 时
最大速度	140 千米 / 时
使用范围	200 千米
续航时间	3~4 小时

　　"秃鹰"系统采用 C 波段数字式视频 / 数据链，可将无人机的任务半径扩大到 200 千米。该数据链系统有多个通道并可在飞行中选择，延迟低、安全性好，测距精度优于 15 米，在传输数据和视频时可进行前向纠错，上行链路还采用直接序列扩频调制。据称，其信号难以被探测和截获，并具有强抗干扰能力。

参 考 文 献

[1] 陈艳. 战斗机 [M]. 北京：北京工业大学出版社，2013.
[2] 克里斯·查恩特. 轰炸机 [M]. 北京：国际文化出版公司，2003.
[3] 杰克逊. 当代主力战机发展史 [M]. 北京：军事谊文出版社，2011.
[4]《兵典丛书》编写组. 战机 [M]. 哈尔滨：哈尔滨出版社，2011.
[5] 陈洪. 战机 [M]. 上海：科学普及出版社，2012.

世界武器鉴赏系列